Estudos Aplicados de Direito Empresarial

CB126363

Estudos Aplicados de Direito Empresarial

SOCIETÁRIO

2020

Coordenação:
Ana Cristina Kleindienst
Gabriel Buschinelli

ALMEDINA

ESTUDOS APLICADOS DE DIREITO EMPRESARIAL
SOCIETÁRIO
© Almedina, 2020
COORDENAÇÃO: Ana Cristina Kleindienst e Gabriel Buschinelli

DIRETOR ALMEDINA BRASIL: Rodrigo Mentz
EDITORA JURÍDICA: Manuella Santos de Castro
EDITOR DE DESENVOLVIMENTO: Aurélio Cesar Nogueira
ASSISTENTES EDITORIAIS: Isabela Leite e Marília Bellio

DIAGRAMAÇÃO: Almedina
DESIGN DE CAPA: FBA

ISBN: 9786556270654
Outubro, 2020

Dados Internacionais de Catalogação na Publicação (CIP)
(Câmara Brasileira do Livro, SP, Brasil)

Estudos aplicados de direito empresarial :
societário / coordenação Ana Cristina
Kleindienst. -- São Paulo : Almedina, 2020.
Vários autores.

Bibliografia.
ISBN 978-65-5627-065-4

1. Direito empresarial - Brasil 2. Direito
societário - Brasil I. Kleindienst, Ana Cristina..

20-40237 CDU-34:338(81)

Índices para catálogo sistemático:

1. Brasil : Direito empresarial 34:338(81)
2. Brasil : Direito societário 34:338(81)

Cibele Maria Dias - Bibliotecária - CRB-8/9427

Este livro segue as regras do novo Acordo Ortográfico da Língua Portuguesa (1990).

Todos os direitos reservados. Nenhuma parte deste livro, protegido por copyright, pode ser reproduzida, armazenada ou transmitida de alguma forma ou por algum meio, seja eletrônico ou mecânico, inclusive fotocópia, gravação ou qualquer sistema de armazenagem de informações, sem a permissão expressa e por escrito da editora.

EDITORA: Almedina Brasil
Rua José Maria Lisboa, 860, Conj.131 e 132, Jardim Paulista | 01423-001 São Paulo | Brasil
editora@almedina.com.br
www.almedina.com.br

APRESENTAÇÃO

Este VI volume da coleção "Estudos Aplicados de Direito Empresarial – Societário", que ora vem à lume congrega artigos escritos por profissionais que cursaram, em nível de pós-graduação, o LL.M. em Direito Societário do Insper no ano de 2019. Tratando de temas diversos, todos os trabalhos estão alicerçados em sólidas fundações: de um lado, a abordagem prática, visando a encontrar soluções ou orientar a aplicação do direito; de outro, a coragem de enfrentar questões novas.

Diferente do que, infelizmente, ainda se verifica em certas contribuições doutrinárias, os textos aqui editados não se limitam a discutir temas bem estabelecidos, repetindo acriticamente lições há muito consagradas, mas que nada contribuem para solucionar problemas que se apresentam nos foros ou na advocacia consultiva contemporânea. A comunidade acadêmica, nessa medida, certamente se beneficiará das reflexões constantes deste livro, a julgar pelos empolgantes temas sobre os quais se debruçaram os autores.

Desde a edição da Lei n. 12.846/2013, o tema da corrupção e os esforços para o seu combate ingressaram na agenda jurídica, sobretudo sob a vertente do direito público, em geral, e do direito administrativo e penal, especificamente. Ainda pouco se discute, contudo, acerca das interfaces entre o direito administrativo e o direito societário, sobre as repercussões societárias da prática de atos de corrupção por administradores de companhias abertas, e sobre o papel da CVM em reprimir tais condutas violadoras não apenas da lei anticorrupção, mas também do conjunto de deveres impostos aos administradores pela legislação societária. Inaugurando esta coletânea, o artigo de autoria de **Daniela Nunes Baker** parte do caso prático Embraer, julgado em sede sancionadora pela CVM (mas sem a ele se limitar), para enfrentar as repercussões de atos de corrupção sob a ótica societária, e suas implicações como atos que contrariam o dever de diligência e o dever de lealdade dos administradores de companhias abertas.

Instado pelo rumoroso caso Fibria/Suzano julgado pela CVM e que versou sobre a possibilidade de ser promovida incorporação de ações com a emissão de ações resgatáveis (operação que, na visão dos acionistas minoritários, representava um negócio indireto para permitir o pagamento em dinheiro aos acionistas da sociedade incorporada, e não em ações como determina a lei), **Mateus Boeira Garcia** analisa a "*De facto merger doctrine*". De origem norte-americana, a teoria determina o privilégio da essência sobre a forma em reorganizações societárias e questiona a possibilidade de sua aplicação ao direito brasileiro, bem como a viabilidade jurídica de as operações societárias passarem a ser analisadas sob uma vertente "substancial", em casos nos quais seja identificado o intuito de se valer de institutos típicos buscando finalidades indiretas. O autor demonstra que, com o adequado conhecimento da doutrina em seu país de origem, percebe-se que tal teoria somente é utilizada quando constatada a supressão de direitos ao voto e recesso, e não de maneira genérica.

Com a reforma trabalhista de 2017, um dos aspectos legislativos que, indevidamente, menos recebeu atenção da doutrina especializada diz respeito às alterações à possibilidade de desconsideração da pessoa jurídica e à responsabilidade societária, as quais atenderam a antigos anseios daqueles que consideravam a jurisprudência trabalhista em descompasso com a legislação societária. Sem receio de enfrentar o desafio da interdisciplinaridade, **Matheus Elias Hanna** analisa as inovações promovidas pela reforma, como é o caso da responsabilidade do sócio retirante, da sucessão empresarial e do tratamento dos grupos societários, em estudo que alia o conhecimento teórico societário com o cuidadoso exame da jurisprudência laboral.

Com uma análise do Projeto de Lei n. 5.082/2016, originalmente concebido com o objetivo de alterar a legislação societária para permitir a adoção da forma de sociedade anônima com adaptações por clubes de futebol (Sociedade Anônima do Futebol – SAF), introduzindo mecanismos de governança, transparência e responsabilidade, **Pedro Henrique Adoglio Benradt** expande seu estudo ao avaliar criticamente o panorama no direito estrangeiro e as possíveis soluções jurídico societárias para as agremiações futebolísticas.

E, por fim, encerra este volume o trabalho de **Talita Evangelista Silvestre**, que lida com um tema que suscita problemas jurídicos em um momento em que familiares, muitas vezes, ainda precisam lidar com a consternação e com os abalos emocionais relacionados à perda de um ente querido. O artigo trata da morte do sócio e, mais especificamente, da posição do espólio como sócio de sociedade limitada, avaliando as repercussões sobre os direitos aos lucros, ao voto e à fiscalização, avaliando quais os pressupostos e os requisitos para que o espólio possa exercer tais direitos.

Como se verá, são estudos que trazem contribuições que certamente serão úteis para direcionar a prática societária nos anos vindouros.

Ana Cristina von Gusseck Kleindienst
Gabriel Buschinelli
Professores Orientadores do LL.M. em Direito Societário

PREFÁCIO

Com a presente edição da Coleção "Estudos Aplicados de Direito Empresarial", ultrapassada foi a marca de 120 artigos científicos de relevante valor doutrinário e prático, da lavra de discentes dos *LL.M* e do *LL.C* – pós-graduações *lato sensu* – do Insper Direito contidos em tal Coleção.

Sinto-me, pois, extremamente honrado em poder prefaciá-la, pois tive o privilégio, como um dos professores orientadores do Insper Direito, de acompanhar a elaboração de vários desses artigos, desde o momento de sua idealização até o momento em que foram encaminhados para a Almedina, parceira do Insper nessa notável Coleção, para sua edição e publicação.

Venho assim testemunhando o grande empenho havido na elaboração desses artigos. Se certo é que o processo de orientação no desenvolvimento dos trabalhos de encerramentos dos *LL.M* e do *LL.C* do Insper Direito em muito auxilia os discentes na elaboração de tais trabalhos, por outro lado é inegável que o lavor inigualavelmente desenvolvido pelos outros professores em sala de aula, ministrando as matérias que compõem a grade curricular dos cursos, foi a fonte de inspiração de boa parte desses trabalhos.

Nada disso teria valor, no entanto, não fosse a extrema competência e dedicação de nossos discentes: ela é para mim motivo de infindável orgulho!

A partir de suas experiências profissionais, ou mesmo da ânsia em ampliar e aprofundar conhecimentos, com o rigor acadêmico comparável somente com o dos mais destacados doutorandos e mestrandos, nossos discentes vêm continuamente pesquisando, analisando, debatendo, duvidando, concordando, concluindo e escrevendo.

E tal prática não empalideceu, mesmo depois de, lamentavelmente, o Ministério da Educação desta República ter dispensado a obrigatoriedade de apresentação de trabalho de conclusão como requisito básico para a obtenção do grau de especialista na pós graduação *lato sensu*. Contrariando as mais sombrias expectativas, nossos discentes continuaram a nos brindar com textos de grande qualidade acadêmica e profissional.

Tudo isto me leva a crer que o trabalho iniciado há 21 anos – quando o primeiro dos *LL.M* "foi ao ar" – foi um retumbante sucesso. Ao longo de todo este tempo, discentes e docentes, guiados por uma coordenação tão rigorosa quanto exemplar e por um apoio acadêmico efetivo, eficaz e eficiente, com o auxílio de um dos melhores times de bibliotecárias e bibliotecários do País, construíram uma Escola, cuja relevância e influência nos meios acadêmico e jurídico nacionais é inegável.

Destarte, quero congratular o Insper e a Almeidina por mais esta edição da "Coleção de Estudos Aplicados de Direito Empresarial", desejando a esta Coleção longa vida. Que ela continue a ser um canal de veiculação da qualidade e do esmero daqueles cuja obra ou influência se manifesta, explicita ou implicitamente, nos artigos que a compõem.

Régis Fernando de Ribeiro Braga
Professor dos *LL.M* em Direito
Professor Orientador dos *LL.M* em Direito Tributário
Insper – Instituto de Ensino e Pesquisa

SUMÁRIO

A Responsabilidade dos Administradores por Ato de Corrupção e o Papel da CVM na Garantia da Confiança no Mercado de Valores Mobiliários a Partir da Análise do Caso Embraer

Daniela Nunes Baker

1. Introdução

O presente trabalho tem por objeto a análise do julgamento do Caso Embraer S.A.[1], no qual se apurou a responsabilidade de administradores da companhia por terem, supostamente, viabilizado o pagamento de vantagem indevida à autoridade pública da República Dominicana, de modo a garantir a venda de aeronaves da Embraer S.A. (Embraer) para o referido país.

O caso desperta interesse, pois apesar de os fatos ocorridos serem condizentes com a prática de corrupção ativa em transação comercial internacional, tipificado pelo código penal, e, portanto, de competência do Judiciário, verificou-se que a conduta dos administradores também infringia dispositivos legais

[1] BRASIL. Comissão de Valores Mobiliários. Apurar a responsabilidade de administradores da Embraer S.A por descumprimento do dever de atuar no interesse social da companhia. Infração ao artigo 154, caput, da Lei nº 6.404/76. Inabilitação temporária. Absolvição. PAS CVM RJ 2015/1760.Luiz Carlos Siqueira Aguiar. Orlando José Ferreira Neto. Relator: Pablo Renteria. Rio de Janeiro, 11 set. 2018. Disponível em: http://www.cvm.gov.br/sancionadores/sancionador/2018/20180911_PAS_RJ20151760.html. Acesso em:22 mar. 2019.

compreendidos na competência da Comissão de Valores Mobiliários (CVM).

Neste sentido, o objetivo deste estudo é examinar, a partir da análise do referido caso, em que medida a CVM possui competência para julgar casos caracterizados como corrupção, e se, de fato, a atuação dos referidos administradores fere preceitos que estão na esfera de fiscalização, regulação e sanção da autarquia.

Assim, pretende-se examinar o alcance das atribuições da CVM, consoante os dispositivos da lei de sua criação, lei 6.385/1976, bem como da lei de sociedade por ações, lei 6.404/1976 (lei das S.A.).

No caso em questão, a Superintendência de Relações com Empresas (SEP) imputou aos administradores a violação ao dever de atuar na persecução do interesse social, quando do cumprimento de suas funções, em infração ao artigo 154 da lei 6.404/1976. No entanto, houve controvérsia entre os órgãos internos da CVM sobre qual seria a melhor tipificação para a conduta dos administradores, pois inicialmente imputou-se a violação do dever de diligência, consubstanciado no artigo 153 da lei das S.A.

Dessa forma, para o que este trabalho se propõe, torna-se imperiosa a análise da exegese dos referidos dispositivos por meio do entendimento da doutrina e de julgados anteriores da CVM para a compreensão da extensão de seus conteúdos.

Mediante a análise do caso em questão e de casos anteriores, pode-se depreender o entendimento da CVM do que se espera de um administrador de companhia aberta. Assim, os precedentes servem de norte de como a autarquia vem concretizando as normas da lei das SA e impedindo que a lei seja manipulada pelos atuantes do mercado de valores.

Pretende-se, portanto, compreender qual o enquadramento que a CVM vem atribuindo a essas condutas tidas como corrupção e como a CVM pode contribuir para garantia da segurança jurídica do mercado de valores mobiliários mediante sua atividade sancionadora.

2. Do julgamento do caso Embraer pela CVM

2.1. Do conhecimento dos ilícitos administrativos pela CVM e da instauração do Procedimento Administrativo Sancionador (PAS)

Em 08 de agosto de 2014, o Ministério Público Federal (MPF) ajuizou ação penal incondicionada[2] em face de oito empregados e administradores da Embraer S.A. Nesta ação, imputou-se aos funcionários o pagamento de propina no valor de US$ 3.520.000,00 (três milhões, quinhentos e vinte mil dólares americanos) a militar da República Dominicana, como forma de viabilizar a venda de oito aeronaves modelo Super Tucano da Embraer ao governo dominicano.

Em 25 de agosto de 2014, foi publicada decisão recebendo a denúncia oferecida e deferindo pedido do MPF para que a CVM tomasse as medidas administrativas que seriam de sua competência com base na análise dos fatos que foram apurados.

Assim, em 26 de setembro de 2014, o MPF encaminhou à CVM cópia da denúncia da referida ação penal e a autarquia instaurou processo administrativo para apurar os fatos adequadamente.

Neste processo, a Superintendência de Relações com Empresas concluiu que havia fortes indícios de que os administrado-

[2] BRASIL. Justiça Federal – Seção Judiciária do Rio de Janeiro. Lavagem de Dinheiro. Processo nº 0022500-03.2014.4.02.5101. Ministério Público Federal e Eduardo Munhós de Campos, Orlando José Ferreira Neto, Acir Luiz de Almeida Padilha Júnior, Albert Phillip Close, Luiz Alberto Lage da Fonseca, Luiz Eduardo Zorzenon Fumagalli, Eduardo Augusto Fernandes Fagundes, Ricardo Marcelo Bester, e Elio Moti Sonnenfeld. Juiz Federal Titula: Marcelo da Costa Bretas. Rio de Janeiro, 02 maio. 2014. Disponível em: http://procweb.jfrj.jus.br/portal/consulta/resconsproc.asp. Acesso em 19 abr. 2019.

res Luiz Carlos Siqueira Aguiar, Orlando José Ferreira Neto e Flávio Rímoli teriam violado o artigo 153 da lei 6.404/1976, motivo pelo qual, instaurou o Processo Administrativo Sancionador nº RJ 2015/1760[3].

Cumpre destacar que, quando a Procuradoria Federal Especializada junto à CVM (PFE-CVM) teve acesso ao termo de acusação, opinou que as condutas dos senhores Luiz Carlos Siqueira Aguiar e Orlando José Ferreira Neto não seriam meros descumprimentos do dever de diligência, conforme a SEP havia avaliado, haja vista que suas atuações foram imprescindíveis para a viabilização do pagamento de propina ao militar dominicano[4]. Assim, a PFE propôs a imputação de violação ao artigo 154 da lei 6.404/1976.

[3] BRASIL. Comissão de Valores Mobiliários. Apurar a responsabilidade de administradores da Embraer S.A por descumprimento do dever de atuar no interesse social da companhia. Infração ao artigo 154, caput, da Lei nº 6.404/76. Inabilitação temporária. Absolvição. PAS CVM RJ 2015/1760.Luiz Carlos Siqueira Aguiar. Orlando José Ferreira Neto. Relator: Pablo Renteria. Rio de Janeiro, 11 set. 2018. Disponível em: http://www.cvm.gov.br/sancionadores/sancionador/2018/20180911_PAS_RJ20151760.html. Acesso em:22 mar. 2019.

[4] BRASIL. Procuradoria Federal Especializada junto à Comissão de Valores Mobiliários. Proposta de Termo de Compromisso e de Ajustamento de Conduta (TCAC). Embraer S/A. Competências da Comissão de Valores Mobiliários, do Ministério Público Federal, do Department of Justice e da Securities and Exchange Commission. Venda, por companhia aberta, de aeronaves no exterior, com pagamento de vantagem indevida a funcionário público do Estado adquirente. Registros contábeis falsos das despesas fraudulentas referentes aos pagamentos de vantagens indevidas. Princípio do full and fair disclosure. Termo de Cooperação Técnica celebrado entre a CVM e o MPF em 08/05/2008 e aditado em 08/05/2013. Artigo 11, § 5º da Lei 6.385/1976. Proposta Indenizatória. Danos Difusos. Preenchimento dos Requisitos Legais. Parecer nº 00003/2016/PFE CVM/PFECVM/PGF/AGU. Embraer S.A. e Comissão de Valores Mobiliários. Rio de Janeiro, 05 out. 2016. Disponível em: http://www.cvm.gov.br/export/sites/cvm/decisoes/anexos/2016/20161006/Reg_0391__Parecer_PFE.pdf. Acesso em 22 mar. 2019.

Ademais, quanto à acusação de Flávio Rímoli, considerou que não havia elementos suficientes para sua imputação na violação à lei das sociedades anônimas até aquele momento, reputando necessária a continuidade das investigações em autos apartados.

Por conseguinte, a SEP decidiu por continuar investigando a atuação de Flávio Rímoli e, instaurar o PAS nº RJ 2015/1760[5] somente para apurar a responsabilidade de Luiz Carlos Siqueira Aguiar e Orlando José Ferreira Neto pelo descumprimento do artigo 154 da lei 6.404/1976.

2.1.1. Dos fatos e condutas que culminaram na instauração do PAS

No final do ano de 2006, a Embraer iniciou negociações com a República Dominicana para alienação de 8 (oito) aeronaves modelo Super Tucano, que correspondiam a aproximadamente US$ 92.000.000,00 (noventa e dois milhões de dólares americanos). As negociações ocorreram entre funcionários do setor de defesa da Embraer e o militar da Força Aérea Dominicana, Coronel Carlos Piccini Núñes, que, à época, era Diretor de Projetos Especiais do Ministério das Forças Armadas Dominicana e atuaria junto ao Senado dominicano para viabilizar a operação.

No contexto da transação, restou comprovada a exigência por parte do Coronel Carlos Piccini de pagamentos no montante total de US$ 3.520.000,00 (três milhões, quinhentos e vinte mil dólares americanos) a três empresas: 4D Business

[5] BRASIL. Comissão de Valores Mobiliários. Apurar a responsabilidade de administradores da Embraer S.A por descumprimento do dever de atuar no interesse social da companhia. Infração ao artigo 154, caput, da Lei nº 6.404/76. Inabilitação temporária. Absolvição. PAS CVM RJ 2015/1760.Luiz Carlos Siqueira Aguiar. Orlando José Ferreira Neto. Relator: Pablo Renteria. Rio de Janeiro, 11 set. 2018. Disponível em: http://www.cvm.gov.br/sancionadores/sancionador/2018/20180911_PAS_RJ20151760.html. Acesso em:22 mar. 2019

Group S.A., Ferroboc e Magycorp, relacionados a supostos serviços prestados para a Embraer. Todavia, apesar dos esforços envidados, a natureza de tais serviços e a sua efetiva realização não foram devidamente comprovadas pela Embraer, conforme será demonstrado.

No final do ano de 2007, a Embraer e a Força Aérea da República Dominicana celebraram o contrato principal de compra e venda das aeronaves Super Tucano e, em setembro de 2008, o senado dominicano aprovou a celebração de contrato de financiamento com o Banco Nacional de Desenvolvimento Econômico e Social (BNDES), tendo a Embraer como interveniente anuente. No entanto, após a concretização da operação, funcionários da Embraer buscaram adequar a transação, já efetuada, aos controles de integridade da companhia, tendo em vista que não havia autorização interna que justificasse a formalização dos contratos, e relação estabelecida com o representante comercial e as 3 (três) empresas dominicanas.

Consoante determinado pela governança corporativa da Embraer, a contratação do representante comercial da Embraer na República Dominicana deveria ter ocorrido antes da celebração do contrato de alienação das aeronaves, porém, formalmente não havia registro dessa contratação. Ademais, a política interna da companhia somente admitia a contratação de 1 (um) representante para cada operação de alienação, e, no caso em questão, houve acordos com 3 (três) empresas estrangeiras e com o servidor das forças armadas. Assim, funcionários do Setor de Defesa da Embraer buscaram meios de acomodar a transação executada aos procedimentos internos da companhia.

Nos primeiros meses do ano de 2009, diversos e-mails foram trocados entre os funcionários da Embraer com o intuito de encontrar uma solução que justificasse transferências bancárias para as empresas Ferroboc, Magycorp e 4D Business Group S.A. e que gerasse lastro contratual para a operação efetuada.

O representante comercial da Embraer na República Dominicana, Coronel Carlos Piccini, constantemente entrava em contato com a Embraer, questionando o atraso no pagamento para as empresas e, conforme depoimento de funcionários da Embraer, até mesmo ameaçou reter os passaportes de alguns deles que estavam no país, caso o débito não fosse sanado.

Diante de tais pressões, a Embraer Representations LLC, subsidiária da Embraer S.A., com sede nos Estados Unidos da América, efetuou a transferência de US$ 100.000,00 (cem mil dólares americanos) para a empresa 4D Business Group S.A. em 24 de abril de 2009. A partir dessa transferência, nova cadeia de e-mails passou a circular na Embraer com o objetivo de encontrar uma maneira de justificar legalmente o pagamento efetuado, tal como fundamentar os pagamentos ainda pendentes para as outras empresas dominicanas.

A forma encontrada pelos funcionários da Embraer para transferir os US$ 3.420.000,00 (três milhões, quatrocentos e vinte mil dólares americanos) restantes foi a de embutir tais valores na contratação da empresa Globaltix; empresa essa que atuaria como representante comercial para outra campanha da Embraer de vendas de aviões modelo Super Tucano, desta vez com a Força Aérea da Jordânia.

Assim, dentro da comissão de vendas estipulada no contrato de representação comercial celebrado com a Globaltix, constou os valores fixos de US$ 2.500.000,00 (dois milhões e quinhentos mil dólares americanos) e US$ 920.000,00 (novecentos e vinte mil dólares americanos). E, em 22 de maio e 22 de junho de 2010, respectivamente, tais valores foram pagos da Embraer Representations LLC para a Globaltix.

Além de haver diversos e-mails entre funcionários da Embraer confirmando que o contrato da Globaltix foi utilizado como forma de dissimular os valores pendentes às empresas indicadas pelo Coronel Carlos Piccini da República Dominicana, outras provas também corroboram essa conclusão.

Imprescindível destacar o fato de que tais comissões fixas foram pagas mesmo antes da venda das aeronaves para a Jordânia, e essa antecipação de pagamento pela representação não era comum de existir nos contratos da companhia. Conforme dispõe o artigo 32, §4º da lei 4.886/1965, o representante comercial adquire o direito às comissões quando do pagamento dos pedidos ou propostas, no entanto, no momento da elaboração do contrato da Globaltix, os funcionários da Embraer tiveram o cuidado de esclarecer que as comissões fixas não observariam a legislação brasileira e norte-americanas aplicáveis, efetuando assim, o suposto pagamento da comissão antes de ocorrer a venda das aeronaves.

Ademais, a venda das aeronaves nem mesmo chegou a ocorrer posteriormente, todavia, os valores dispendidos por determinação contratual foram mantidos e, frise-se, eram precisamente compatíveis com as verbas pendentes na transação das aeronaves para a República Dominicana.

2.1.2. Argumentos utilizados pela acusação

Diante dos fatos apurados, a SEP apresentou Termo de Acusação em face dos administradores Luiz Carlos Siqueira Aguiar e Orlando José Ferreira Neto por concluir que eles se desviaram de suas atribuições ao não observarem os fins e o interesse da Embraer, violando, assim, a prevalência do interesse social, em infração ao artigo 154 da Lei 6.404/1976.

2.1.2.1. Da participação de Luiz Carlos Siqueira Aguiar

Na época da transação comercial da venda das aeronaves para a República Dominicana, Luiz Carlos Siqueira Aguiar ocupava o cargo de Diretor Vice-Presidente para o Mercado de Defesa e Governo da Embraer. Durante a sua gestão, ocorreram as negociações das alienações das aeronaves em 2006, a assinatura do contrato principal em 2007 e a aprovação pelo senado dominicano do contrato de financiamento das aeronaves com o BNDES em 2008.

Posteriormente à assinatura de tais contratos, funcionários subordinados ao diretor buscaram meios de formalizar a contratação de representação comercial junto à República Dominicana, o que deveria ter ocorrido durante as tratativas comerciais, conforme previsão da política interna da Embraer.

Outrossim, em 12 de março de 2010, quando ocupava o cargo de Diretor Vice-Presidente Financeiro e de Relações com investidores, assinou os documentos *Authorization to Promote Sales of Embraer Aircraft* e *Supplementary Provisions to our Reference Letter*, necessários para a contratação da empresa Globaltix na operação com a Jordânia; operação esta que serviu para dissimular os pagamentos pendentes na transação com a República Dominicana.

Tais documentos eram relacionados ao contrato de representação comercial da Globaltix, que possuía as comissões fixas que serviram para pagar as parcelas da operação com a República Dominicana, o que demonstra o envolvimento de Luiz Aguiar na operação escusa.

Diante das mensagens de correio eletrônico que foram colhidas na fase de investigação, a SEP concluiu que o Sr. Luiz Carlos Siqueira Aguiar teve participação na transação que concedeu o pagamento de vantagem indevida ao Coronel Carlos Piccini Núñes durante a operação de venda de aeronaves da Embraer ao governo dominicano, em descumprimento ao artigo 154 da Lei 6.404/1976.

2.1.2.2. Da participação de Orlando José Ferreira Neto

Em 12 de março de 2010, Orlando José Ferreira Neto assinou o Contrato de Representação Comercial da Globaltix perante a Força Aérea da Jordânia na qualidade de Diretor Vice-Presidente para o Mercado de Defesa.

Como este contrato foi utilizado para inserir pagamentos irregulares ao Coronel Carlos Piccini referentes à transação comercial com a República Dominicana, a SEP considerou evidente o envolvimento de Orlando Neto na operação ilegal e contrária à política interna da Embraer.

Além disso, diversas correspondências eletrônicas entre os seus subordinados apontam que a dissimulação dos pagamentos ilícitos dependia de sua aprovação e que o objetivo era encontrar meios de burlar os controles internos da Embraer.

Outro fato que evidencia a participação de Orlando Neto na irregular transação comercial foi uma carta enviada por um de seus subordinados requerendo a aprovação de faturas relacionadas às comissões fixas do contrato da Globaltix, porém que são tratadas como referentes à comissão de venda das aeronaves para a República Dominicana.

Logo, a SEP concluiu pelo envolvimento de Orlando José Ferreira Neto na viabilização de pagamentos ilícitos ao Coronel Carlos Piccini Núñes durante a transação de aeronaves da Embraer com a República Dominicana, em violação ao artigo 154 da Lei 6.404/1976.

2.1.3. Argumentos utilizados pela defesa

2.1.3.1. Argumentos utilizados pela defesa de Luiz Carlos Siqueira Aguiar

Para a defesa de Luiz Carlos Siqueira Aguiar, os documentos constantes nos autos não seriam suficientes para embasar sua condenação, pois constam apenas de 4 (quatro) e-mails e 2 (duas) assinaturas.

Argumentou, ainda, que apesar de as negociações terem ocorrido durante a sua gestão como Diretor Vice-Presidente Executivo para o Mercado de Defesa e Governo da Embraer, como a operação de venda de aeronaves para a República Dominicana era de pequeno valor, não seria de sua alçada e, sim, de atribuição da área comercial.

Em relação aos documentos firmados pelo acusado, a defesa sustentou que se tratavam de autorizações de venda de aeronaves para a empresa Globaltix e que o fato de ter assinado não indica que teria conhecimento de qualquer ilicitude referente à operação, pois só assinou após conferir se os responsáveis pela transação também tinham firmado os documentos.

No que tange à responsabilidade do acusado como Diretor Vice-Presidente Financeiro e de Relação com Investidores, a defesa afirmou que não era sua atribuição determinar as prestadoras de serviços ou analisar as condições acordadas, tendo apenas como obrigação examinar se todos os elementos necessários para a contratação do representante comercial teriam sido preenchidos devidamente.

Além disso, alegou que não havia percebido nenhuma questão anormal na operação que o levasse a acreditar que haveria irregularidades nos trâmites da transação.

Ressaltou, também, que quando o pagamento para a empresa 4D Business Group S.A. foi efetuado, o acusado já não estava mais no cargo de Diretor Vice-Presidente para o Mercado de Governo e Defesa e, portanto, este pagamento não passou por sua aprovação.

A defesa enfatizou que como os administradores de sociedades anônimas não conseguem conferir a totalidade das informações referentes à companhia que chegam ao seu conhecimento, devem confiar em sua equipe, a menos que tenham acesso a alguma informação que lhes desperte a possibilidade de irregularidades nas condutas dos funcionários.

Em conclusão, a defesa afirmou que, por não existirem elementos suficientes para a condenação do acusado, com base no princípio da inocência, o pedido de condenação deveria ser julgado improcedente.

2.1.3.2. Argumentos utilizados pela defesa de Orlando José Ferreira Neto

Para a defesa de Orlando José Ferreira Neto, o pagamento de US$ 100.000,00 (cem mil dólares americanos) para a empresa 4D Business Group S.A., reputado como irregular pela SEP, não deve ser atribuído ao administrador, já que tais tipos de pagamentos não dependiam de sua aprovação. Além disso, como as negociações que geraram o referido débito foram tratadas na gestão anterior, a defesa alega que o acusado apenas deu continuidade à operação, confiando nas informações que lhe foram passadas.

Quanto à contratação da empresa Globaltix, afirmou que, de fato, participou da transação, porém que isso não implicava no seu conhecimento de qualquer tipo de ilicitude no trâmite do negócio.

A defesa sustenta, ainda, 4 (quatro) argumentos em sede de preliminar:

Primeiramente, afirmou que o acusado estaria sendo investigado pelos Estados Unidos da América, pela República Dominicana e pelo próprio Brasil na ação penal que deu causa ao processo administrativo sancionador instaurado pela CVM pelas mesmas condutas. Sendo assim, requereu a prevenção do juízo dos Estados Unidos, na forma do artigo 83 do Código de Processo Penal.

Em segundo lugar, pleiteou a inépcia da peça inicial, sob o fundamento de que a acusação de que o administrador infringiu o artigo 154 da lei 6.404/1976 foi genérica e sem comprovação.

Em terceiro lugar, asseverou que este seria o primeiro julgamento da CVM a relacionar uma suposta prática de corrupção à violação ao artigo 154 da Lei 6.404/1976. Assim, como a CVM estaria vinculando um crime de corrupção a uma ilicitude administrativa, a autarquia só poderia continuar a sua apuração após decisão da ação penal.

Em último lugar, argumentou que a SEP contentou-se com meros indícios para imputar os fatos narrados na peça inicial ao acusado, o qual teve sua defesa cerceada, já que se desligou da Embraer em 2011 e, sendo assim, não teve acesso às mensagens eletrônicas que poderiam provar sua inocência.

Para a defesa, um dos argumentos que impulsionou a SEP a acusar o administrador foi a existência de uma comissão fixa no contrato de representação da Globaltix, independentemente de o representante comercial conseguir efetuar a venda das aeronaves para o governo da Jordânia, o que não era comum nos contratos da Embraer. Todavia, a defesa contra-argumentou que o objeto contratual não era somente a venda das aeronaves em si, mas também a neutralização da venda de aeronaves por outros concorrentes.

Ademais, aduziu que a coincidência do valor da comissão fixa do contrato da Globaltix com o valor da vantagem indevida pendente ao Coronel da República Dominicana não é fato suficiente para provar a participação do acusado na transação ilícita.

Por fim, a defesa sustentou que eventual subsunção da conduta da prática de corrupção ao artigo 154 da lei 6.404/1976 seria uma inovação da CVM, que tradicionalmente somente imputa a violação ao referido dispositivo quando os administradores têm interesse pessoal na decisão que tomaram, o que não seria o caso presente, já que o acusado não se beneficiou em nada da conduta a ele imputada.

Portanto, como o acusado não possuía interesse na matéria, a CVM costumaria examinar a conduta sob o ângulo de violação ao dever de diligência e, assim, a defesa requereu a inaplicabilidade do artigo 154 da lei 6.404/1976 ao caso concreto, por ser incompatível com os precedentes adotados pela autarquia.

2.2. Decisão da CVM[6]

2.2.1. Julgamento das preliminares

O Diretor Relator Pablo Renteria iniciou o seu voto com o julgamento das preliminares arguidas pelo acusado Orlando José Ferreira Neto, refutando-as uma a uma, conforme argumentos abaixo.

Sobre a alegação da violação ao princípio do *non bis in idem*, o relator dissertou sobre o conceito do princípio, observando que seria a repetição da penalização de um acusado pelo mesmo fato e sob o mesmo fundamento jurídico. Reputou não ter ocorrido a caracterização do *bis in idem*, pois apesar de o acusado estar respondendo pelo mesmo fato nas esferas penal, civil e administrativa, os fundamentos jurídicos seriam diferentes para cada procedimento, consoante o princípio da independência das instâncias. O relator discorreu, também, sobre a indiscutível competência da CVM, tanto material quanto territorial, conforme disposição dos artigos, 4º, IV, "b", 9º, V, e 11, caput, da lei 6.385/1976.

No que tange à alegação de inépcia da inicial acusatória, por ter sido evasiva na fundamentação de como o acusado teria violado o artigo 154 da lei 6.404/1976, o relator discordou, enunciando que o procedimento administrativo estaria lastreado de provas, as quais seriam evidenciadas no julgamento do mérito.

Quanto ao argumento da defesa de necessária vinculação de eventual condenação administrativa à responsabilidade por

[6] Comissão de Valores Mobiliários. Apurar a responsabilidade de administradores da Embraer S.A por descumprimento do dever de atuar no interesse social da companhia. Infração ao artigo 154, caput, da Lei nº 6.404/76. Inabilitação temporária. Absolvição. PAS CVM RJ 2015/1760.Luiz Carlos Siqueira Aguiar. Orlando José Ferreira Neto. Relator: Pablo Renteria. Rio de Janeiro, 11 set. 2018. Disponível em: http://www.cvm.gov.br/sancionadores/sancionador/2018/20180911_PAS_RJ20151760.html. Acesso em:22 mar. 2019. (Voto relator RENTERIA, Pablo. BRASIL)

prática do crime de corrupção e ao requerimento de aguardar a sentença do processo criminal, o relator foi taxativo de que o princípio da independência das esferas administrativa e penal é pacífico em nossos tribunais.

Em relação à sustentação de que não haveria nos autos indícios suficientes que corroborassem com a autoria do fato por parte do acusado, o relator afirmou que tal argumento seria atinente ao mérito e, portanto, discutido posteriormente.

2.2.2. Julgamento do Mérito

2.2.2.1. Individualização da conduta de Luiz Carlos Siqueira Aguiar

O relator aduziu que os elementos presentes nos autos confirmariam que o administrador era o responsável pela campanha de vendas das aeronaves modelo Super Tucano para a Força Aérea dominicana, pois o próprio acusado afirmou ter participado das negociações e haveria provas de que ele acompanhava as tratativas por meio de seus funcionários. Nesse sentido, o argumento de que se tratava de transação de menor valor e, portanto, fora de sua atribuição, não convenceu o relator.

A existência de e-mail, no qual um dos funcionários do administrador lhe pede ajuda junto ao jurídico da Embraer para a celebração do contrato de representação com o coronel Carlos Piccini Núñes mesmo após a venda das aeronaves para o governo dominicano, causou estranheza ao relator. O relator enfatizou que deveria ter havido uma repreensão por parte do acusado ao funcionário, já que o pedido feria as regras internas da companhia.

Contudo, o relator asseverou que, embora tais indícios sejam importantes, não seriam contundentes o suficiente para embasar a condenação do administrador.

Dessa forma, o relator decidiu pela absolvição do acusado levando em conta os seguintes fatos:

a) há provas nos autos de que o administrador teria se posicionado contra a celebração, posterior à venda das aeronaves, do contrato de representação com a República Dominicana;
b) não houve pagamento de vantagens ilícitas ao coronel Carlos Piccini Núñes ou às empresas indicadas por ele durante a gestão do acusado como Diretor Vice-Presidente para o Mercado de Defesa e Governo da Embraer;
c) a assinatura do administrador em documentos autorizando a contratação da Globaltix ocorreu quando ele ocupava o cargo de Diretor Vice-Presidente Financeiro e de Relações com investidores, logo, pode ser que, de fato, ele não tenha tido conhecimento que as comissões ali estabelecidas seriam vantagens indevidas da operação da República Dominicana;
d) apesar de as comissões fixas existentes no contrato com a Globaltix não serem de praxe nos contratos da Embraer, o relator entendeu que isso não deveria, necessariamente, ter despertado no administrador a possibilidade de que algo naquela transação seria ilícito;
e) por fim, para o relator, a acusação não se desincumbiu do ônus de provar os fatos que imputou ao acusado, embora haja indícios desfavoráveis à lisura de sua conduta e, portanto, diante dos princípios do *in dubio pro reo* e da inocência, julgou pela absolvição do administrador.

2.2.2.2. Individualização da Conduta de Orlando José Ferreira Neto

Durante o período em que as vantagens indevidas foram distribuídas: US$ 100.000,00 (cem mil dólares americanos) para a empresa 4D Business Group S.A. em 24 de abril de 2009, US$ 2.500.000,00 (dois milhões e quinhentos mil dólares americanos) para a Globaltix em 22 de maio de 2010 e US$ 920.000,00 (novecentos e vinte mil dólares americanos) para a Globaltix em 22 de junho de 2010, Orlando José Ferreira Neto era Diretor Vice-Presidente para o Mercado de Defesa e Governo da Embraer, tendo iniciado no cargo em 1º de janeiro de 2009, possuindo, portanto, cargo de administrador da companhia.

O relator do julgamento do caso destacou em seu voto diversas mensagens eletrônicas entre funcionários do administrador que demonstram que os pagamentos dependiam de sua definição e aprovação. Evidenciou, ainda, a existência de correspondências que confirmam que o acusado instruiu seus subordinados a dissimular os valores repassados para a empresa 4D sob o nome de serviço de consultoria.

Outrossim, também são robustas nos autos as provas de que o administrador buscou meios de obtenção de lastro contratual para a contratação de representante comercial na Jordânia e, ao mesmo tempo, para embutir os valores ilícitos da operação dominicana. Além disso, o acusado assinou o referido contrato em 12 de março de 2010, na qualidade de Diretor Vice-Presidente para o Mercado de Defesa e Governo da Embraer.

Diante dos fatos expostos, o relator considerou que, burlando os controles internos da Embraer, o administrador dissimulou a verdadeira natureza dos serviços prestados nas operações com a República Dominicana e a Jordânia, viabilizando o pagamento de vantagem ilícita ao Coronel Carlos Piccini Núñes da força aérea da República Dominicana. Restou configurada, portanto, a violação ao artigo 154 da lei 6.404/1976.

No que concerne à modificação da interpretação do artigo 154 da lei 6.404/1976 que a CVM daria ao dispositivo caso condenasse o administrador, aludida pela defesa do acusado, o relator ressaltou que a infração do referido artigo não teria como pressuposto o interesse pessoal do administrador. O relator afirmou que esse não seria o entendimento da autarquia e que "age com desvio de poder o administrador que desvirtua as atribuições do seu cargo para lograr fim estranho ao da companhia"[7], independentemente de qualquer benefício pessoal no ato praticado.

No tocante à readequação ao tipo administrativo sugerida pela defesa do acusado para o artigo 153 da lei 6.404/1976, o relator reputou impertinente, tendo em vista que a conduta do administrador não estaria adstrita somente à violação ao dever de diligência. Para o relator, o administrador agiu de forma consciente para fraudar os controles internos da Embraer, atuando fora do padrão de conduta preceituado na lei 6.404/1976, pois não perseguiu o interesse social.

Portanto, o relator votou no sentido de condenar o administrador na penalidade de inabilitação temporária pelo prazo de 5 (cinco) anos para o exercício do cargo de administrador ou de conselheiro fiscal de companhia aberta, devido à violação ao artigo 154, caput, da lei 6.404/1976.

3. CVM e o Caso Embraer[8]

3.1. Da Competência da CVM para julgar o Caso Embraer

Criada pela lei 6.385/1976, a Comissão de Valores Mobiliários, sendo autarquia em regime especial, vinculada ao Ministério da

[7] Comissão de Valores Mobiliários. Apurar a responsabilidade de administradores da Embraer S.A por descumprimento do dever de atuar no interesse social da companhia. Infração ao artigo 154, caput, da Lei nº 6.404/76. Inabilitação temporária. Absolvição. PAS CVM RJ 2015/1760.Luiz Carlos Siqueira Aguiar. Orlando José Ferreira Neto. Relator: Pablo Renteria. Rio de Janeiro, 11 set. 2018. Disponível em: http://www.cvm.gov.br/sancionadores/sancionador/2018/20180911_PAS_RJ20151760.html. Acesso em:22 mar. 2019. (Voto relator RENTERIA, Pablo. p.44. BRASIL)

[8] BRASIL. Comissão de Valores Mobiliários. Apurar a responsabilidade de administradores da Embraer S.A por descumprimento do dever de atuar no interesse social da companhia. Infração ao artigo 154, caput, da Lei nº 6.404/76. Inabilitação temporária. Absolvição. PAS CVM RJ 2015/1760.Luiz Carlos Siqueira Aguiar. Orlando José Ferreira Neto. Relator: Pablo Renteria. Rio de Janeiro, 11 set. 2018. Disponível em: http://www.cvm.gov.br/sancionadores/sancionador/2018/20180911_PAS_RJ20151760.html. Acesso em:22 mar. 2019

Fazenda, com autoridade administrativa independente e ausência de subordinação hierárquica, tem por objetivo a regulação e a fiscalização do mercado de valores mobiliários.

Conforme ensinamento de Paulo Eduardo Penna, a função da CVM foi resumida pela própria autarquia em 1979, porém, a redação continua atual:

> A CVM, obedecendo os postulados da economia de mercado, persegue um mercado de valores mobiliários eficiente, que, para tanto, precisa ser livre, competitivo e informado, e deseja também um mercado confiável como resultado de uma adequada proteção e harmonização dos interesses de todos os que nele transacionam.[9]

A autarquia possui, ainda, poder sancionador, pois foi criada para ser o "xerife" do mercado, garantindo segurança para os investidores com a sua capacidade investigatória e punitiva[10]. Assim, a existência da CVM teria por propósito conferir confiança aos investidores quanto ao funcionamento dos mecanismos do mercado, à atuação dos administradores e dos acionistas controladores de companhias abertas.

Nesse sentido, a estrutura regulatória da CVM deve ter por objetivo: "(i) a proteção dos investidores; (ii) a garantia de um mercado justo (fair), eficiente e transparente; e (iii) a redução do risco sistêmico".[11]

9 PENNA, Paulo Eduardo. **Alienação de Controle de Companhia Aberta**. São Paulo: Quartier Latin, 2012. p 81.

10 CANTIDIANO, Luiz Leonardo. Suspensão, pela Comissão de Valores Mobiliários (CVM), de prazo para realização de Assembleia Geral Extraordinária (AGE) de companhia aberta. Manifestação da opinião da CVM sobre a legalidade da matéria que seria deliberada pela AGE. *In*: VENANCIO FILHO, Alberto; LOBO, Carlos Augusto da Silveira; ROSMAN, Luiz Alberto Colonna. (Org.). **Lei das S.A. em seus 40 anos.** 1 ed, Rio de Janeiro: Forense, 2017. p. 448.

11 CUSCIANO, Dalton Tris et al. **Auto-regulação e Desenvolvimento do Mercado de Valores Mobiliários Brasileiro** – São Paulo: Saraiva, 2009. p. 10.

A lei 6.385/1976 atribui competência para a CVM regular e fiscalizar as atividades ligadas ao mercado de valores mobiliários. Desta forma, todas as atividades relacionadas a este mercado são de competência da CVM, que, como agência reguladora, deverá regular, fiscalizar e sancionar tais atividades. Nessa toada, preleciona a doutrina:

> Dessa forma, companhias abertas, empresas de auditoria, corretoras de valores mobiliários, agentes autônomos de investimento, fundos de investimento, administradores de carteira, enfim, todas as entidades que exercem atividade dentro do escopo previsto dentro do artigo 1º da Lei 6.385/1976 e envolvendo valores mobiliários serão reguladas e fiscalizadas pela CVM.[12]

Consoante determinado no artigo 9º, V da lei 6.385/1976, a CVM poderá apurar, mediante processo administrativo, atos ilegais e práticas não equitativas de administradores de companhias abertas e dos demais participantes do mercado. Ademais, poderá também aplicar penalidades, independente da responsabilidade civil e criminal, na forma do inciso VI do referido dispositivo.

Dentre as finalidades atribuídas à CVM, destacamos para o estudo do presente trabalho, a de proteger titulares de valores mobiliários e os investidores do mercado contra atos ilegais de administradores de companhias abertas.

Nesse aspecto, necessário salientar que, enquanto a lei das S.A. estabelece as condutas tidas como adequadas na condução dos negócios das sociedades anônimas, por meio da definição dos direitos e deveres dos administradores e do sistema de responsabilidades, a CVM efetiva tais deveres e responsabilidades,

[12] Eizirik, Nelson et al. Mercado de Capitais – Regime Jurídico. 2 ed. Revisada e atualizada – Rio de Janeiro: Renovar, 2008. p. 247.

por meio da disciplina do mercado de valores mobiliários e da fiscalização e punição dos agentes envolvidos nas operações do mercado, incluindo o funcionamento das companhias abertas.

Por ser órgão da Administração Pública, a atuação da CVM é determinada em lei e, portanto, entender quais seriam os atos ilegais dos administradores de companhia aberta que estariam no alcance de sua competência, é fundamental.

Logo, como as atividades de gestão e administração das companhias abertas são desempenhadas por meio do conselho de administração e da diretoria, a regulação e a fiscalização das condutas desses administradores estão dentro da esfera de competência da autarquia.

Nesse diapasão, uma das atribuições da CVM é a dissuasão das condutas indesejadas dos administradores que possam afetar a confiança do mercado, bem como a concretização das prescrições da lei das sociedades por ações.

Para tanto, a lei 6.385/76 concedeu à CVM mecanismos contundentes de investigação de eventuais infrações e a instrução de processos sancionadores, conferindo à autarquia a competência para "inspecionar, examinar documentos e intimar, para prestação de esclarecimentos, quaisquer agentes atuantes no mercado de valores mobiliários."[13]

Como bem asseverou o relator do Caso Embraer[14], o objeto do julgamento do caso foi a conduta dos administradores da

[13] YARSHELL, Flávio Luiz; PEREIRA, Guilherme Setoguti J.(Coords.) **Processo Societário** – Volume II -São Paulo: Quartier Latin, 2015. p. 72

[14] BRASIL. Comissão de Valores Mobiliários. Apurar a responsabilidade de administradores da Embraer S.A por descumprimento do dever de atuar no interesse social da companhia. Infração ao artigo 154, caput, da Lei nº 6.404/76. Inabilitação temporária. Absolvição. PAS CVM RJ 2015/1760.Luiz Carlos Siqueira Aguiar. Orlando José Ferreira Neto. Relator: Pablo Renteria. Rio de Janeiro, 11 set. 2018. Disponível em: http://www.cvm.gov.br/sancionadores/sancionador/2018/20180911_PAS_RJ20151760.html. Acesso em:22 mar. 2019

companhia, diante da operação de compra e venda de aeronaves, no que tange aos seus deveres fiduciários de atuarem no interesse social, conforme dispõe o artigo 154 da lei 6.404/1976.

Ou seja, por mais que o caso tenha chegado à CVM em função de requerimento do MPF para o encaminhamento de cópia da denúncia da ação penal para a autarquia, o âmbito de competência da CVM manteve-se no sentido de analisar a responsabilidade administrativa dos administradores nos fatos ali dispostos.

O fato de a conduta dos acusados poder ser enquadrada em ilícito civil e penal, não retira a responsabilidade da CVM de apurar se também ferem as regras que constam na esfera de atribuição da autarquia.

Outrossim, consoante asseverou o relator do caso:

> a Embraer foi constituída em conformidade com a lei brasileira, tendo sua sede localizada neste país e, ademais, valores mobiliários de sua emissão são aqui negociados, restando, assim, incontroversa a competência da CVM para apurar a conduta de seus administradores por infrações cometidas à Lei das S.A.[15]

Conforme exposto, a lei que criou a autarquia é categórica ao conferir a incumbência para a CVM de proteger os titulares de valores mobiliários e os investidores do mercado contra atos ilegais dos administradores das companhias abertas. Como os deveres dos administradores são obrigações impostas

[15] Comissão de Valores Mobiliários. Apurar a responsabilidade de administradores da Embraer S.A por descumprimento do dever de atuar no interesse social da companhia. Infração ao artigo 154, caput, da Lei nº 6.404/76. Inabilitação temporária. Absolvição. PAS CVM RJ 2015/1760.Luiz Carlos Siqueira Aguiar. Orlando José Ferreira Neto. Relator: Pablo Renteria. Rio de Janeiro, 11 set. 2018. Disponível em: http://www.cvm.gov.br/sancionadores/sancionador/2018/20180911_PAS_RJ20151760.html. Acesso em:22 mar. 2019. (Voto relator RENTERIA, Pablo, p. 7. BRASIL)

na lei 6.404/1976, resta evidente que o julgamento de condutas que violem tais deveres insere-se no âmbito de competência do órgão.

3.2. Do poder sancionador da CVM

A incidência do poder sancionador da autarquia é bastante ampla, pois permite que a CVM imponha penalidades a qualquer agente que participe do mercado mobiliário e que viole as leis, cuja fiscalização seja de sua atribuição, como é o caso da lei das S.A., da lei 6.385/1976 e de normas editadas pela própria CVM[16].

Note-se que, no caso das normas da lei das S.A. atinentes à atuação dos administradores da companhia, por serem comandos genéricos de comportamento, podem ser interpretadas de formas variadas. Assim, o poder sancionador da CVM acaba por auxiliar na delimitação das condutas consideradas adequadas pela autarquia.

Isso significa dizer que, no que tange à função fiscalizatória da CVM do cumprimento da lei das S.A. e consequente punição aos agentes no caso de violação, a CVM acaba por ter como função acessória a interpretação das normas para adequá-las aos casos concretos. E, com isso, os julgados da autarquia passam a ter papel importante por determinarem mais claramente quais condutas são admissíveis e tidas como em conformidade com a lei e quais são ilegais.

Segundo ensinamento de Marcelo Trindade[17], o poder sancionador da CVM é bem extenso quando percebemos a sua autonomia para a condução dos processos administrativos. O professor aduz que, em comparação com a agência regula-

[16] Trindade, Marcelo. Processo Sancionador na CVM: limites e possibilidades. *In:* Venancio Filho; Lobo; Rosman, (Org.) op. cit., p. 492.

[17] Ibid, p. 494.

dora de mercado de valores mobiliários dos Estados Unidos da América, a Securities and Exchange Comission (SEC), a CVM possui autonomia para impor penalidades de forma unilateral, como penas pecuniárias. Já a SEC precisa de requerimento do Poder Judiciário ou de um juiz administrativo para exercer seu poder sancionador.

Devido à amplitude do poder sancionador da CVM, podendo impor aos agentes atuantes no mercado de valores mobiliários as penalidades autorizadas em lei, é fundamental que sejam respeitados os princípios do devido processo legal e a ampla defesa na tramitação dos processos administrativos de sua competência.

Conforme determinado na Constituição da República Federativa do Brasil (CRFB), no artigo 5º, LV, aos litigantes, em processo judicial ou administrativo, e aos acusados em geral são assegurados o contraditório e ampla defesa, com os meios e recursos a ela inerentes. Dessa forma, no caso de descumprimento da norma em referência, o processo administrativo seria nulo, não devendo surtir nenhum efeito para os litigantes.

Outrossim, a doutrina brasileira entende que são aplicáveis ao processo administrativo sancionador os mesmos princípios processuais e materiais que são garantidos no processo penal[18]. Portanto, cumpre apontar as prerrogativas que devem ser asseguradas durante o andamento do procedimento administrativo para que ele seja legítimo, conforme ensinamento de Nelson Eizirik e Modesto Carvalhosa[19].

Deve ser respeitado o princípio da legalidade, que pressupõe não haver crime sem lei anterior que o defina, nem pena sem prévia cominação legal, na forma do artigo 5º, XXXIX da CRFB. Nesse sentido, a CVM só poderia julgar um ato como

[18] Carvalhosa, Modesto; Eizirik, Nelson. A Nova Lei das S/A. São Paulo: Saraiva, 2002. P. 498.

[19] Ibid, P. 497-500.

ilegal se houver lei definindo os termos da ilegalidade daquela conduta e com pena estipulada anteriormente.

Também há de ser observado o princípio da irretroatividade, disciplinado no artigo 5º, XL da CRFB, que informa que a lei não deve retroagir, somente se isso beneficiar o réu. Vale esclarecer que a lei 9.784/1999, que estabelece normas gerais reguladoras do processo administrativo no âmbito da administração pública federal, disciplinou o referido princípio no artigo 2º, parágrafo único, XIII, vedando a aplicação retroativa não somente de lei, mas também de nova interpretação.

Isto é, se no momento do julgamento do acusado, a intepretação da lei era no sentido de sua inocência, caso essa interpretação mude e o ato praticado pelo acusado passe a ser tido como ilegal, este não deverá sofrer novo julgamento. Igualmente, se o acusado houver sido condenado e houver mudança na interpretação que passe a considerá-lo inocente, a sua punibilidade deve restar extinta.

Do mesmo modo, importante que se garanta o princípio da culpabilidade do acusado, que aduz que para ser aplicada sanção ao agente do mercado, imprescindível que se prove a culpa ou o dolo de sua conduta. Ou seja, a responsabilidade objetiva não é permitida no processo administrativo sancionador.

Deve, ainda, ser assegurado nos procedimentos administrativos o princípio da proporcionalidade das punições, que prescreve que entre a penalidade e a ilicitude administrativa cometida, deve haver razoabilidade. Conforme preceitua o artigo 2º, parágrafo único, VI da lei 9.784/99, deve haver adequação entre meios e fins, vedada a imposição de obrigações, restrições e sanções em medida superior àquelas estritamente necessárias ao atendimento do interesse público.

Da mesma forma, há de se fazer cumprir o princípio da tipicidade, que aduz que um agente somente poderá ser acusado se houver praticado uma conduta que se encaixe perfeitamente em um dispositivo tipificado em lei. Assim, só poderia ser condenado o acusado que tiver atuado exatamente conforme descrição de conduta vedada em lei.

No que tange a esse princípio, mister indicar a importância dos pareces da CVM e ofícios circulares que transmitem aos atuantes no mercado os seus entendimentos em relação à lei. Tendo em vista que os acusados não podem ser surpreendidos com um posicionamento novo do órgão julgador a respeito do entendimento de determinada lei, a publicação dessa nova compreensão garante a legalidade do julgamento.

Especificamente no caso dos padrões de conduta demandados pela lei das S.A. aos administradores, afirma-se, mais uma vez, que o esclarecimento da interpretação da CVM sobre o seu alcance é fundamental, para que o agente compreenda se a sua ação se enquadra em algum preceito vedado pela lei e, portanto, se é típico.

Conforme disciplinado no artigo 13 da Lei 6.385/76, a Comissão de Valores Mobiliários manterá serviço para exercer atividade consultiva ou de orientação junto aos agentes do mercado de valores mobiliários ou a qualquer investidor. Observa-se, assim, que um dos encargos da CVM é a disponibilização de seus entendimentos, conferindo segurança e estabilidade ao mercado.

Vê-se, portanto, que no caso dos julgamentos dos processos sancionadores da CVM referentes à infração aos padrões de conduta dos administradores, o trabalho da autarquia vai além da subsunção do caso concreto ao dispositivo legal. Isso porque, como os padrões de conduta são cláusula gerais, estas requerem um juízo de valor da CVM por meio da exegese dos dispositivos[20]. Daí a importância da jurisprudência da CVM para a delimitar a extensão dos deveres dos administradores.

[20] YARSHELL; PEREIRA, op. cit., p. 617.

No entanto, conforme destacado, como a aplicação de sanções aos administradores gera consequências graves para os apenados em sua esfera pessoal e profissional, o processo sancionador deve seguir as regras e princípios constitucionais, de modo a garantir a sua legitimidade por meio da preservação das garantias individuais.

No Caso Embraer, pode-se notar que todas as garantias constitucionais foram respeitadas, consoante foi asseverado pelo relator: "não vislumbro absolutamente nenhum cerceamento ao direito de defesa dos acusados, os quais tiveram a oportunidade – e efetivamente o fizeram- de se manifestar sobre as imputações e as provas colacionadas aos autos."[21]

4. Da análise da decisão da CVM

4.1. Dos deveres dos administradores

Apesar de a exposição de motivos do projeto de Lei das Sociedades por Ações informar que os deveres e responsabilidades dos administradores foram definidos de forma minuciosa na referida lei, não seria possível ao legislador regular todas as circunstâncias e respectivas condutas que o administrador deveria ter em determinada situação. Assim, optou o legislador por disciplinar o comportamento dos administradores por meio de padrões de conduta gerais e abstratos. Ou seja, utilizando-se de cláusula-gerais que devem ser aplicadas aos casos concretos[22].

[21] Comissão de Valores Mobiliários. Apurar a responsabilidade de administradores da Embraer S.A por descumprimento do dever de atuar no interesse social da companhia. Infração ao artigo 154, caput, da Lei nº 6.404/76. Inabilitação temporária. Absolvição. PAS CVM RJ 2015/1760.Luiz Carlos Siqueira Aguiar. Orlando José Ferreira Neto. Relator: Pablo Renteria. Rio de Janeiro, 11 set. 2018. Disponível em: http://www.cvm.gov.br/sancionadores/sancionador/2018/20180911_PAS_RJ20151760.html. Acesso em:22 mar. 2019. (Voto relator RENTERIA, Pablo, p. 8. BRASIL)

[22] ADAMEK, Marcelo Vieira Von. **Responsabilidade civil dos Administradores de S/A e as ações correlatas**. São Paulo: Ed. Saraiva, 2009. p. 113

Os padrões de conduta enunciados na lei acionária seriam conceitos jurídicos genéricos, indeterminados, os quais dependem da interpretação do aplicador do direito para a concretização de seu conteúdo. Nesse sentido é o ensinamento de Flávia Parente[23]:

> Em resumo, os standards não possuem um conteúdo exato e hermético; ao contrário, exprimem uma linha de conduta, uma diretiva geral ou uma orientação que vão informar a conduta social média e servirão de medida ou elemento de comparação para o juízo de casos concretos. Por serem amplos e flexíveis são capazes de abranger as mais variadas situações.

Dessa forma, por meio da interpretação das cláusulas gerais pelos doutrinadores e aplicadores do direito, as normas jurídicas ali contidas vão sendo reveladas, e os parâmetros de comportamento admitidos aos administradores vão sendo consolidados.

Já as responsabilidades dos administradores irão decorrer das infrações aos seus deveres, os quais foram delimitados nos artigos 153 a 160 da lei das sociedades anônimas e complementados pelo estatuto social.

Nesse sentido, para o fim a que se destina este trabalho, imprescindível analisar de forma pormenorizada os deveres dos administradores de sociedades anônimas que foram potencialmente violados no caso concreto em discussão.

Conforme mencionado anteriormente, a Superintendência de Relações com Empresas, ao tomar conhecimento dos fatos que culminaram na instauração do procedimento administrativo, pretendia imputar aos administradores Luiz Carlos Siqueira Aguiar e Orlando José Ferreira Neto a violação ao

[23] PARENTE, Flávia. **O Dever de Diligência dos Administradores de Sociedades Anônimas**. São Paulo: Renovar, 2005, p. 34-35.

artigo 153 da lei 6.404/1976. No entanto, decidiu, posteriormente, por acatar o posicionamento da Procuradoria Federal Especializada junto à CVM e imputar aos administradores a violação ao artigo 154 da lei das SA.

Portanto, imperioso esmiuçar os significados do dever de diligência e do dever do administrador de atuar de acordo com as finalidades das suas atribuições; suas possíveis interpretações admitidas atualmente e demais implicações.

4.1.1. Do Dever de Diligência

O dever de diligência está preconizado no artigo 153 da lei das S.A. e tem por diretiva que o administrador empregue, no exercício de suas funções, o cuidado e diligência que todo homem ativo e probo costuma empregar na administração dos seus próprios negócios.

Além de exigir do administrador o zelo, a atenção e a dedicação no desempenho de suas atribuições, tal dispositivo determina que essa diligência seja a mesma do homem correto e consciencioso que administra o seu próprio negócio.

Esse tipo de padrão de comportamento tem fundamento no princípio do *bonus pater familias*, de origem romana, e que dizia respeito à pessoa que geria seus interesses de maneira cuidadosa, prudente.

No entanto, o critério em referência mostrou-se muito restrito para o administrador, já que apenas requer dele a diligência mediana, que qualquer homem comum possui, não lhe exigindo nenhuma qualidade específica para conduzir os negócios da companhia. Por isso, a doutrina brasileira[24] foi percebendo que ao gestor dos negócios alheios, era necessário demandar qualidades específicas, além das comuns ao bom pai de família.

[24] Ibid, p. 44; Adamek, op. cit., p. 123-124; Eizirik, Nelson. **A lei das S/A Comentada** – artigos 138 ao 205.São Paulo: Quartier Latin, 2015. p. 177.

Consoante o entendimento de Flávia Parente[25], o dever de diligência compreende 5 (cinco) outros deveres: o dever de se qualificar para o exercício do cargo, o dever de bem administrar, o dever de se informar, o dever de investigar e o dever de vigiar.

O dever de se qualificar para o exercício do cargo significa que o administrador deve compreender o negócio da companhia e ter qualificações mínimas que lhe permitam conhecimento técnico suficiente para assumir a função e conseguir contribuir para as decisões que lhe são demandadas. Caso o administrador não tenha esse conteúdo, não deve se sujeitar ao cargo em questão.

É notório que tais conhecimentos seriam acima do homem médio, e, portanto, seriam além das exigências do artigo 153 da lei das S/A, se este fosse interpretado formal e literalmente.

O dever de bem administrar seria a obrigação do administrador de praticar atos e celebrar os negócios jurídicos necessários à consecução do objeto social da companhia. Seria o dever de gerir e representar a companhia, tendo por objetivo a concretização do interesse social.

O referido dever impõe que o administrador desempenhe sua atribuição de maneira efetiva, praticando os atos necessários para realizar o interesse da companhia.

O dever de se informar tem como conteúdo a necessidade de que o administrador obtenha as informações adequadas para concretizar o objeto social de forma satisfatória. Ou seja, o administrador tem que buscar obter informações suficientes sobre a matéria segundo a qual deverá tomar uma decisão, estando sempre informado a respeito das atividades da companhia.

Frise-se que, ao obter de seus subordinados as informações das quais necessita para tomar suas decisões, deve analisá-las criticamente, questionando-as, e não apenas aceitá-las de forma

[25] Parente, op. cit., p. 101-102.

passiva. Somente dessa forma o administrador estará devidamente preparado para participar de reuniões nas quais decidirá sobre os negócios da companhia.

Note-se que o volume de informação necessária para que o administrador sinta-se capacitado a decidir algo, dependerá da situação concreta, devendo ser considerado: o prazo que lhe foi dado para decidir, os custos envolvidos na demora da decisão, os impactos da decisão para a companhia, dentre outros.

Justamente por isso, é patente o caráter subjetivo do que seria considerado razoável de colheita de informação para a tomada de decisão, já que dependerão de questões circunstanciais.

O dever de investigar está intimamente vinculado ao dever de se informar e diz respeito à obrigação do administrador em examinar de forma crítica as informações recebidas e verificar se elas causam algum tipo de risco para a companhia. Assim, constatado que há exposição para a companhia, o administrador tem o dever de investigar mais a fundo a matéria da qual tomou conhecimento.

Logo, observa-se que a incumbência de investigação por parte do administrador só ocorrerá caso seja detectada qualquer situação que lhe desperte um sinal de alerta, que seriam as conhecidas *red flags*, segundo o direito norte-americano[26]

Quanto ao grau de investigação que é considerado suficiente para o administrador se eximir da responsabilidade de tal dever, também dependerá do caso concreto, do custo daquela investigação, da gravidade da informação recebida e do tempo que foi dado ao administrador para tomar uma decisão com base no dado que tomou conhecimento.

Já o dever de vigiar refere-se ao dever de fiscalização que os administradores devem ter em relação aos aspectos gerais das

[26] Eizirik, op. cit., 177

atividades da companhia. Assim sendo, não precisaria o administrador se deter aos detalhes das demais áreas da companhia e, sim, fazer um acompanhamento geral de como andam os negócios como um todo.

Saliente-se que este dever abrange a obrigação de supervisão por parte dos administradores de seus subordinados. Assim, cabem aos administradores garantir que os seus funcionários estejam cumprindo as normas internas da companhia, como o estatuto, o código de ética e conduta e demais normas existentes de controle interno.

Delimitados alguns deveres específicos, inerentes ao dever de diligência, mister esclarecer que na análise da conduta do administrador, o princípio da boa-fé objetiva terá função basilar, pois embora não tenha sido bem-sucedido em sua gestão, não será responsabilizado se restar comprovado a sua atuação leal, cuidadosa e diligente[27].

Pode-se inferir, portanto, que o padrão de conduta diligente confere ao administrador uma obrigação de meio e não de resultado. Isto é, "não lhe é imputável responsabilidade pelo fato de não ter logrado criar valor para a companhia em decorrência de sua atividade como gestor"[28], desde que comprove que atuou com zelo, dedicação, diligência.

Da mesma forma, o fato de o administrador ter auferido lucro em sua gestão, não significa que sua atuação tenha sido diligente, já que os lucros podem ter por origem atos ilícitos[29].

Regra com raciocínio similar ao descrito acima seria a do *business judgement rule*, padrão de conduta desenvolvido no *common law* norte americano e com implicações no direito brasileiro. Por meio dessa regra, institui-se que o objeto de exame

27 CARVALHOSA, Modesto. **Comentários à Lei de Sociedades Anônimas** – 3º Volume – Arts.138 a 205. São Paulo: Saraiva, 2014. p. 370.

28 Ibid, p. 380.

29 ADAMEK, op. cit., p. 133.

para controle dos atos dos administradores deve ser "o processo de tomada de decisão, e não a decisão efetivamente tomada pelo administrador[30]. Ou seja, se as decisões do administrador forem tomadas de forma diligente, não cabe a sua responsabilização, ainda que a decisão cause dano à companhia.

Tal regra foi consagrada no artigo 159, § 6º da lei das S.A, que possibilita ao juiz reconhecer a exclusão da responsabilidade do administrador, se provada a sua boa-fé e que visou ao interesse social[31].

Cumpre realçar a lição do jurista Marcelo Adamek,[32] aduzindo que, em caso de imputação ao administrador de violação ao dever de diligência, a comprovação de que houve obediência às regras da governança corporativa da companhia é uma boa forma de demonstrar que o dever em referência foi, de fato, respeitado.

Assim, pode-se constatar que houve obediência ao dever de diligência imposto pela lei das S/A, se o administrador é qualificado para o cargo que exerce, atua em busca de bons negócios para a companhia, está bem informado das discussões que giram em torno das operações, investiga as situações que lhe parecem pouco esclarecidas e fiscaliza de maneira geral as atividades da companhia. Atuando dessa forma, ainda que a companhia não obtenha grandes resultados ou o lucro almejado, não lhe poderá ser imputada falha no exercício de sua função.

4.1.2. Do dever do administrador de atuar de acordo com as finalidades das suas atribuições e do desvio de poder

O caput do artigo 154 da lei das sociedades anônimas dispõe que o administrador deve exercer as atribuições que a lei e o

30 Carvalhosa, op. cit., p. 381.

31 Eizirik, op. cit., p. 126.

32 Adamek, op. cit., p. 136-137

estatuto lhe conferem para lograr os fins e no interesse da companhia, satisfeitas as exigências do bem público e da função social da empresa.

Apesar de os administradores terem como função a concretização do objeto social da companhia, obtendo com isso o máximo de lucro possível nesta caminhada, o que o dispositivo exige é que isso ocorra com o menor impacto para a comunidade na qual a companhia está inserida, de modo que seja preservado, por exemplo, o meio ambiente, os direitos dos trabalhadores, respeitada a legislação vigente, dentre outros.

Nesse diapasão, cabe lembrar o ensinamento de Alfredo de Assis Gonçalves Neto[33], quando afirmou:

> É bom destacar, desde já, que a companhia não é constituída para atender o interesse público, mas para buscar lucro no exercício de uma atividade econômica de interesse do conjunto de seus acionistas. O preceito sob análise está a dizer, apenas, que, na persecução desse interesse, o diretor não pode praticar desatinos, devendo persegui-lo com observância das exigências do bem público e da função social que possa estar compreendida em sua atuação.

O que se prescreve no dispositivo em referência é a harmonização entre o interesse privado, que seria a consecução do objeto social, com o interesse da coletividade. Assim, o administrador deve pautar sua conduta de acordo com o que o estatuto e a lei lhe determinam, porém sempre respeitando o interesse público.

Quanto aos parágrafos do artigo 154, o professor Fábio Ulhoa Coelho[34] aduz que seriam desdobramentos do caput, diretri-

[33] Gonçalves Neto, Alfredo de Assis. **Manual das Companhias ou Sociedades Anônimas**. São Paulo: Editora Revista dos Tribunais, 2010. p. 195.

[34] Coelho, Fábio Ulhoa. **Curso de Direito Comercial**, volume 2: Direito de Empresa. São Paulo: Editora Revista dos Tribunais, 2016. p. 248.

zes que devem conduzir o administrador para compatibilizar o interesse da companhia com o bem público e a função social. Desse modo, se o administrador cumprir com as regras ali previstas, estará exercendo devidamente as suas atribuições e não se desviando de seu poder.

Em vista disso, necessário adentrarmos nas vedações impostas pelos parágrafos do artigo 154 para melhor delimitarmos as atribuições e os desvios de poder dos administradores.

O § 1º informa que, em havendo administrador eleito por grupo ou classe de acionistas, este possui os mesmos deveres para com a companhia que os demais administradores, não devendo atender aos interesses particulares dos que o elegeram. Isso porque o administrador representa a companhia como um todo, devendo atender aos seus interesses, independente de quem o elegeu.

O objetivo do dispositivo é evitar que haja blocos de poder na administração da companhia, focados, exclusivamente, em atender apenas aos seus próprios interesses. As deliberações devem sempre beneficiar a companhia e não apenas serem convenientes ou proveitosas para grupos ou classes de acionistas.

O § 2º e suas respectivas alíneas continuam dispondo sobre vedações a que estão vinculados os administradores. São elas:

a) a prática de ato de liberalidade à custa da companhia;
b) realização de empréstimo de recursos ou bens da companhia sem autorização prévia da assembleia geral ou conselho de administração, ou utilização, em proveito próprio, de sociedade na qual tenha interesse, ou no proveito de terceiros, dos bens, serviços ou créditos da companhia; e
c) o recebimento de terceiros de qualquer modalidade de vantagens pessoal, direta ou indireta, em razão do exercício do seu cargo, sem que haja autorização estatutária ou da assembleia geral.

A prática de ato de liberalidade é vedada ao administrador, pois afeta o patrimônio da companhia e, como tal patrimônio não pertence ao administrador, não convém que dele disponha. Somente seria aceitável, caso a companhia se beneficiasse de alguma forma dessa liberalidade, sendo assim vista como estratégia dos negócios.

Da mesma forma, a concessão de empréstimos mencionada na alínea "b" do § 2º também põe em risco o patrimônio da companhia caso não haja nenhuma contrapartida e, por isso, só deve ocorrer com a autorização da assembleia geral ou do conselho de administração.

Já a alínea "c" do § 2º, tem por preceito o fato de que os administradores, como representantes da companhia, não poderiam receber nenhuma vantagem decorrente de suas funções sem a autorização da própria companhia[35]. Assim, como determina o § 3º do artigo 154, os valores recebidos em função dessa violação caberão à companhia.

Quanto à análise do § 4º, vale destacar que é possível a prática de atos gratuitos, no entanto, desde que sejam razoáveis, em benefício dos empregados ou da comunidade de que participe a companhia, sendo necessária a autorização do conselho de administração ou da diretoria.

Frise-se que, o ato gratuito acima destacado é permitido pelo legislador, pois indiretamente são gerados benefícios à companhia, que está atendendo à sua função social.

Observa-se, portanto, que o administrador deve atuar conforme o que a lei e o estatuto prescrevem, pois são essas normas que atribuem os poderes para que eles concretizem o objeto social da companhia. No entanto, o artigo 154 dispõe também que na consecução do interesse social, o interesse público deve ser levado em consideração e os parágrafos do dispositivo seriam

[35] CARVALHOSA, op. cit., p. 407.

exemplos de atuações que garantem que a coletividade seja resguardada.

Nesse sentido, caso o administrador não atue em conformidade com o dispositivo, estará incidindo em desvio de poder, pois sua conduta não será condizente com o poder que lhe foi conferido.

Segundo preleciona José Waldecy Lucena[36], a Exposição de Motivos da Lei das S.A, em seu artigo 2º, § 2ª, determina que o estatuto social deve prever os poderes dos administradores de modo a evitar discricionariedades quando da execução do objeto social. Assim, no objeto social estarão as bases de atuação da sociedade e os limites dos administradores, que são integrantes do órgão social. Com a determinação desses poderes no estatuto, fica evidente quando há desvio de poder.

O desvio de poder ocorreria quando, "objetivando vantagens pessoais ou de terceiros, desvia-se o agente do fim a que deveria visar"[37]. Logo, como o interesse social deve ser o pressuposto para a atuação dos administradores, caso o administrador tenha interesse diverso do social, estará afastando-se do que foi preestabelecido no estatuto social e da própria lei.

4.2. Da Jurisprudência da CVM

Os deveres dos administradores são padrões de conduta que se traduzem por flexíveis e sujeitos à análise do caso concreto. Justamente por isso, a jurisprudência tem um papel importante na construção do significado e alcance de cada um dos deveres.

Nos procedimentos administrativos julgados pela CVM há entendimentos no que tange à delimitação do núcleo/conteúdo dos deveres aos quais estão sujeitos os administradores. É cediço

36 LUCENA, José Waldecy. **Das sociedades anônimas** – comentários à lei (arts. 121 a 188), vol.2.Rio de Janeiro: Renovar, 2009. p. 456-457.

37 Ibid, p. 468.

que determinar em absoluto o que seriam esses deveres seria esvaziar o seu conteúdo, pois, pela própria natureza de cláusula geral que são, devem os deveres manterem-se abstratos.

Contudo, a manifestação do entendimento da CVM sobre a interpretação dos deveres é imprescindível para a concretização da segurança jurídica em face dos agentes do mercado.

Assim, o grande proveito da análise de julgamentos de administradores pela CVM é a oportunidade que se apresenta de novas orientações de interpretação dos deveres dos administradores. A presente subseção visa exatamente a isso: examinar alguns julgamentos da CVM para depreendermos como o dever de diligência e o dever do administrador de atuar de acordo com as finalidades das suas atribuições podem ser aplicados em casos concretos.

4.2.1. Caso Brasil Telecom: PAS CVM 01/2007[38]

Trata-se de processo administrativo sancionador instaurado em função de denúncia da Brasil Telecom por possível prática de atos ilícitos pela administração anterior da companhia, refe-

[38] BRASIL. Comissão de Valores Mobiliários. PAS CVM Nº 01/2007. Responsabilidade de Diretores, Membros do Conselho de Administração e Membros do Conselho Fiscal por Desvio de Finalidade e Descumprimento do Dever de Diligência. Sinais de Alerta (Red Flags) e Dever de Investigar. Prescrição da Ação Punitiva da CVM, Litisconsórcio necessário, Ato de Liberalidade. Contratação de Serviços Advocatícios por Companhias Abertas para a Defesa de seus Administradores. Carla Cico, Carlos Geraldo Campos Magalhães, Paulo Pedrão Rio Branco, Daniela Maluf Pfeiffer, Eduardo Cintra Santos, Eduardo Seabra Fagundes e Ricardo Wiering de Barros, Rodrigo Bhering de Andrade, Francisco Ribeiro Magalhães, Maria Amália Delfim de Melo, Marcos Nascimento Ferreira, Gilberto Braga, Jorge Michel Lepeltier, Luis Fernando Cavalcanti, Luiz Otavio Nunes West. Relator: Pablo Renteria. Rio de Janeiro, 22 set. 2016. Disponível em: http://www.cvm.gov.br/export/sites/cvm/sancionadores/sancionador/anexos/2016/20160922_PAS_012007.pdf.
Acesso em 22 de abr. 2019.

rente à contratação de consultorias e escritórios de advocacia em suposto proveito do antigo controlador da companhia, o Opportunity.

Diante da veiculação na mídia sobre o foco do trabalho das consultorias contratadas pela Brasil Telecom, a CVM foi também demandada pelos acionistas da companhia para a análise se a conduta dos administradores havia respeitado os deveres fiduciários preconizados na lei das sociedades anônimas.

Assim, a Superintendência de Relações com Empresas propôs a abertura de procedimento administrativo em face de diretores da companhia pelo descumprimento ao caput e ao §2º, alínea "a" do artigo 154 da Lei nº 6.404/1976, por não terem exercido as atribuições a eles conferidas para atingir os fins e os interesses da companhia ao contratar serviços que tinham por objeto beneficiar interesses particulares do Opportunity, e não o interesse social da Brasil Telecom. Ainda, o procedimento instaurado pela CVM recaiu também sobre os conselheiros da Brasil Telecom, que foram questionados quanto às providências tomadas quando tiveram conhecimento das alegadas irregularidades envolvendo o trabalho das consultorias e escritórios, no desempenho da função de fiscalizar os atos da diretoria, na forma do artigo 153 da lei das S.A.

O julgamento deste caso mostra-se importante, pois na manifestação da CVM quanto às teses trazidas pela acusação e pela defesa, podemos observar o entendimento da autarquia quanto aos deveres em referência dos administradores de sociedades anônimas.

No caso, a defesa da diretora presidente da Brasil Telecom alega que diante do princípio da tipicidade, no âmbito dos processos sancionadores administrativos, a conduta imputada ao acusado deve ser precisamente definida para que possa haver punição e que este não seria o caso do artigo 153 e seguintes da lei das S.A. Nesse sentido se manifestou:

> Inexistindo qualquer disposição legal ou regulamentar conceituando e precisando standards, tal como ocorre com o dever de diligência do art. 153 e artigos seguintes da Lei das S.A., a aplicação de penalidades através da utilização direta destes conceitos gerais, sem a densificação normativa e respeito a parâmetros objetivos e prévios, viola a exigência de legalidade e tipicidade no procedimento administrativo punitivo.[39]

Além disso, afirmou que, em função da regra da decisão negocial, os questionamentos de seus atos deveriam ser afastados, já que suas decisões foram informadas, refletidas e desinteressadas.

No voto do relator, no que tange ao argumento de ausência de tipicidade de condutas questionadas à luz do artigo 154, o relator entendeu que o dispositivo consagraria um dos mais importantes deveres dos administradores de companhias, que seria o exercício das atribuições que a lei e o estatuto conferem ao administrador, no interesse da companhia. Ressaltou que a sua violação representa desvio de poder, abalando de forma

[39] Comissão de Valores Mobiliários. PAS CVM Nº 01/2007. Responsabilidade de Diretores, Membros do Conselho de Administração e Membros do Conselho Fiscal por Desvio de Finalidade e Descumprimento do Dever de Diligência. Sinais de Alerta (Red Flags) e Dever de Investigar. Prescrição da Ação Punitiva da CVM, Litisconsórcio necessário, Ato de Liberalidade. Contratação de Serviços Advocatícios por Companhias Abertas para a Defesa de seus Administradores. Carla Cico, Carlos Geraldo Campos Magalhães, Paulo Pedrão Rio Branco, Daniela Maluf Pfeiffer, Eduardo Cintra Santos, Eduardo Seabra Fagundes e Ricardo Wiering de Barros, Rodrigo Bhering de Andrade, Francisco Ribeiro Magalhães, Maria Amália Delfim de Melo, Marcos Nascimento Ferreira, Gilberto Braga, Jorge Michel Lepeltier, Luis Fernando Cavalcanti, Luiz Otavio Nunes West. Relator: Pablo Renteria. Rio de Janeiro, 22 set. 2016. Disponível em: http://www.cvm.gov.br/export/sites/cvm/sancionadores/sancionador/anexos/2016/20160922_PAS_012007.pdf.
Acesso em 22 de abr. 2019. (Defesa de Carla Cico, na qualidade de diretora presidente da Brasil Telecom. p. 32. BRASIL).

séria a relação fiduciária que existe entre o administrador e a companhia.

O relator enfatizou que haveria desvio de poder na conduta da diretora, pois ela não teria agido exclusivamente no interesse da companhia ao contratar as consultorias e que o Opportunity teria se beneficiado pelos serviços prestados e que foram pagos integralmente pela Brasil Telecom. Logo, a diretora não agiu conforme determina o artigo 154 da Lei nº 6.404/1976.

Em relação à alegação da defesa de que em razão da regra da decisão negocial, também conhecida como *business judgment rule*, não poderia ser penalizada, o relator, fazendo referência ao processo PAS CVM nº RJ2008/9574, Rel. Dir. Ana Dolores de Novaes, julgado em 27.11.2012, inicialmente explicou o entendimento da CVM sobre o instituto, conforme segue:

> [...] a CVM tem considerado que não procede a alegação de violação do dever de diligência contanto que o administrador tenha praticado o ato negocial "de forma diligente, (i.e. with due care), de boa-fé, e na crença de que a decisão foi tomada no melhor interesse da companhia[40].

[40] Comissão de Valores Mobiliários. PAS CVM Nº 01/2007. Responsabilidade de Diretores, Membros do Conselho de Administração e Membros do Conselho Fiscal por Desvio de Finalidade e Descumprimento do Dever de Diligência. Sinais de Alerta (Red Flags) e Dever de Investigar. Prescrição da Ação Punitiva da CVM, Litisconsórcio necessário, Ato de Liberalidade. Contratação de Serviços Advocatícios por Companhias Abertas para a Defesa de seus Administradores. Carla Cico, Carlos Geraldo Campos Magalhães, Paulo Pedrão Rio Branco, Daniela Maluf Pfeiffer, Eduardo Cintra Santos, Eduardo Seabra Fagundes e Ricardo Wiering de Barros, Rodrigo Bhering de Andrade, Francisco Ribeiro Magalhães, Maria Amália Delfim de Melo, Marcos Nascimento Ferreira, Gilberto Braga, Jorge Michel Lepeltier, Luis Fernando Cavalcanti, Luiz Otavio Nunes West. Relator: Pablo Renteria. Rio de Janeiro, 22 set. 2016. Disponível em: http://www.cvm.gov.br/export/sites/cvm/sancionadores/sancionador/anexos/2016/20160922_PAS_012007.pdf.
Acesso em 22 de abr. 2019. (Voto do Relator RENTERIA, Pablo. p. 62. BRASIL)

Após, afirmou que tal regra não poderia ser aplicada à diretora, pois a sua decisão de contratação de consultorias não foi tomada no interesse da Brasil Telecom e, sim, no interesse do Opportunity. Destacou, ainda, que a diretora estaria sendo acusada de desvio de poder, em descumprimento ao artigo 154 da lei das SA, não cabendo a discussão do *business judgement rule* que costuma ser objeto do artigo 153 da lei das S.A.

Quanto à infração ao dever de diligência imputado aos membros do conselho de administração, por não terem fiscalizado a atuação dos diretores da Companhia, o relator evidenciou a superficialidade da investigação conduzida como fator determinante para a condenação dos membros.

O relator aduziu ser pacífico na CVM e reconhecido pela doutrina que os membros do conselho de administração devem investigar potenciais irregularidades ao se depararem com algum sinal de alerta, conhecido como *red flag*. Nesses casos, o administrador deve buscar esclarecimento até se sentir seguro de que a gestão da companhia está ocorrendo de forma correta e, se for omisso, estará faltando com o seu dever de diligência.

Como a operação da polícia federal foi fato público e notório, deveria ter sido um sinal de alerta para possibilidade de contratação irregular das consultorias. Assim, deveriam os membros do conselho investigar internamente tais suspeitas. Na circunstância, os membros apenas questionaram os diretores que estavam sendo investigados, não sendo esta uma postura suficientemente diligente.

O relator informou que o descumprimento ao dever de diligência pode ser configurado quando medidas adequadas para a elucidação dos fatos não foram tomadas, independentemente de ser constatado posteriormente a regularidade da conduta dos diretores. O que está sob exame não é a conclusão da investigação e, sim, a iniciativa dos membros quando tiveram conhecimento da situação duvidosa.

Logo, a CVM entendeu que a investigação seria superficial e insuficiente, já que somente se baseou no questionamento dos fatos aos diretores, que não foram categóricos em suas respostas. Frisou, também, que quando for possível a arrecadação de provas diretas aos membros, essa deve ser a opção escolhida, por serem provas mais contundentes, não se devendo apostar na simples colheita de provas indiretas. Por isso, concluiu pela responsabilização dos membros por infração ao artigo 153 da Lei nº 6.404/1976.

Cumpre observar o entendimento da CVM no sentido de que, ainda que os membros tivessem sido suficientemente diligentes, talvez não encontrassem à época irregularidades nos trabalhos desenvolvidos pelas consultorias. A autarquia entendeu que isso seria uma circunstância atenuante na dosimetria da pena dos membros. Todavia, não afastaria a tipicidade da conduta dos membros, pois o dever de diligência exige uma investigação séria e dedicada, independente do resultado atingido.

Dessa forma, no caso acima, em relação aos deveres dos administradores, podemos destacar as seguintes tendências jurisprudenciais da CVM:

Em havendo sinais de alerta para os membros do conselho de administração, eles não podem simplesmente confiar nas informações prestadas pelos diretores e/ou seus subordinados e colaboradores, devendo investigar a fundo os dados que chegam a seu conhecimento. Além disso, o dever de investigar, decorrente do dever de diligência, atribui ao administrador o dever de examinar de forma crítica as informações a que tenham acesso e valorar se elas precisam de complementos.[41]

[41] LORIA, Eli; KALANSKY, Daniel. **Processo Sancionador e Mercado de Capitais II**: Estudo de Casos e Tendências; Julgamentos da CVM – São Paulo: Quartier Latin, 2017. p. 242

Soma-se a isso o entendimento de que a infração ao dever de diligência não poderá ser alegada se o administrador praticar o ato de maneira diligente, com boa-fé e acreditando que a sua decisão foi a melhor para o interesse da companhia.

4.2.2. Caso BRB: PAS CVM Nº RJ2013/6183[42]

Cuida-se de processo administrativo sancionador instaurado para apurar a responsabilidade de diretores do Banco de Brasília S.A. (BRB) quando da aquisição de direitos creditórios formados por saldos residuais de contratos de financiamento imobiliário com cobertura do Fundo de Compensação de Variações Salariais (FCVS), em violação a normativos internos do Banco.

O caso em questão apurou o desvio de poder de diretores por descumprimento do dever imposto ao administrador de companhia aberta de exercer as suas prerrogativas legais e estatutárias no interesse da companhia, na forma do artigo 154 da lei das SA, condenando os diretores a inabilitações temporárias.

Na oportunidade, o banco havia celebrado contrato de cessão, adquirindo 1.748 créditos imobiliários com lastro em créditos imobiliários com cobertura do FCVS, pelo montante de R$97.686.269,20 (noventa e sete milhões, seiscentos e oitenta e seis mil, duzentos e sessenta e nove reais e vinte centavos), com um deságio de 15,88% sobre o valor de face de R$116.127.281,53 (cento e dezesseis milhões, cento e vinte e sete mil, duzentos e oitenta e um reais e cinquenta e três centavos). No entanto, a

[42] BRASIL. Comissão de Valores Mobiliários. Responsabilidade de Administradores de Companhia Aberta. Desvio de Poder. Aquisição de Direitos Creditórios com Cobertura do Fundo de Compensação de Variações Salariais – FCVS. Princípio do *non bis in idem*. Eloir Cogliatti, Flávio José Couri, Ricardo de Barros Vieira. Relator: Pablo Renteria. Rio de Janeiro, 22 nov. 2016. Disponível em: http://www.cvm.gov.br/sancionadores/sancionador/anexos/2016/RJ20136183_BRB_Bco_de_Brasilia.doc
Acesso em 22 abr. 2019.

Caixa Econômica Federal (CEF), ao verificar se os direitos creditórios possuíam vícios, chegou à conclusão de que os créditos detidos pelo Banco passariam a ter valor de responsabilidade do FCVS igual a zero, pelo que o Banco teve que efetivar provisão para perdas no valor de R$133.973.834,62 (cento e trinta e três milhões, novecentos e setenta e três mil, oitocentos e trinta e quatro reais e sessenta e dois centavos).

Na apuração de responsabilidade do prejuízo que o Banco teve, constatou-se que alguns diretores aprovaram a compra dos direitos creditórios em desacordo com o estatuto e outros normativos internos do Banco, descumprindo o artigo 154 da Lei nº 6.404/76. Assim, cabe destacar as inconformidades apuradas.

Primeiramente, a Diretoria Financeira (DIRFI) avocou para si a condução da operação de aquisição dos direitos creditórios que, pelo Regimento Interno do Banco, seria de responsabilidade da Diretoria de Desenvolvimento de Mercado (DIMEC), que foi sucedida pela Diretoria de Desenvolvimento (DIDES), e da Gerência de Acompanhamento de Mutuários (GEMUT). Por sua vez, a DIDES foi omissa ao deixar isso acontecer.

Parecer elaborado pela DIRFI sugeriu a possibilidade de aquisição de títulos CVS, de responsabilidade do Tesouro Nacional, e de títulos com cobertura do FCVS. Assim, foi levado para discussão da Diretoria Colegiada e do Conselho de Administração ambos os títulos CVS e FCVS, como tendo risco federal, omitindo que só o CVS possuía essa qualidade, que só seria obtida pelos créditos com cobertura do FCVS após a sua homologação pela CEF.

Além disso, foram apresentados à Diretoria Colegiada e ao Conselho de Administração slides demonstrando que os contratos com cobertura pelo FCVS poderiam ser adquiridos a 50% do valor de face para os FCVS e 70% do valor de face para os CVS. Contudo, a compra dos direitos creditórios pelo BRB foi feita com deságio de apenas 15,88%.

Ressalte-se que, na ocasião, não foi apresentada nenhuma proposta de negócio concreta com os seus respectivos valores reais, taxas, juros e demais condições, ainda que a aquisição tivesse que ser aprovada pelo Conselho, pois o valor do negócio era maior do que 10% do Patrimônio de Referência do BRB.

A aquisição mostrou-se temerária, também, por não ter sido feita análise de crédito da parte cedente dos direitos creditórios, mesmo com a manifestação do departamento de risco quanto ao fato de que os títulos FCVS possuíam risco de crédito. Também não foram elaboradas propostas de limite de crédito e de negócio, conforme determinação da Política de Alocação de Recursos do Banco.

Insta destacar, ainda, que o processo de negociação desenvolveu-se sem que o contrato fosse submetido à análise preliminar do departamento jurídico do BRB.

Nesse sentido, a SEP observou que dispositivos do estatuto social, do regimento interno, da Política de Alocação de Recursos, do Código de Ética e do Manual de Emissão e Recebimento de TED, todos do Banco de Brasília S.A., não foram cumpridos, havendo, consequentemente, a infração ao artigo 154 da Lei nº 6.404/1976.

No julgamento do caso, o relator ressaltou que, como os direitos creditórios com lastro no FCVS são ativos de alto risco, esperava-se dos administradores do BRB grau de diligência redobrado, principalmente pela operação envolver valores expressivos, o que não foi observado.

O posicionamento da CVM no caso, que deve ser considerado para casos semelhantes, é no sentido de que a conduta dos administradores não estava alinhada com o interesse social, já que eles atuaram deliberadamente de modo a celebrar o negócio, mesmo com todos os sinais de que a operação apresentava graves fragilidades. Além disso, o relator declarou que a violação aos normativos internos do Banco seriam irregularidades flagrantes e inescusáveis.

Como a operação era superior a 20% do Patrimônio Líquido do Banco, o relator afirmou que as condutas dos acusados iam além da mera falta de diligência, já que houve esforço no sentido de efetivar o negócio a qualquer custo, mesmo trazendo prejuízo ao Banco. Ademais, ressaltou que não seria possível que o Diretor Financeiro não conhecesse bem as regras mais comuns do Banco, que deixaram de ser observadas na condução do processo de aquisição dos créditos FCVS.

Quanto à conduta do diretor de desenvolvimento, que não observou o procedimento prescrito nas regras internas quando da transferência bancária dos valores da operação, o relator entendeu ser um erro crasso e inescusável.

Portanto, considerou que as condutas dos administradores violaram o dever mais "comezinho imposto ao administrador de companhia aberta, que consiste em exercer as suas prerrogativas legais e estatutárias no interesse da companhia."[43]

Pelo exposto, em relação aos deveres dos administradores, podemos extrair a seguinte tendência jurisprudencial da CVM:

[43] Comissão de Valores Mobiliários. PAS CVM Nº 01/2007. Responsabilidade de Diretores, Membros do Conselho de Administração e Membros do Conselho Fiscal por Desvio de Finalidade e Descumprimento do Dever de Diligência. Sinais de Alerta (Red Flags) e Dever de Investigar. Prescrição da Ação Punitiva da CVM, Litisconsórcio necessário, Ato de Liberalidade. Contratação de Serviços Advocatícios por Companhias Abertas para a Defesa de seus Administradores. Carla Cico, Carlos Geraldo Campos Magalhães, Paulo Pedrão Rio Branco, Daniela Maluf Pfeiffer, Eduardo Cintra Santos, Eduardo Seabra Fagundes e Ricardo Wiering de Barros, Rodrigo Bhering de Andrade, Francisco Ribeiro Magalhães, Maria Amália Delfim de Melo, Marcos Nascimento Ferreira, Gilberto Braga, Jorge Michel Lepeltier, Luis Fernando Cavalcanti, Luiz Otavio Nunes West. Relator: Pablo Renteria. Rio de Janeiro, 22 set. 2016. Disponível em: http://www.cvm.gov.br/export/sites/cvm/sancionadores/sancionador/anexos/2016/20160922_PAS_012007.pdf.
Acesso em 22 de abr. 2019. (Voto do Relator RENTERIA, Pablo, p. 46. BRASIL)

A atuação dos administradores em infração aos normativos internos pode ser caracterizada como desvio de poder, especialmente ao celebrar negócios com fortes indícios de fragilidade, o que demonstra o não atendimento ao interesse social[44].

4.2.3. Caso Banco do Brasil: PAS CVM Nº 03/2012[45]

Refere-se a processo administrativo sancionador que julgou a responsabilidade de administradores do Banco do Brasil S.A. (Banco) por infração aos artigos 153 e 155, caput, da Lei nº 6.404, de 1976, pela atuação no desvio de recursos do Banco para agência de publicidade por meio do Fundo de Incentivo Visanet (Fundo), sob a égide de realização de ações de marketing e de propaganda em benefício da marca visa e, por consequência, do Banco.

Para entendimento do caso, necessário esclarecer sobre o intuito da criação do Fundo Visanet. O Fundo foi criado pela Companhia Brasileira de Meios de Pagamento – CBMP para promover a marca visa, sendo que o Banco do Brasil possuía 31,99% de participação na CBMP. Conforme regulamento do Fundo, os valores nele aportados correspondentes à participação do Banco do Brasil deveriam ser aplicados na promoção de produtos da bandeira Visa. Assim, os aportes promoveriam os próprios produtos e serviços do Banco.

[44] LORIA; KALANSKY, op. cit. p. 272.

[45] BRASIL. Comissão de Valores Mobiliários. Responsabilidade dos Administradores. Dever de Diligência. Dever de Lealdade. Sinais de Alerta (Red Flags). Violação das Alçadas Decisórias. Antecipação de Recursos sem Controles e sem Destinação Específica. Prescrição Punitiva da CVM. Modalidades de Multa. Fernando Barbosa de Oliveira. Henrique Pizzolato. Paulo Euclides Bonzanini. Relator: Roberto Tadeu Antunes Fernandes. Rio de Janeiro, 15 dez. 2016. Disponível em: http://www.cvm.gov.br/export/sites/cvm/sancionadores/sancionador/anexos/2016/032012_Banco_do_Brasil.pdf. Acesso em 22 abr. 2019.

A administração do Fundo era composta do Conselho de Administração e do Comitê Gestor. Entre os anos de 2003 a 2005, integraram o Conselho de Administração, como representantes do Banco, entre outros, Fernando Barbosa de Oliveira, Diretor de Varejo do Banco entre 17.02.2003 e 08.03.2004, e Paulo Euclides Bonzanini, Diretor de Varejo do Banco a partir de 09.03.2004.

No regulamento do Fundo, estava previsto que o Incentivador, que seria qualquer interessado direto na promoção da marca Visa, seria responsável por determinar a destinação dos recursos do Fundo por meio das Ações de Incentivo, sendo que a aprovação dessas Ações deveria obedecer à política interna do Incentivador.

Como no organograma do Banco, a Diretoria de Marketing e Comunicação (DIMAC) teria a atribuição de criar Ações de marketing de produtos para o Banco; por consequência, também seria sua atribuição a elaboração das referidas Ações de Incentivo que deveriam ser apresentadas ao Fundo. Destaque-se que essas ações deveriam obedecer à política interna do Banco, conforme estabelecido no regulamento do Fundo.

Assim, nos anos de 2003 e 2004, as Ações de Incentivo foram elaboradas pela DIMAC, cujo Diretor era Henrique Pizzolato.

Desse modo, na gestão do Diretor Henrique Pizzolato, a DIMAC indicou a agência de publicidade DNA Propaganda Ltda. (DNA), a título de exclusividade, para concretizar as estratégias de marketing, sob o argumento de promoção da marca visa. Ocorre que, se durante período de 2001 e 2002 já se verificou que eram antecipados os pagamentos das agências de publicidade, apenas com base em descrições genéricas de trabalhos a serem realizados; nos anos de 2003 e 2004, a situação se agravou, pois ficou comprovado que as antecipações ocorreram sem nem mesmo haver aprovação de ações genéricas.

Restou constatado, assim, que os repasses dos recursos à agência DNA foram feitos sem que houvesse plano de marketing a ser cumprido. Ou seja, as transferências dos valores foram realizadas sem que estivessem definidas as Ações de Incentivo que seriam efetivadas.

Importante destacar que os repasses dos valores do Fundo para as agências de publicidade foram feitos por meio de Notas Técnicas, que foram aprovadas pela DIMAC e pela Diretoria de Varejo (DIREV).

Contudo, de acordo com a Diretoria de Controles Internos (DICOI), nos contratos de prestação de serviços das agências de publicidade, não foram respeitadas as normas internas, que dispunham que as notas técnicas deveriam ser assinadas pelo Conselho Diretor e não pela DIMAC e DIREV em conjunto.

Foi constatado, ainda, que no âmbito do Banco, não havia documentação que validasse a destinação antecipada dos recursos, o que impossibilitava a fiscalização das ações da agência de publicidade. Ademais, o próprio regulamento constitutivo do Fundo estabelecia as orientações necessárias à condução dos processos de uso de seus recursos, o que também não foi respeitado.

Outrossim, as Ações de Incentivo deveriam atender aos interesses do Incentivador, conforme estava disposto no regulamento do Fundo. No caso, como o Incentivados era o Banco, as Ações deveriam estar vinculadas à marca visa e, consequentemente beneficiar os produtos do Banco. No entanto, tal fato não ocorreu.

Tendo em vista os altos valores antecipados da parcela correspondente aos recursos do Banco, restou corroborado que, na verdade, o objetivo da criação do Fundo era o de possibilitar a transferência de recursos do Banco à agência DNA por meio do Fundo.

Como foram os referidos diretores da DIMAC e DIREV, administradores do Banco, que autorizaram essas antecipações à agência de publicidade, houve flagrante violação aos seus deveres e responsabilidades impostos pela lei das S.A.

Restou claro, portanto, que Henrique Pizzolato, Diretor da DIMAC, violou as normas internas do Banco do Brasil, pois não submeteu as suas decisões aos órgãos competentes, determinando os repasses antecipados de recursos no valor de R$73.851.536,18 (setenta e três milhões, oitocentos e cinquenta e um mil, quinhentos e trinta e seis reais e dezoito centavos) para a agência DNA Propaganda, mesmo sabendo que não havia previsão contratual para tanto.

Em vista disso, o Diretor Henrique Pizzolato foi condenado por infringir o artigo 155, caput, da Lei º 6.404, de 1976, ao praticar atos que levaram ao desvio de valores aportados pelo Banco por meio da CBMP no Fundo de Incentivo Visanet.

Já os administradores Fernando Barbosa de Oliveira e Paulo Euclides Bonzanini, Diretores de Varejo do Banco, foram condenados por terem deixado de adotar a diligência exigida para o exercício de suas funções, em descumprimento ao artigo 153 da Lei nº 6.404/76.

Os argumentos do relator no voto que levou à condenação dos administradores são no sentido de que o artigo 155 caput, da Lei nº 6.404, de 1976, que trata do dever de lealdade, deve ser aplicado quando, no caso concreto, o administrador atuar de determinada forma, pois se beneficiará com aquela decisão. Isto é, quando, tendo interesse privado ou de terceiro em determinada decisão, decide por tomá-la. Por outro lado, entende que deve ser aplicado o padrão de conduta do dever de diligência, disposto no artigo 153 da referida lei, quando o administrador não puder ser diretamente beneficiado por sua conduta.

Nesse sentido é o entendimento do relator: "O dever de lealdade, portanto, baseia-se no caráter fiduciário das atribuições dos administradores, sendo-lhes vedado buscar os seus interesses pessoais, ou de terceiros, em detrimento dos interesses da companhia e de seus acionistas."[46]

Como o relator entendeu que, no caso, o administrador Henrique Pizzolato buscou o seu interesse pessoal ou de terceiros, que seria o da agência DNA, em detrimento do interesse do Banco, teria agido em infração ao artigo 155, caput, da Lei nº 6.404, de 1976.

Já no caso dos administradores Fernando Barbosa de Oliveira e a Paulo Euclides Bonzanini, entendeu que houve falha no cumprimento do dever de diligência, pois eles não providenciaram sanar as não conformidades com os procedimentos internos do Banco referentes à aprovação das Ações de Incentivo e de antecipação de recursos para a agência DNA. Logo, teriam descumprido o artigo 153 da Lei nº 6.404, de 1976.

Para o relator, a não observância dos procedimentos internos nos repasses financeiros para a agência DNA e, ainda, a indicação desta agência a título de exclusividade, ambas condutas ocorridas na gestão de Henrique Pizzolato, deveriam ter servido de alerta para os administradores Fernando Barbosa de Oliveira e Paulo Euclides Bonzanini. A partir das condutas adotadas pelo Diretor Henquire Pizzolato, eles deveriam ter redobrado a atenção no momento da aprovação Notas Técnicas que possibilitaram o repasse dos valores.

[46] Comissão de Valores Mobiliários. Responsabilidade dos Administradores. Dever de Diligência. Dever de Lealdade. Sinais de Alerta (Red Flags). Violação das Alçadas Decisórias. Antecipação de Recursos sem Controles e sem Destinação Específica. Prescrição Punitiva da CVM. Modalidades de Multa. Fernando Barbosa de Oliveira. Henrique Pizzolato. Paulo Euclides Bonzanini. Relator: Roberto Tadeu Antunes Fernandes. Rio de Janeiro, 15 dez. 2016. Disponível em: http://www.cvm.gov.br/export/sites/cvm/sancionadores/sancionador/anexos/2016/032012_Banco_do_Brasil.pdf.
Acesso em 22 abr. 2019. (Voto do relator FERNANDES, Roberto Tadeu Antunes, p. 42. BRASIL)

Isso porque os Diretores Fernando Barbosa de Oliveira e Paulo Euclides Bonzanini ocupavam cargos de administração no Banco. Assim, o dever de diligência em suas funções é uma exigência inerente aos seus cargos e o relator entendeu que eles não se cercaram das cautelas necessárias em suas atuações. Em face das circunstâncias, eles deveriam ter se informado de modo adequado, mas também investigado os fatos dos quais tiveram conhecimento. Agindo nesse sentido, os diretores esquivarem-se de suas responsabilidades e não agiram no interesse do Banco, como é esperado daqueles que ocupam cargos de administração.

Cabe consignar que, pelo caso em questão, restou assentada a tendência jurisprudencial da CVM de que o padrão de conduta do dever de lealdade deve ser aplicado quando o administrador tiver atuado baseado em seu interesse naquela decisão. Caso contrário, deve ser aplicado o padrão de conduta do dever de diligência[47].

Tal entendimento já foi utilizado para justificar o julgamento do PAS CVM nº 21/2004, como destacou o próprio relator em seu voto:

> [...] quando a decisão não for desinteressada, aplicam-se as regras do dever de lealdade (artigos 154 e 155), a partir das quais é possível analisar o mérito da decisão negocial [...] Como se pode ver, a revisão da diligência de um administrador, quando não há falta de dever de lealdade, é, essencialmente, uma revisão sobre o processo de tomada de decisão[48].

[47] LORIA; KALANSKY, op. cit., p. 310.

[48] Comissão de Valores Mobiliários. Responsabilidade dos Administradores. Dever de Diligência. Dever de Lealdade. Sinais de Alerta (Red Flags). Violação das Alçadas Decisórias. Antecipação de Recursos sem Controles e sem Destinação Específica. Prescrição Punitiva da CVM. Modalidades de Multa. Fernando Barbosa de Oliveira. Henrique Pizzolato. Paulo Euclides Bonzanini.

Nessa perspectiva, o administrador não estaria agindo com a devida lealdade à companhia, se estiver buscando os seus interesses pessoais ou de terceiros.

4.3. Correlação Jurisprudência da CVM e Caso Embraer

A partir da análise dos julgados da CVM podemos depreender algumas tendências jurisprudenciais adotadas pela autarquia e que foram também acolhidas no julgamento do Caso Embraer. Assim, vale destacá-las.

No que tange ao dever de diligência, a autarquia vem assumindo que, em havendo evidências de que a lei das sociedades por ações pode ter sido infringida ou mesmo os procedimentos internos da companhia, caberá ao administrador a obrigação de investigar a fundo tais indícios.

Isso significa que, havendo tais sinais de alerta, os administradores não mais poderão confiar nas informações que lhes são passadas, devendo buscar melhor esclarecimento para a tomada de decisão, sob pena de violarem o artigo 153 da lei das S.A.

Ademais, não haverá a violação do dever de diligência se restar provado que o administrador atuou com boa-fé, buscando se informar previamente antes da tomada de decisão e acreditando que aquele seria o melhor caminho para a companhia.

Quanto ao conteúdo inserido no artigo 154, caput da lei 6.404/1976, a CVM entende que este é um dispositivo de suma importância, porque consagra que a atuação do administrador deve ser conforme a lei e o estatuto determinam, sendo essa a sua esfera de poder. Assim, qualquer atuação fora disso, será

Relator: Roberto Tadeu Antunes Fernandes. Rio de Janeiro, 15 dez. 2016. Disponível em: http://www.cvm.gov.br/export/sites/cvm/sancionadores/sancionador/anexos/2016/032012_Banco_do_Brasil.pdf.
Acesso em 22 abr. 2019. (Voto do relator FERNANDES, Roberto Tadeu Antunes, p. 42. BRASIL)

considerado desvio de poder, pois não será reconhecido como uma atuação no interesse da companhia.

Cabe frisar que a autarquia vem entendendo que a violação aos controles internos da companhia são exemplos contundentes de desvio de poder, que demonstram a violação ao artigo 154 da lei das S.A, eis que fere o interesse social.

Nesse sentido, é mister a definição do significado de controles internos, que seriam "processos, implantados pelo conselho de administração, diretoria e outras lideranças, desenhados a fim de proporcionar segurança razoável em relação ao alcance dos objetivos operacionais, de reporte e de *compliance* da empresa"[49].

A CVM vem assumindo, ainda, que quando o interesse perseguido na tomada de uma decisão não for mais o social e, sim, o privado ou o de terceiro, o dever que o administrador estará descumprindo não será mais o dever consubstanciado no artigo 154 da lei das S.A., mas o dever de lealdade, insculpido no artigo 155 da referida lei.

Rigorosamente por isso, no caso Embraer, não foi proposto pela acusação a imputação aos administradores de violação do dever de lealdade, já que no caso, não restou provado haver interesse privado dos administradores ou de terceiros no pagamento de propina para viabilizar a venda das aeronaves da Embraer ao governo dominicano.

5. Conclusão

Por meio da análise do Caso Embraer, buscamos delimitar em que medida a CVM teria competência para julgar atos de administradores que se enquadrariam, na esfera penal, como corrupção.

[49] *Committee of Sponsoring Organizations of the Treadway Comission* citado por SILVEIRA, Alexandre Di Miceli da. **Governança Corporativa no Brasil e no mundo**: teoria e prática. Rio de Janeiro: Elsevier, 2015. p. 166.

Além disso, buscamos definir em que proporção a CVM pode contribuir para a consolidação de padrões éticos de condutas que devem reger as relações sociais, trazendo segurança jurídica para o mercado de valores mobiliários, mediante a concretização das regras que regulam as sociedades por ações.

Para tanto, buscamos determinar a abrangência dos artigos 153 e 154 da lei 6.404/1976 e se estes corroborariam para efetivar a referida segurança jurídica.

Nesse sentido, demonstramos que, em respeito ao princípio da independência das instâncias, uma mesma conduta pode ser caracterizada como ilícito penal, civil e/ou administrativo. Dessa forma, dependerá de cada autoridade responsável pela sua esfera de competência verificar se houve descumprimento de preceitos, cuja fiscalização fazia parte de sua atribuição.

No que tange à competência da CVM, constatamos que, dentre as suas funções, a lei 6.385/1976 prescreve caber à autarquia a proteção dos titulares de valores mobiliários e dos investidores do mercado em face de atos ilegais praticados por administradores. Por conseguinte, observou-se que os atos dos administradores estão sob a alçada da CVM.

Como a lei 6.404/1976 estabelece os deveres e responsabilidades dos administradores de sociedades por ações, e tais obrigações estão dispostas em padrões de comportamentos, conhecidos como "standards", examinamos o conteúdo desses padrões por meio do entendimento da doutrina e de julgamentos anteriores da CVM.

No Caso Embraer, por haver controvérsia no órgão acusatório sobre qual dispositivo da lei das S.A. estariam os administradores descumprindo, se seria o artigo 153 ou o artigo 154 da referida lei, focamos o nosso estudo na exegese desses dispositivos.

Nesse diapasão, foi possível perceber que a CVM possui importante papel quando do cumprimento de sua atividade sancionadora, pois no desempenho desta função, acaba por exercer atividade regulatória, interpretativa e consultiva.

Assim, restou evidenciado que a CVM vem entendendo que o descumprimento às normas de governança corporativa pelos administradores representa também violação aos seus deveres fiduciários, o que infringiria regras da lei das SA, estando no espectro da atividade sancionadora da CVM.

Em relação ao alcance dos artigos 153 e 154 da lei das S/A, apurou-se que estes determinam padrões normativos de ampla configuração, sendo de responsabilidade da autoridade administrativa a definição, com base nos casos concretos, se houve respeito ou não dos administradores aos seus enunciados. Nesse sentido, cabe enfatizar a afirmação de Modesto Carvalhosa: "A interpretação jurisprudencial e administrativa (CVM) será ampla na espécie, dados os aspectos peculiares de cada companhia, em razão de seu porte, objeto social e da comunidade em que atua"[50].

Portanto, na análise da abrangência dos artigos 153 e 154 da lei das S.A., constatamos que 'devem tais padrões de conduta encontrar uma aplicação variável conforme o tempo, o lugar e as circunstâncias, devendo ser empregados segundo as peculiaridades de cada caso"[51]

Assim, independentemente de como a CVM rá enquadrar a conduta inadequada do administrador aos dispositivos que tratam de seus deveres, fato é que, a lisura, honestidade e integridade do comportamento dos administradores são posturas perseguidas pela CVM para garantir a confiança no mercado de valores mobiliários. Desse modo, restou demonstrado que a CVM rechaça qualquer tipo de conduta nesse sentido, punindo os administradores, seja pelo descumprimento do dever de

[50] CARVALHOSA, op. cit., p. 393.

[51] PARENTE, op. cit., p. 34.

observância do interesse social, do dever de diligência, do dever de lealdade, seja pela ruptura das normas de controle interno, a depender das circunstâncias a serem examinadas à luz do caso concreto.

Referências

ADAMEK, Marcelo Vieira Von. **Responsabilidade civil dos Administradores de S/A e as ações correlatas**. São Paulo: Ed. Saraiva, 2009.

CARVALHOSA, Modesto. **Comentários à Lei de Sociedades Anônimas** – 3º Volume – Arts.138 a 205.6 ed. São Paulo: Saraiva, 2014.

CARVALHOSA, Modesto; EIZIRIK, Nelson. **A Nova Lei das S/A**. São Paulo: Saraiva, 2002.

COELHO, Fábio Ulhoa. **Curso de Direito Comercial**, volume 2: Direito de Empresa. São Paulo: Editora Revista dos Tribunais, 2016.

CUSCIANO, Dalton Tris et al. **Auto-regulação e Desenvolvimento do Mercado de Valores Mobiliários Brasileiro** – São Paulo: Saraiva, 2009.

EIZIRIK, Nelson. **A lei das S/A Comentada** – artigos 138 ao 205.São Paulo: Quartier Latin, 2015.

EIZIRIK, Nelson et al. **Mercado de Capitais** – Regime Jurídico. 2 ed. Revisada e atualizada – Rio de Janeiro: Renovar, 2008.

GONÇALVES NETO, Alfredo de Assis. **Manual das Companhias ou Sociedades Anônimas**. São Paulo: Editora Revista dos Tribunais, 2010.

LORIA, Eli; KALANSKY, Daniel. **Processo Sancionador e Mercado de Capitais II**: Estudo de Casos e Tendências; Julgamentos da CVM – São Paulo: Quartier Latin, 2017.

LUCENA, José Waldecy. **Das sociedades anônimas** – comentários à lei (arts. 121 a 188), vol.2.Rio de Janeiro: Renovar, 2009.

PARENTE, Flávia. **O Dever de Diligência dos Administradores de Sociedades Anônimas**. São Paulo: Renovar, 2005.

PENNA, Paulo Eduardo. **Alienação de Controle de Companhia Aberta**. São Paulo: Quartier Latin, 2012.

SILVEIRA, Alexandre Di Miceli da. **Governança Corporativa no Brasil e no mundo**: teoria e prática. Rio de Janeiro: Elsevier, 2015.

VENANCIO FILHO, Alberto, LOBO Carlos Augusto da Silveira, ROSMAN Luiz Alberto Colonna. (organização). **Lei das S.A. em seus 40 anos**.1 ed, Rio de Janeiro: Forense, 2017.

YARSHELL, Flávio Luiz; PEREIRA, Guilherme Setoguti J.(Coords.) **Processo Societário** – Volume II -São Paulo: Quartier Latin, 2015.

Jurisprudência

BRASIL. Justiça Federal – Seção Judiciária do Rio de Janeiro. Lavagem de Dinheiro. Processo nº 0022500-03.2014.4.02.5101. Ministério Público Federal e Eduardo Munhós de Campos, Orlando José Ferreira Neto, Acir Luiz de Almeida Padilha Júnior, Albert Phillip Close, Luiz Alberto Lage da Fonseca, Luiz Eduardo Zorzenon Fumagalli, Eduardo Augusto Fernandes Fagundes, Ricardo Marcelo Bester, e Elio Moti Sonnenfeld. Juiz Federal Titula: Marcelo da Costa Bretas. Rio de Janeiro, 02 maio. 2014. Disponível em: http://procweb.jfrj.jus.br/portal/consulta/resconsproc.asp. Acesso em 19 abr. 2019.

BRASIL. Comissão de Valores Mobiliários. Apurar a responsabilidade de administradores da Embraer S.A por descumprimento do dever de atuar no interesse social da companhia. Infração ao artigo 154, caput, da Lei nº 6.404/76. Inabilitação temporária. Absolvição. PAS CVM RJ 2015/1760. Luiz Carlos Siqueira Aguiar. Orlando José Ferreira Neto. Relator: Pablo Renteria. Rio de Janeiro, 11 set. 2018. Disponível em: http://www.cvm.gov.br/sancionadores/sancionador/2018/20180911_PAS_RJ20151760.html. Acesso em:22 mar. 2019.

BRASIL. Procuradoria Federal Especializada junto à Comissão de Valores Mobiliários. Proposta de Termo de Compromisso e de Ajustamento de Conduta (TCAC). Embraer S/A. Competências da Comissão de Valores Mobiliários, do Ministério Público Federal, do Department of Justice e da Securities and Exchange Commission. Venda, por companhia aberta, de aeronaves no exterior, com pagamento de vantagem indevida a funcionário público do Estado adquirente. Registros contábeis falsos das despesas fraudulentas referentes aos pagamentos de vantagens indevidas. Princípio do full and fair disclosure. Termo de Cooperação Técnica celebrado entre a CVM e o MPF em 08/05/2008 e aditado em 08/05/2013. Artigo 11, § 5º da Lei 6.385/1976. Proposta Indenizatória. Danos Difusos. Preenchimento dos Requisitos Legais. Parecer nº 00003/2016/PFE CVM/PFECVM/PGF/AGU. Embraer S.A. e Comissão de Valores Mobiliários. Rio de Janeiro, 05 out. 2016. Disponível em: http://www.cvm.gov.br/export/sites/cvm/decisoes/anexos/2016/20161006/Reg_0391__Parecer_PFE.pdf. Acesso em 22 mar. 2019.

BRASIL.Comissão de Valores Mobiliários. PAS CVM Nº 01/2007. Responsabilidade de Diretores, Membros do Conselho de Administração e Membros do Conselho Fiscal por Desvio de Finalidade e Descumprimento do Dever de Diligência. Sinais de Alerta (Red Flags) e Dever de Investigar. Prescrição da Ação Punitiva da CVM, Litisconsórcio necessário,

Ato de Liberalidade. Contratação de Serviços Advocatícios por Companhias Abertas para a Defesa de seus Administradores. Carla Cico, Carlos Geraldo Campos Magalhães, Paulo Pedrão Rio Branco, Daniela Maluf Pfeiffer, Eduardo Cintra Santos, Eduardo Seabra Fagundes e Ricardo Wiering de Barros, Rodrigo Bhering de Andrade, Francisco Ribeiro Magalhães, Maria Amália Delfim de Melo, Marcos Nascimento Ferreira, Gilberto Braga, Jorge Michel Lepeltier, Luis Fernando Cavalcanti, Luiz Otavio Nunes West. Relator: Pablo Renteria. Rio de Janeiro, 22 set. 2016. Disponível em: http://www.cvm.gov.br/export/sites/cvm/sancionadores/sancionador/anexos/2016/20160922_PAS_012007.pdf.
Acesso em 22 de abr. 2019.

BRASIL. Comissão de Valores Mobiliários. Responsabilidade de Administradores de Companhia Aberta. Desvio de Poder. Aquisição de Direitos Creditórios com Cobertura do Fundo de Compensação de Variações Salariais – FCVS. Princípio do *non bis in idem*. Eloir Cogliatti, Flávio José Couri, Ricardo de Barros Vieira. Relator: Pablo Renteria. Rio de Janeiro, 22 nov. 2016. Disponível em: http://www.cvm.gov.br/sancionadores/sancionador/anexos/2016/RJ20136183_BRB_Bco_de_Brasilia.doc
Acesso em 22 abr. 2019.

BRASIL. Comissão de Valores Mobiliários. Responsabilidade dos Administradores. Dever de Diligência. Dever de Lealdade. Sinais de Alerta (Red Flags). Violação das Alçadas Decisórias. Antecipação de Recursos sem Controles e sem Destinação Específica. Prescrição Punitiva da CVM. Modalidades de Multa. Fernando Barbosa de Oliveira. Henrique Pizzolato. Paulo Euclides Bonzanini. Relator: Roberto Tadeu Antunes Fernandes. Rio de Janeiro, 15 dez. 2016. Disponível em: http://www.cvm.gov.br/export/sites/cvm/sancionadores/sancionador/anexos/2016/032012_Banco_do_Brasil.pdf.
Acesso em 22 abr. 2019.

Legislação

BRASIL. **Lei nº 6.404 de 15 de dezembro de 1976.** Dispõe sobre as sociedades por ações. Palácio do Planalto Presidência da República, Brasília, 15 de dezembro de 1976; 155º da Independência e 88º da República. Disponível em http://www.planalto.gov.br/ccivil_03/LEIS/L6404consol.htm. Acesso em: 18 abr. 2019

BRASIL. **Lei nº 6.385 de 07 de dezembro de 1976**. Dispõe sobre o mercado de valores mobiliários e cria a Comissão de Valores Mobiliários. Palácio do Planalto Presidência da República, Brasília, 07 de dezembro de 1976; 155º da Independência e 88º da República. Disponível em http://www.planalto.gov.br/ccivil_03/LEIS/L6385.htm. Acesso em: 18 abr. 2019

BRASIL. Constituição (1988). **Constituição da República Federativa do Brasil**. Brasília, DF, 1988.

A Aplicação da *De Facto Merger Doctrine* no Direito Brasileiro

MATEUS BOEIRA GARCIA

Introdução

As relações empresariais e de propriedade passaram (e passam) por constantes mudanças quanto à estruturação, o que fez que o sistema acionário viesse a ser o principal fator de organização para exercício da propriedade.[1]

Dessa forma, a estrutura de propriedade que antigamente se mostrava na maioria das vezes individualizada conforme a riqueza de seu proprietário, transformou-se por meio de intensa concentração do capital sob propriedade de uma grande estrutura empresarial,[2] tornando as operações societárias cada vez mais frequentes.

Ademais, tendo em vista que as operações societárias têm por finalidade, além de outras causas, a maximização de diversos fatores de produção, como, por exemplo, maior eficiência empresarial.[3]

[1] BERLE JR., Adolf A.; MEANS, Gardiner C. **The Modern Corporation and Private Property.** New York: Transactions Publishers, 1991. p. 34.

[2] BERLE JR.; MEANS, 1991, p. 34.

[3] MUNIZ, Ian de Porto Alegre. **Fusões e aquisições aspectos fiscais e societários.** 2ª ed. São Paulo: Quartier Latin, 2011. p. 26.

Contudo, evidenciam-se certas distorções em algumas operações cuja finalidade consiste em obter, licitamente, uma alternativa que disponha de melhor benefício econômico, naquela situação, por meio da supressão de um direito legal garantido a determinado acionista, pois poderia ser realizada de forma diversa e de forma a garantir o direito dos acionistas.

Portanto, questiona-se se poderia haver supressão do direito ao voto do acionista bem como a retirada do respectivo reembolso a que ele teria direito (embora uma modalidade de operação societária se mostrasse a alternativa mais viável para realização do negócio jurídico), hipóteses muito bem analisadas por Francisco Reyes:

> A técnica societária pode ser utilizada de forma abusiva para evadir a aplicação de disposições imperativas ou transgredir direitos que a lei outorga aos sócios ou a terceiros. Em algumas ocasiões, pode-se chegar à estruturação de mecanismos de concentração tendentes a evadir os requisitos legais que normalmente deveriam ser cumpridos. Seria viável, por exemplo, desenhar uma aquisição de ativos de tal maneira que se obtivessem os resultados próprios de uma fusão. Nessa hipótese, o objetivo inconfessável poderia consistir em evitar o trâmite de aprovação por parte da assembleia de acionistas, de forma a privar os sócios de seu direito de retirada.
>
> [...]
>
> A jurisprudência norte-americana desenvolveu mecanismos de proteção que tendem a neutralizar os possíveis abusos que possam resultar dessas estratégias.[4]

Assim sendo, diversos casos representam objeto de decisão por parte dos tribunais americanos que analisam se determi-

[4] REYES, Francisco. **Direito societário americano.** São Paulo: Quartier Latin, 2013. p. 340.

nada operação pode de acordo com a *De Facto Merger Doctrine*[5], unicamente, deixar de conferir à minoria acionária os direitos garantidos no âmbito de *ordinary statutory merger*[6] e suprimir o *appraisal right* a que esses acionistas teriam direito.[7]

No Brasil, por intermédio das decisões proferidas pela Comissão de Valores Mobiliários (entidade autárquica competente para regulamentar e fiscalizar diversas matérias que afetem o mercado de capitais brasileiro, entre eles, atos de acionistas controladores que procedam em perda aos demais acionistas)[8] percebe-se possível utilização da De Facto para analisar alguns casos que envolveram operações societárias que suprimiram, unicamente com esta intenção, alguns direitos de acionistas minoritários.

Dessa forma, analisam a operação por uma interpretação substancial ou formal. A primeira visa a analisar qual a intenção realmente almejada para que a operação societária se estruturasse em determinada forma, ao passo que a interpretação formal tem por escopo analisar a literalidade da operação, ou seja, se obteve meios lícitos em sua realização, mesmo que a estruturação prejudicasse determinada classe acionária – interpretações a ser devidamente conceituadas adiante.

[5] Para uma conceituação prévia, necessárias são as palavras do autor Francisco Reyes (2013, p. 340), expondo que a De Facto Merger Doctrine "[...] baseia-se na possibilidade de estabelecer a equivalência funcional entre a transferência global de ativos e a fusão, naqueles casos nos quais aquela figura foi selecionada como meio para negar aos acionistas os direitos que teriam se a operação se estruturasse como uma fusão. Uma vez estabelecida tal equivalência, o juiz tenderia a outorgar as mesmas proteções que surgiriam de uma fusão".

[6] *Cf.:* Eisenberg, M. A. **Corporations and other business organizations: cases and materials.** 8 ed. (unabridged). New York, 2000. p. 1080.

[7] Araujo, Danilo Borges dos Santos Gomes de. A "de facto merger doctrine" (doutrina da fusão de fato). *In:* Warde Jr., Walfrido Jorge (coord.). **Fusão, cisão, incorporação e temas correlatos.** São Paulo: Quartier Latin, 2009. p. 181.

[8] Coutinho, Sergio Mendes Botrel. **Fusões e aquisições.** 4ª ed. Saraiva, 2016. p. 49-50.

Afirma-se que o tema é amplamente relacionado ao racional das operações societárias, tendo em vista que a aprovação e realização dos procedimentos necessitariam garantir os direitos dos acionistas da companhia, não podendo, de forma alguma, ocorrer hipóteses configuradoras de supressão, e apenas isso, dos direitos que alguns acionistas detêm por determinação legal, por exemplo, o direito de recesso previsto na legislação.

Ainda, a utilização da *De Facto Merger Doctrine*, por analogia com o direito brasileiro, representando numa análise de substância e forma das operações societárias, utilizando-a como garantia de que os acionistas não serão suprimidos em razão da realização da operação aprovada pelos controladores.

Assim, o objetivo do presente estudo consiste em analisar a aplicação da *De Facto Merger Doctrine* no direito americano, desde o início de sua aplicação em alguns tribunais, por meio de casos históricos, como o de Farris *v.* Glen Alden Corp.

Posteriormente à análise histórica, discorre-se acerca da legislação e decisões atuais de alguns dos estados americanos, por exemplo, Delaware e Pensilvânia, com a finalidade de entender sua aplicação e quais direitos essa doutrina visa garantir aos acionistas.

Ato contínuo, analisa-se a aplicação dessa Doutrina no direito brasileiro, observando-se alguns casos julgados pela CVM que envolvem operações de incorporação de sociedades e incorporação de ações, objeto de controvérsia acerca da obrigatoriedade de concessão de direito de recesso ou da realização de Oferta Pública de Ações Específica.

Assim, entende-se (i) qual modalidade de interpretação é utilizada no direito americano e no brasileiro; e (ii) se a *De Facto Merger Doctrine* mostra-se corretamente aplicada no direito brasileiro, por conta das diferenças de aplicação e quais direitos estão previstos com a incidência da Doutrina da Fusão de Fato.

Por se tratar de um tema que pode afetar o dia a dia das operações societárias e tendo em vista que uma operação que se revista de características lícitas (ou seja, realizada com base num permissivo legal) possa, na essência, ter obtido finalidade diversa da que lhe fora utilizada, cuja consequência resida na supressão dos direitos legalmente direcionados aos acionistas minoritários dissidentes, o assunto merece atenção pormenorizada e exige que sua aplicação se realize de forma correta e segura.

Por fim, o presente tema apresenta como pressupostos uma análise dos pontos já mencionados e verificar se é correta a utilização da *De Facto Merger Doctrine* a partir da observação de eventuais conflitos societários que possam surgir em decorrência de operações societárias realizadas no Brasil.

2. Histórico da *De Facto Merger Doctrine*

A intensificação das operações societárias ocorridas no direito americano, que fizeram que o direito societário se tornasse cada vez mais dinâmico,[9] levou os estados americanos a criar legislações específicas que versam acerca dos direitos e deveres impostos aos acionistas quando da realização de operações intituladas como *statutory merger*, com a finalidade de proteger os acionistas minoritários de eventuais riscos que possam sofrer.[10]

Todavia, para a aprovação de uma *statutory merger*, as legislações de alguns estados americanos exigem o voto dos acionistas

[9] Berle Jr.; Means, *op. cit.*, p. 34.

[10] "The notion is that mergers, sales, and charter amendments are occasions on which there is a significant risk that public shareholders will be unfairly treated and that appraisal rights are a desirable intermediate remedy against such unfairness. Major organic changes pose a risk to public shareholders because managers initiate, shape, and carry out the changes and can do so in ways that further their own interests at the expense of noncontrolling shareholders." (Clark, Robert Charles. **Corporate law.** U.S: Aspen Law & Business, 1986. p. 444).

das companhias em determinado quórum para que se realize a operação.[11] Além dos quóruns de aprovação, assegura-se aos acionistas que votaram em desacordo com a aprovação da *statutory merger* o direito de recesso, com reembolso de suas ações, a ser avaliadas por valor justo, conforme a disposição legal prevista, direito que se denominou *appraisal right*.[12, 13]

[11] Pode-se utilizar como exemplo Delaware General Corporation Law, em que o § 271, item (a) dispõe: "Every corporation may at any meeting of its board of directors or governing body sell, lease or exchange all or substantially all of its property and assets, including its goodwill and its corporate franchises, upon such terms and conditions and for such consideration, which may consist in whole or in part of money or other property, including shares of stock in, and/or other securities of, any other corporation or corporations, as its board of directors or governing body deems expedient and for the best interests of the corporation, when and as authorized by a resolution adopted by the holders of a majority of the outstanding stock of the corporation entitled to vote thereon or, if the corporation is a nonstock corporation, by a majority of the members having the right to vote for the election of the members of the governing body, at a meeting duly called upon at least 20 days' notice. The notice of the meeting shall state that such a resolution will be considered." Disponível em: <http://www.dphu.org/uploads/attachements/books/books_3846_0.pdf>. Acesso em: 16 ago. 2019.

[12] Robert Charles Clark (1986, p. 443) elucida uma conceituação básica acerca da *appraisal right*: "Corporate statutes often give a shareholder who dissents from certain major corporate transactions the right to be bought out by the company at a price reflecting the value of his shares as determined in a judicial proceeding. Typically, this right of appraisal is given in connection with mergers, sales of exchanges of substantially all assets of the corporation, and charter amendments that materially and adversely affect the rights of the dissenting shareholder."

[13] Acrescenta-se ao presente instituto o exemplo: "[...] more dramatically, a parent company holding more than 90 percent of a subsidiary can unilaterally merge the subsidiary into itself without a shareholders meeting of the controlled company (a so-called 'short form' merger) in most U.S jurisdictions – with minority shareholders entitled to appraisal rights in lieu of a shareholders vote. (Kraakman, Reinier et. al. **The anatomy of corporate law, a comparative and functional approach**. 3rd ed. Oxford University Press, UK, 2017. p. 189).

As garantias desses direitos são explicadas por William A. Klein e outros quando da configuração de uma operação societária:

> Each of these transactions requires a shareholder vote (and in many jurisdictions a supermajority vote of two thirds the voting shares or more); in addition, a merger or a sale of substantially all the corporation's assets may trigger an appraisal remedy for those shareholders who vote against the transaction and file a formal dissent.[14]

Contudo, diante da aplicação dessas regras cogentes às *statutory mergers,* formaram-se operações intituladas como *corporate combination,* que se realizam por meio de instrumentos jurídicos distintos, por exemplo, *sale-of-assets.* No entanto, esse tipo de combinação faz que os acionistas dissidentes não tenham como exigir a aplicação de um *appraisal right.*

Dessa forma, para compreender completamente a De *Facto Merger Doctrine,* torna-se extremamente necessário entender qual a substancial diferença entre uma *statutory merger* e algum tipo de *corporate combination,* por exemplo, uma *sale-of-assets,* diferença conceituada precisamente por Sheila A. Bentzen:

> To fully understand the *De Facto Merger Doctrine* , one must first understand the difference between a statutory merger and a sale of assets. Both actions work to combine portions of one corporation with another, and, in some situations, the end result is identical whether accomplished through a statutory merger or a sale of assets. The important distinction, then, lies in the rights

[14] KLEIN, William A.; COFFEE JR. John C.; PARTNOY, Frank. **Business organization and finance legal and economics principles.** 11th edition. New York: Thomson Reuters; Foundation Press, 2010. p. 222.

> and liabilities that attach to a statutory merger but do not accompany a sale of assets.
>
> Principally, under a statutory merger, shareholders are entitled to certain exit rights, including appraisal rights. That is, shareholders who dissent from a merger may demand that their shares be appraised for their fair value and demand that the corporation buy back their shares at this value. [...]
>
> Without the right to appraisal in the context of a merger, dissenting shareholders would be forced to trade their current shares in the corporation they chose to invest in for shares of a new corporation that they did not support merging with.
>
> In contrast, in a typical sale-of-assets transaction, shareholders have no such appraisal rights. Thus, if the end result of the transaction resembles a merger, they are left with shares of a new corporation, but have no recourse. This incentivizes corporations to structure their corporate combination transactions as sales of assets rather than statutory mergers because appraisal rights can be very expensive for a corporation, particularly if it to protracted litigation.[15]

Assim, uma *sale-of-assets* não seria uma hipótese ensejadora de *appraisal right* na medida em que as legislações não conferem este direito aos acionistas quando da realização da *corporate combination*, ao passo que uma *statutory merger* aumentaria expressivamente os custos da transação pelo reembolso por valor justo proporcional à quantidade de ações que os acionistas dissidentes investiram em determinada companhia.

Em razão da utilização excessiva das *corporate combinations*, acionistas dissidentes que se sentiram prejudicados com a forma transacionada pleiteiam judicialmente sob a alegação de que a

[15] BENTZEN, Sheila. The De Facto Merger Doctrine revisited. **Drake Law Review,** vol. 62, 2013-2014, p. 95.

operação obteve, substancialmente, o resultado de uma *statutory merger*, devendo-se aplicar os direitos de saídas previstos na legislação.

Atendendo aos pleitos dos acionistas dissidentes, alguns tribunais americanos julgaram que determinada *corporate combination* obteve o mesmo resultado que uma *statutory merger*, devendo-se aplicar o *appraisal right* previsto na legislação, na medida em que a estruturação da operação obteve, unicamente, a intenção de desviar os direitos dos acionistas dissidentes previstos na legislação.[16]

O objetivo dos acionistas dissidentes consiste em obter a proteção prevista na legislação por meio da aplicação de um *appraisal right* que enseja uma *merger*, ao passo que a outra parte visa buscar o menor custo de transação para a realização do arranjo societário, conforme análise de Ronald J. Gilson e Bernard S. Black:

> Viewing the choice among alternative techniques from the perspective of the corporate planner, the assertion of something akin to what has come to be called the *De Facto Merger Doctrine* was inevitable. A statutory merger provides the most protection to both shareholders and creditors. From the shareholder's point of view, it requires a vote by the shareholders of the acquiring and target companies and grants appraisal rights to both. From the point of view of the creditors or the target company, all of the liabilities of the target company, including those which are unknown, or have not yet accrued, at the time of the transaction, are assumed by the acquiring company as a matter of law. It was predictable that in particular circumstances such protection would be viewed as undesirable by those planning an acquisition transaction, and that if alternative techniques – such as a sale or

[16] Farris *v.* Glen Alden Corp. 143 A.2d 25 (Pa.1958).

> triangular merger – were available which avoided them and did not alter the substance of the transaction, an alternative would be chosen. It was equally predictable that in precisely those circumstances when the planners thought it advantageous to eliminate the protection given shareholders and creditors under a statutory merger, those denied the protection would complain. The assertion by creditors that the acquiring company should be deemed to have assumed their claims, as would have occurred in a statutory merger but did not under the arguably functionally equivalent technique actually chosen by the planners. The claim by shareholders that they are entitled to the very statutory protections which the planners sought to avoid by their selection of the acquisition technique is the traditional province of the *De Facto Merger Doctrine* and is the subject of our attention here. Invariably the claim reflects an effort made by those disadvantaged by a transaction to recast it in a form, usually a statutory merger, which would have afforded the greater protection, even though the transaction as carried out did not formally fall within the statutory definition of the more protective alternative form.[17]

Com base nos julgamentos que garantiram os *appraisal rights* aos acionistas, operações de *sale-of-assets* que se revestiram, substancialmente, como se fossem uma *statutory merger*, foram objeto de aplicação de *appraisal right.*

Portanto, as decisões que condenaram a companhia a indenizar os acionistas por meio de reembolso de suas ações fundamentam que a *corporate combination* obteve, unicamente, a intenção de não aplicar o *appraisal right*, assim discorrendo tal operação como se fosse, de fato, uma fusão.

Nesse sentido, a aplicação da *De Facto Merger Doctrine* garantiu os direitos pleiteados pelos acionistas que se viram preju-

[17] GILSON, Ronald J.; BLACK, Bernard S. **The law and finance of corporate acquisitions.** 2nd ed. Westbury, NY: 1995. p. 673.

dicados com a forma de estruturação da transação envolvendo a companhia em que realizaram determinado investimento.

Os primeiros casos que versaram acerca da aplicação da *De Facto Merger Doctrine* foram julgados nos estados da Pensilvânia e Delaware, sendo pioneiros nos critérios previstos para aplicação ou não da doutrina. A seguir, analisamos os casos em questão.

2.1. Caso histórico do estado da Pensilvânia

Pode-se alegar que o estado da Pensilvânia foi um dos primeiros a julgar um caso aplicando-se a *De Facto Merger Doctrine* para garantir os direitos de acionistas dissidentes. O caso versa acerca de uma *corporate combination* realizada pela Glen Alden Corporation conjuntamente com a List Industries Corporation.

Em 1958, a *Supreme Court of Pennsylvania* julgou o caso Farris *v.* Glen Alden Corp. 143 A.2d 25 (Pa.1958)[18], que ensejou a aplicação da De Facto segundo o entendimento de que os instrumentos jurídicos utilizados na transação obtiveram o mesmo resultado como se fosse uma fusão de fato.

A Glen Alden Corporation encontrava-se com problemas financeiros e, em razão de atividades comerciais, parte de seu capital social era de propriedade da List Industries Corporation, em percentuais suficientes para indicação de membros no conselho da Glen Alden Corporation.

Considerando a situação financeira da Glen Alden Corporation naquele momento, as duas companhias entenderam que a melhor estratégia consistia numa combinação entre ambas. Após a decisão definitiva, que versava acerca da combinação entre as companhias, verificou-se que a List Industries Corpo-

[18] O resumo do caso pode ser encontrado em: EISENBERG, *op. cit.*, 2000, p. 1084-1090; Farris *v.* Glen Alden Corp. 143 A.2d 25 (Pa.1958). Disponível em: <https://www.casebriefs.com/blog/law/corporations/corporations-keyed-to-klein/mergers-acquisitions-and-takeovers/farris-v-glen-alden-corp/>. Acesso em: 9 set. 2019.

ration tinha avaliação de mercado três vezes maior que a Glen Alden Corporation.

Dessa forma, conforme se realizasse a *statutory merger*, os acionistas da Glen Alden Corporation deteriam apenas um quarto do capital social da List Industries Corporation, podendo demandar alguma *appraisal right* aos acionistas que não aprovassem a operação desejada.

Contudo, as partes optaram por uma *corporate combination* distinta da *statutory merger*. Na opção escolhida, houve a aquisição, pela Glen Alden Corporation, de todos os ativos da List Industries Corporation, cujo pagamento pela aquisição dos ativos se daria por emissão de ações em favor dos acionistas da List Industries Corporation. Dessa forma, a Glen Alden emitiria novas ações e os acionistas da List Industries as subscreveriam.

Salienta-se que a Glen Alden Corporation convocou uma assembleia para deliberar acerca da nova combinação com a List Industries Corporation, recomendando sua aprovação. Ao final da combinação, a List Industries Corporation dissolver-se-ia e seus acionistas deteriam, em média, três quartos das ações de emissão da Glen Alden Corporation, ocorrendo uma mudança substancial do controle societário desta bem como a alteração de seu nome, que passaria a se chamar List Alden Corporation.

Em que pese a List Industries Corporation ser constituída em Delaware,[19] a Glen Alden Corporation era constituída na Pennsylvania, por isso um de seus acionistas alegou judicialmente que a combinação realizada conduzia ao mesmo resultado que uma *statutory merger* e não concedia aos acionistas

[19] Para que a *corporate combination* estivesse em conformidade com a Lei de Delaware, a operação de venda deveria ser aprovada pela maioria dos acionistas da List Industries Corporation. Contudo, uma vez aprovada, não haveria concessão de *appraisal right* aos acionistas dissidentes. *Cf.*: ARAUJO *in*: WARDE JR., 2009, p. 196.

dissidentes o *appraisal right*, conforme previsto na legislação da Pensilvânia.

Diante das alegações do acionista da Glen Alden Corporation, o tribunal da Pensilvânia entendeu que a combinação planejada tinha como único objetivo impedir a aplicação do *appraisal right*, uma vez que os acionistas dissidentes da Glen Alden Corporation teriam esse direito, conforme explicado por Danilo Borges dos Santos Gomes de Araujo quando da análise da decisão do tribunal:

> Entendeu, enfim, a Supreme Court of Pennsylvania que, diante de uma 'stock-for-assets combination', em que substancialmente se transferem todos os ativos de uma companhia para outra, em troca de novas ações emitidas pela companhia adquirente dos ativos, deve-se recaracterizar a operação como uma 'statutory merger' e não como uma mera 'asset acquisition', conferindo aos acionistas os direitos que tipicamente lhes seriam conferidas numa fusão, notadamente o 'appraisal right', que não poderia ser exercido se se mantivesse o reconhecimento do negócio como uma mera aquisição de ativos.[20], [21]

Frisa-se que o presente julgamento serviu como paradigma de aplicação da *De Facto Merger Doctrine* em operações que, evidentemente, tivessem a intenção de evitar direitos aos acionistas,

[20] Warde Jr. (coord.), 2009, p. 198.

[21] Destaca-se um trecho da decisão do juiz Justice Cohen: "We hold that the combination contempled by the reorganization agreement, although consummated by contract rather than in accordance with the statutory procedure, is a merger within the protective purview of §§ 908A and 515 of the corporation law. The shareholders of Glen Alden should have been notified accordingly and advised of their statutory rights of dissent and appraisal. The failure of the corporate officers to take these steps renders the stockholder approval of the agreement at the 1958 shareholder's meeting invalid." (Gilson; Black, *op. cit.*, p. 679).

aplicando-os como se, de fato, a operação se constituísse numa fusão.[22]

2.2. Caso histórico do estado de Delaware

Em que pese o caso Farris *v.* Glen Alden Corp., julgado no estado da Pensilvânia, ter impactado consideravelmente a aplicação da *De Facto Merger Doctrine* nos casos em que se evidencie uma *statutory merger*, alguns outros estados não seguiram o mesmo entendimento.[23]

Em 1963, a *Supreme Court of Delaware* proferiu o julgamento do caso Hariton *v.* Arco Electronics, Inc., 188 A.2d 123 (Del.1963)[24], contrariamente aos julgamentos proferidos pelo tribunal da Pensilvânia.

A Arco Electronics Corporation e a Loral Electronics Corporation, ambas fabricantes de equipamentos eletrônicos, firmaram um plano e acordo de reorganização que contemplava uma estratégia de fusão entre as companhias. O acordo previa a venda de todos os ativos da Arco Electronics Corporation para a Loral Electronics Corporation, tendo como contrapartida o pagamento por meio da emissão de novas ações desta para subscrição dos acionistas daquela, que se dissolveria.

Ressalta-se que a Arco Electronics Corporation, conforme determina o § 271 do Delaware General Corporation Code, convocou uma assembleia como deliberação da operação, obtendo aprovação de oitenta por cento de seus acionistas, ou seja, atingiu o quórum além do necessário para realizar a operação.

Contudo, um acionista da Arco Electronics ajuizou ação cuja alegação consistia no fato de que a estruturação sucessiva da

[22] "With this relatively brief opinion, the Pennsylvania Supreme Court gave rise to the de facto merger doctrine." (Bentzen, *op. cit.*, p. 99).

[23] Bentzen, *op. cit.*, p. 99.

[24] O resumo do presente caso pode ser encontrado em: Gilson; Black, *op. cit.*, p. 680; 681.

corporate combination conduzia ao mesmo resultado de uma *statutory merger*, sem que houvesse disponibilizado aos acionistas dissidentes o *appraisal right*.

O tribunal decidiu pela legalidade da operação, pois a legislação do estado de Delaware prevê que o *sale-of-assets* possa, substancialmente, obter os mesmos resultados que a *statutory merger*. Os mecanismos utilizados para realização desta combinação foram legais, como dispõem Ronald Gilson e Bernard Black:

> We now hold that the reorganization here accomplished through § 271 and a mandatory plan of dissolution and distribution is legal. This is so because the sale-of-assets statute and the merger statute are independent of each other. They are, so to speak, of equal dignity, and the framers of a reorganization plan may resort to either type of corporate mechanics to achieve the desired end. This is not an anomalous result in our corporation law.[25]

Portanto, o julgamento do caso Hariton *v.* Arco Electronics, Inc. impactou os casos julgados no estado de Delaware, fazendo que não se aplicasse a *De Facto Merger Doctrine* nas operações realizadas pelas companhias sediadas em sua jurisdição.

Dessa forma, evidencia-se que a aplicação da *De Facto Merger Doctrine* não é algo pacificado, devendo-se observar a legislação e os precedentes de cada Estado americano para que a sua aplicação seja alcançada.

3. Como se aplica a *de facto merger doctrine* no direito americano

Diante da análise dos casos julgados pelo tribunal da Pensilvânia e de Delaware, evidencia-se que a aplicação da *De Facto*

[25] Gilson; Black, *op. cit.*, p. 680; 681.

Merger Doctrine não é homogênea. Há alguns fatos que devem ser analisados para que sirvam de fundamento quando da condução de uma *corporate combination* como se, de fato, fosse uma fusão propriamente dita.

Em razão de haver diferenças interpretativas de aplicação, analisa-se em quais tipos de operações podem ser aplicadas a *De Facto Merger Doctrine* , por meio de julgamentos dos tribunais de alguns estados americanos. Evidentemente que em uma *merger*[26] as legislações estaduais já preveem os direitos de retirada[27] mediante recebimento do valor de suas ações por preço justo,[28] conforme analisado anteriormente.

Contudo, aqui observa-se as decisões de tribunais de alguns estados americanos envolvendo a *De Facto Merger Doctrine*, por

[26] Segundo Stephen M. Bainbridge, "In a merger, two corporations combine to form a single entity. Suppose, for example, Acme Company and Ajax Corporation are about to combine via merger. Their merger is effected by filing the requisite documentation – typically so-called 'articles a merger' – with the appropriate state official, not unlike the incorporation process by which the two companies were formed. After the merger, only one of the two companies will survive. But the survivor will have succeeded by operation of law to all of the assets, liabilities, rights, and obligations of the two constituent corporations." (BAINBRIDGE, Stephen M. **Corporate law and economics.** New York: New York Foundation Press, 2002. p. 623).

[27] Segundo Michael P. Dooley: "All states extend appraisal right to shareholders who dissent from decisions to merge or consolidate and most recognize appraisal rights in sales of assets for stock." (DOOLEY, Michael P. **Fundamentals of corporation law.** Westbury, NY: University Casebook Series, 1995. p. 179).

[28] Francisco Reyes (*op. cit.*, p. 337) menciona que "as legislações costumam proteger as facções minoritárias, cujos interesses poderiam ver-se afetados como consequência de modificações estruturais da sociedade. Por isso, outorgam-lhes direitos semelhantes aos de recesso ou retirada. Em virtude desses mecanismos, os acionistas dissidentes a respeito de uma operação de reorganização têm o direito de que a sociedade recompre suas participações no capital por um preço justo".

exemplo, operações intituladas de *sale of all substantially all corporate assets,*[29/30] *triangular merger*[31] e *reverse triangular merger.*[32]

3.1. Pensilvânia

O julgamento paradigma envolvendo a *De Facto Merger Doctrine* numa *triangular merger* reside no caso Terry *v.* Penn Central Corp., em que a Penn Central Corporation iniciou uma aquisição da Colt Industries Inc.[33]

A operação consiste na aquisição da Colt Industries Inc. pela Penn Central Corp. por meio de sua subsidiária integral, a PCC Holdings, a qual esta incorpora a Colt Industries Inc., sendo que

[29] Combinação que pode ser explicada, segundo Francisco Reyes (*op. cit.*, p. 335), como "Outro conhecido mecanismo para unificar o controle de duas companhias é aquele pelo qual uma sociedade aliena completa ou substancialmente seus ativos e recebe em troca dinheiro ou ações da companhia que os adquire. [...] No caso de transferência global de ativos – diferentemente do que sucede na fusão – o ente societário que aliena uma parte substancial de seus ativos deixa de existir imediatamente. Em geral, a companhia que transfere continua existindo pelo menos até depois de ter concluído a transferência".

[30] Ainda, segundo Bainbridge (*op. cit.*, p. 626), vale mencionar que há necessidade de analisar o que seria uma venda de todos ou substancialmente todos os ativos de uma companhia, na medida que "All or substantially all is not exactly a bright-line standard. Given the expense and other burdens associated with shareholder approval, and the potentially severe consequences of guessing wrong, determining whether the sale qualifies as 'all or substantially all' becomes a critical issue for transaction planners."

[31] Operação que consiste numa fusão pela criação de uma subsidiária integral da companhia adquirente. A subsidiária é capitalizada com dinheiro ou valores mobiliários da companhia adquirente, assim a subsidiária incorpora a companhia alvo. Nesse caso, a subsidiária é a companhia sobrevivente em uma triangular merger (BAINBRIDGE, *op. cit.*, p. 629).

[32] Segundo Bainbridge (*op. cit.*, p. 630), "In a reverse triangular merger, the target survives. The point is the same in either case. The target company ends up as a wholly owned subsidiary of the acquirer. The former target shareholders either become shareholders or the acquirer or are bought out for cash."

[33] Terry *v.* Penn Central Corp. 688 F.2d 188 (3d Cir.1981). Disponível em: <https://h2o.law.harvard.edu/cases/3891>. Acesso em: 13 set. 2019.

o respectivo pagamento se dará por emissão de ações preferenciais pela Penn Central Corp. e subscrição pelos acionistas da companhia incorporada.

Diante dessa operação, um acionista da Penn Central Corp. ajuíza ação alegando que a operação conduzia a uma Fusão De Fato. O acionista tinha como precedente o julgamento do caso Farris *v.* Glen Alden Corp e, dessa forma, os acionistas de sua classe teriam direito ao voto para aprovação da referida operação e, em caso de voto contrário, direito ao *appraisal right.*

Salienta-se que o caso fora julgado no estado da Pensilvânia. Contudo, desde o caso paradigma ensejador da *De Facto Merger Doctrine*, ocorreram mudanças na legislação, de forma a restringir a aplicação da doutrina em qualquer operação que possa, substancialmente, conduzir à Fusão de Fato.[34]

Dessa forma, a aplicação da *De Facto Merger Doctrine* foi negada no julgamento, sob o fundamento de que a Penn Central Corp. não se fundiu com a Colt Industries Inc., pois a operação realizada ocorreu como uma incorporação da Colt pela PCC Holdings, ou seja, atingiu uma forma totalmente lícita para realização da operação.

Outra operação em que também se versou acerca da possível aplicação da *De Facto Merger Doctrine* reside no caso Fizzano Brothers Concrete Products, Inc. *v.* XLN, Inc. Caso que envolvia a aquisição de uma licença de software produzida pela System Development Group, Inc. (SDG).

Posteriormente à venda do *software* para a Fizzano, a XLN, Inc. adquiriu todos os ativos e ações da SDG, assumindo, consequentemente, todos os passivos desta. Após a aquisição, a XLNT Software Solutions, Inc (XLNT) adquiriu a maioria dos ativos da XLN, incluindo o principal software desenvolvido por ela.

[34] *Cf.*: ARAUJO *in:* WARDE JR. (coord.), 2009, p. 212; 213.

Com a aquisição dos ativos da XLN, pela XLNT, aquela não encerrou suas atividades, nem seus acionistas passaram a deter ações de emissão da XLNT, nem esta assumiu todos os passivos daquela. Além de outros pedidos realizados no caso, a Fizzano alegou que a *sale-of-assets* realizada conduziu a uma De Facto Merger, fazendo que a responsabilidade pelos passivos da XLN se estendesse à XLNT.

No entanto, o tribunal superior do estado da Pensilvânia entendeu que não houve elementos suficientes para caracterizar uma De Facto Merger na operação de compra e venda de ativos entre as companhias, com base na seguinte fundamentação:

> With regard to continuity of ownership, the trial court acknowledged that none of the owners of XLN became owners of XLNT. This finding, by itself, should have ended the trial court's consideration of XLNT's potential successor liability. Continuity of ownership is a key element that must exist in order to apply the *De Facto Merger Doctrine*, since in the absence of a transfer of stock for assets the consequence of the transaction is not the functional equivalent of a merger. Instead, where there is no continuity of ownership [...] the transaction is merely an arms-length transaction between two corporations and not in any sense a merging of two corporations into one. As one federal court of appeals put it, without 'continuity of shareholder interest, the two corporations are strangers, both before and after the sale.'[35]

Diante dessa alteração legislativa do estado da Pensilvânia, além da necessidade de comprovação de um critério primor-

[35] Fizzano Bros. Concrete Products, Inc. *v.* XLN, Inc., 973 A.2d 1016, 1020 (Pa. Super.2009) (quoting Travis *v.* Harris Corp., 565 F.2d 443, 447 (7th Cir.1977); emphasis added; citation to Trial Court Opinion omitted). Disponível em: <https://caselaw.findlaw.com/pa-supreme-court/1597148.html>. Acesso em: 8 set. 2019.

dial para aplicação da *De Facto Merger Doctrine* , que é a *continuity ownership.* Ou seja, realizar uma operação alternativa à *merger,* na qual se verifique a manutenção da propriedade nas mãos da companhia que deveria conceder um *appraisal right* aos seus acionistas, é um dos elementos ensejadores para aplicação da *De Facto Merger Doctrine* nas decisões dos tribunais da Pensilvânia.[36]

3.2. Delaware

No caso do estado de Delaware evidencia-se a manutenção da rejeição da aplicação da *De Facto Merger Doctrine* nos casos julgados por seus tribunais após o julgamento de Hariton *v.* Arco Electronics. Exemplos que comprovam esse entendimento podem ser vistos nos casos Heilbrunn *v.* Sun Chemical Co., 37 Del. Ch 552, 146 (Del. Ch., 1958, affirmed A.2d 755 (Del. 1959)[37]

[36] Com base nos estudos realizados por Bentzen (*op. cit.*, p. 102; 103), constata-se a necessidade de comprovar a continuity ownership tendo em vista que: "[...] the court noted that 'it would be incongruous to adopt a blanket rule that a de facto merger would always require a rigid showing that the shareholders of the predecessor corporation have exchanged their ownership interests for shares of the successor corporation,' and that court must 'look beyond the superficial formalities of a transaction in order to examine the transactional realities and their consequences'. Nonetheless, the court held that in cases involving breach of warranty or contract – as opposed to arising out of tort – in which more public policy interests are at stake, the de facto merger doctrine requires some kind of 'proof of continuity of ownership or stockholder interests'. The court went on to explain that proof of a continuity ownership interests is not restricted to 'mere evidence of an exchange of assets from one corporation for shares in a successor corporation. Thus, while Pennsylvania law now stresses the importance of continuity of ownership – at least as it relates to cases grounded in contract – it remains commited to elevating the substance of a transaction over its form."

[37] Heilbrunn *v.* Sun Chemical Co., 37 Del. Ch 552, 146 (Del. Ch., 1958, affirmed A.2d 755 (Del. 1959). Disponível em: <https://law.justia.com/cases/delaware/supreme-court/1959/150-a-2d-755-3.html>. Acesso em: 10 set. 2019.

e Orzek *v.* Englehart, 192 A.2d 36 (Del. Ch. 1963, affirmed 141 Del. Ch. 361, 195 A.2d 375 (Del. 1963).[38]

O primeiro caso consistia numa *sale-of-assets*, em que a Sum Chemical firmou um contrato de compra e venda de todos os ativos da Ansbacher-Siegle Corporarion e a concessão para uso de seu nome.[39] Durante a operação, a Ansbacher se dissolveu e distribuiu aos seus acionistas, a título de pagamento, as ações ordinárias da Sun Chemical. Além disso, para que a transação fosse consumada, a Sun Chemical deveria realizar uma assembleia e obter aprovação da maioria de seus acionistas (assembleia que de fato aconteceu e obteve quórum necessário para aprovação da operação almejada).[40]

Contudo, um acionista da Sun Chemical alega que, embora a transação tenha sido uma *sale-of-assets*, conduzia substancialmente a uma Fusão de Fato, na medida em que houve a compra total dos ativos da Ansbacher, com subsequente dissolução e pagamento aos seus acionistas com ações ordinárias da Companhia adquirente, não se disponibilizou o direito, conforme alega, de um *appraisal right.*[41]

A *Supreme Court of Delaware* negou os argumentos apresentados pelos acionistas acerca da aplicação da *De Facto Merger Doctrine* sob os seguintes fundamentos:

[38] Orzek *v.* Englehart, 192 A.2d 36 (Del. Ch. 1963, affirmed 141 Del. Ch. 361, 195 A.2d 375 (Del. 1963). Disponível em: <https://law.justia.com/cases/delaware/supreme-court/1963/195-a-2d-375-1.html>. Acesso em: 10 set. 2019.

[39] *Cf.*: Heilbrunn *v.* Sun Chemical.

[40] *Cf.*: Heilbrunn *v.* Sun Chemical.

[41] Os acionistas alegam uma Fusão de Fato sob "The argument that the result of this transaction is substantially the same as the result that would have followed a merger may be readily accepted. As plaintiffs correctly say, the Ansbacher enterprise is continued in altered form as a part of Sun. This is ordinarily a typical characteristic of a merger." (*Cf.*: Heilbrunn *v.* Sun Chemical).

> As before stated, we do not reach this question, because we fail to see how any injury has been inflicted upon the Sun stockholders. Their corporation has simply acquired property and paid for it in shares of stock. The business of Sun will go on as before, with additional assets. The Sun stockholder is not forced to accept stock in another corporation. Nor has the reorganization changed the essential nature of the enterprise of the purchasing corporation, as in Farris *v.* Glen Alden Corporation, 393 Pa. 427, 143 A.2d 25.
>
> Nor is it a case in which the seller can be said to have acquired the purchaser. Sun's net worth is ten times that of Ansbacher. Sun has simply absorbed another company's assets which are needed in its own business.
>
> The diminution in the proportional voting strength of the Sun stockholder is not a ground of complaint. Such a consequence necessarily follows any issuance of stock to acquire property. [...]
>
> Whatever may be the case for giving the right of appraisal to a dissenting stockholder of a selling corporation, as many states have done, there seems little reason, at least in cases like the instant one, to accord it to the stockholders of the purchaser. At all events, no state appears to have done so by statute. See the discussion of this general subject in a recent note in 72 Harv.L.Rev. 1132: 'The right of shareholders dissenting from corporate combinations to demand cash payment for their shares'. And we find no basis in the facts of this case for the granting of such relief in equity on the theory of a de facto merger.[42]

O segundo caso consiste numa incorporação de ações, nomeada de *stock-for-stock combination*, em que a Bellanca Corporation adquire a totalidade das ações de sete companhias, cuja

[42] *Cf.:* Heilbrunn *v.* Sun Chemical.

contrapartida, a título de pagamento aos acionistas das ações, sua própria emissão.[43]

Os acionistas da Bellanca Corporation alegaram, entre outros argumentos, que a transação fora uma alternativa à *statutory merger*, mas que o seu resultado conduzia a uma fusão de fato entre a Bellanca Corporation e as sete companhias adquiridas sem que houvesse o *appraisal right*.[44]

Novamente, a Supreme Court of Delaware rejeitou a alegação de que a transação representaria uma De Facto Merger, por conta de o suporte fático não ter sido enquadrado nas disposições legais, conforme fundamentado:

> The basic fact in this cause is that the transaction complained of was the purchase by one corporation of all of the stock of seven other corporations. On its face there is nothing illegal in this. On the contrary, it is specifically authorized by 8 Del.C. § 123. Once the acquisition has been made the purchasing corporation thereafter has the status of a stockholder of the corporation whose shares it has purchased and nothing more. In other words, the purchasing corporation is not the owner of the assets of the other corporation, but is merely a stockholder with all the incidents of such. Nor do the corporate identities merge by reason solely of the purchase by one of all of the other's stock. Owl Fumigating Corp. *v.* California Cyanide Co., 3 Cir., 24 F.2d 718; Fidanque *v.* American Maracaibo Co., 33 Del.Ch. 262, 92 A.2d 311.
>
> Despite this, however, plaintiff argues that the end result of the acquisition by Bellanca of all the stock of the California corporations has been to merge Bellanca into them, and put Bellanca in the egg business. Thus, it is argued, a merger has in fact taken place of the apparent purchasing corporation into the apparent

[43] *Cf.*: Orzek *v.* Englehart.

[44] *Cf.*: Orzek *v.* Englehart.

> selling corporation without compliance with the merger provisions of the Delaware Corporation Law, including the right of a dissenting stockholder to withdraw from the enterprise and be paid the value of his stock.
>
> While the argument made may have a surface plausibility, it nevertheless is contrary to the uniform interpretation given the Delaware Corporation Law over the years to the effect that action taken in accordance with different sections of that law are acts of independent legal significance even though the end result may be the same under different sections. The mere fact that the result of actions taken under one section may be the same as the result of action taken under another section does not require that the legality of the result must be tested by the requirements of the second section.[45]

Diante desses julgamentos, evidencia-se que as decisões proferidas no estado de Delaware rejeitam a aplicação da *De Facto Merger Doctrine*, adotando as teorias da *equal dignity theory* e *independent legal significance doctrine*.[46]

Mas há outros Estados que, contrariamente à análise de cada caso concreto, ou até à própria rejeição da *De Facto Merger Doctrine*, aplicam na sua própria legislação os direitos de voto e *appraisal right* que os acionistas dissidentes teriam apenas na realização de uma *statutory merger*.

[45] *Cf.*: Orzek *v.* Englehart.

[46] Stephen C. Bigler e Blake Rohrbacher explicam que: "The doctrine of independent legal significance ("ILS) is one the bedrock doctrines of Delaware corporate law. The Delaware Supreme Court has defined ILS as providing that 'action taken under one section of that law is legally independent, ans its validity is not dependent upon, nor to be tested by the requirements of other unrelated sections under which the same final result might be attained by different means.'" (Bigler, C. Stephen; Rohrbacher, Blake. Form or Substance? The Past, Present, and Future of the Doctrine of Independent Legal Significance. The Business Lawyer, vol. 63, nº 1, 2007. pp. 1–24. **JSTOR**. Disponível em: <www.jstor.org/stable/40688435). Acesso em: 18 ago 2019.

3.3. Califórnia

O caso do *corporate statute* do estado da California[47] determina que quaisquer reorganizações que se caracterizem como *statutory merger, triangular merger, reverse triangular merger, sale-of-assets ou stock-for-stock exchange* ensejarão os direitos ao voto em aprovações dessas combinações bem como o *appraisal right.*[48]

Ao se analisar diversos outros casos em diferentes estados americanos, pode-se encontrar decisões diferentes em sua maioria, pois cada estado tem uma forma distinta de aplicar a *De Facto Merger Doctrine*. Sendo assim, evidenciou-se diferentes aspectos para aplicação da doutrina da Fusão de Fato, observando-se que cada estado possui formas diferentes de analisar se houve ou não uma De Facto Merger.

As diferenças de aplicação foram consolidadas por Bentzen por meio de um estudo específico e profundo para entender quais aspectos os tribunais analisavam para fins de aplicação da *De Facto Merger Doctrine*, obtendo a seguinte conclusão:

> As the foregoing ten states exemplify, courts apply the *De Facto Merger Doctrine* in a variety of ways – and some courts do not apply it at all. Those courts that do adhere to the doctrine tend to rely upon four basic factors: (1) continuity of the business enterprise reflected through maintenance of key personnel, management, and operations; (2) continuity of shareholders or ownership interest; (3) dissolution of the predecessor corporation; and (4) assumption of the liabilities necessary to continue the business. Some courts require presence of certain factors as a gateway to application of the doctrine, namely continuity of the business enterprise or continuity of ownership interest. And yet, other courts look to all the factors.

47 *Cf.*: Araujo *in:* Warde Jr., 2009, p. 212; 213.
48 Araujo *in:* Warde Jr., 2009, p. 214; 215.

Ressalta-se que há estados, por exemplo, Delaware, que, mesmo diante dos quatro fatores apresentados por Bentzen, rejeitam a aplicação da *De Facto Merger Doctrine*.

Por fim, ao analisar a aplicação da Doutrina da Fusão de Fato, pode-se verificar que, além de sua aplicação não pacífica entre os estados americanos, seu bom emprego apenas é deferido em combinações que não estejam previstas nos *corporate statutes*. No entanto, no estado da Califórnia apenas se consolidou sua aplicação pela extensão do direito ao voto e do *appraisal right* na maioria das *corporate combinations* utilizadas para desvio dos direitos pertencentes aos acionistas dissidentes.

4. A *de facto merger doctrine* no direito brasileiro: uma análise de substância e forma

No direito brasileiro as operações societárias se tornaram cada vez mais frequentes e complexas, utilizando diversas técnicas em rearranjos societários, as quais, muitas vezes, podem não agradar determinada classe de acionistas.

Aqui aborda-se apenas operações realizadas com sociedades anônimas de capital aberto, cuja fiscalização faz parte das atribuições da CVM e tem a finalidade de garantir os direitos a que determinados acionistas teriam, mas que supostamente lhes foram desviados por conta da formalização de determinadas operações societárias.

Dessa forma, além de entender quais os critérios analisados pela CVM, pode-se entender como se aplica a *De Facto Merger Doctrine* no direito brasileiro e se é correta a sua analogia com a aplicação no direito americano.

Adianta-se que as formas de análise têm diferenças interpretativas a respeito do que se realizou em determinada operação, conferindo se a operação indiscutivelmente atendeu aos requisitos legais, ao passo que o outro método visa interpretar a intenção que conduziu a operação a ser realizada dessa forma.

Assim, há duas modalidades interpretativas: a formal e a substancial. A interpretação formal pauta-se na análise literal de uma operação societária, leia-se, se sua forma de realização atendeu aos requisitos previstos em lei, adotando um meio totalmente lícito, mesmo que haja um descontentamento por parte de uma classe acionária, ou seja, restringe-se ao que está previsto em lei.[49]

A interpretação substancial tem por escopo analisar as circunstâncias que fizeram a operação ser realizada de determinada forma e preteriram outro mecanismo que poderia ser utilizado e se atendeu aos princípios inseridos texto legal.[50], [51] E para realizar o pretendido, mostrou-se de suma importância analisar alguns casos julgados pela CVM, a respeito de reorganizações societárias objeto de decisões nas quais se pode constatar algo parecido com a Doutrina da Fusão de Fato.

Portanto, analisou-se casos que envolveram operações de: (i) incorporação de sociedade[52] com alteração de controle indi-

[49] Sasseron; Lima de Assis; Araujo *in*: Ramunno, 2019, p. 71.

[50] Sasseron; Lima de Assis; Araujo *in*: Ramunno, 2019, p. 72.

[51] Ainda os autores observam que: "A extensão, em termos práticos, significa priorizar os efeitos positivos ou negativos, resultantes do caminho formal trilhado pela operação societária, sobretudo, quando possam causar desvantagens aos demais envolvidos na operação. Dessa forma, já uma desconsideração do caminho formal escolhido pelos particulares, para analisar, ex ante e ex post, a situação dos entes envolvidos na operação." (Sasseron; Lima de Assis; Araujo *in*: Ramunno, 2019, p. 72).

[52] Desde já cumpre-se distinguir duas espécies de operações societárias: a incorporação de ações e a incorporação de sociedade. Assim, segundo Alfredo Lamy Filho e José Luiz Bulhões Pedreira, a incorporação de ações unifica duas companhias, passando a incorporada a existir como subsidiária integral da incorporadora, sem a extinção da incorporada, portanto essa é a diferença primordial em detrimento da incorporação de sociedade. (Lamy Filho, Alfredo; Pedreira, José Luiz Bulhões. **Direito das Companhias.** Rio de Janeiro: Forense, 2017. p. 1450).

reto; (ii) incorporação de ações[53] e fechamento de capital das companhias incorporadas; (iii) incorporação de sociedade na qual a companhia que detinha patrimônio menor incorporou a companhia que detinha patrimônio maior; e (iv) incorporação de ações com respectiva conversão de ações em dinheiro.

4.1. Incorporação de Sociedade com Alteração de Controle Indireto

É o caso da operação que envolveu as empresas União de Indústrias Petroquímicas S.A. (Unipar), Petróleo Brasileiro S.A. (Petrobras) acerca de uma alteração de controle indireto da Suzano Petroquímica S.A.[54]

Objeto de julgado pela CVM, a operação consistiu na formação de nova sociedade, denominada de CPS, cujos acionistas seriam a Unipar e a Petrobras, sendo que ambos os acionistas aportaram ativos de sua propriedade para a constituição da sociedade.

A Unipar aportou os ativos de sua propriedade na Companhia chamada Fascistus Participações S.A., ao passo que a Petrobras aportou na Dapean Participações S.A. (companhia controladora direta da Suzano Petroquímica), nas ações da Petroquímica União S.A. (detida pela Petrobras Química S.A).[55]

Após os referidos aportes, ocorreu a incorporação da Fascitus Participações S.A. pela Dapean Participações S.A. Assim,

[53] Segundo Nelson Eizirik, a incorporação de ações significa uma "operação mediante a qual uma sociedade brasileira incorpora ao seu patrimônio todas as ações de outra companhia, convertendo-a em subsidiária integral". (EIZIRIK, Nelson. **Lei das S/A Comentada** – 2ª ed. vol. IV. São Paulo: Quartier Latin, 2015. p. 290).

[54] Processo Administrativo nº RJ-2008-4156, Diretor Relator Sergio Weguelin, julgado em 17.6.2008. Disponível em: <http://www.cvm.gov.br/export/sites/cvm/decisoes/anexos/0005/6054-0.pdf>. Acesso em: 11 set. 2019.

[55] Processo Administrativo nº RJ-2008-4156, *op. cit.*, p. 1.

no final da operação societária constatou-se que o capital social da CPS fora distribuído em percentuais de 60% (sessenta por cento) à Unipar e 40% (quarenta por cento) à Petrobras, o que fez que a Unipar controlasse indiretamente a Suzano Petroquímica.[56]

A análise realizada pela Superintendência de Registro de Valores Mobiliários (SRE) apontou que a operação consistiu em alienação de controle indireto da Suzano Petroquímica. Assim, a SRE determinou que se realizasse Oferta Pública de Ações (OPA), conforme previsto no artigo 254-A.[57]

Em recurso dirigido ao colegiado contra a decisão da SRE, alegou-se que os requisitos ensejadores de uma OPA não foram cumpridos, porque não houve transferência de valores mobiliários nem o requisito de onerosidade.[58]

O relator do presente caso, Diretor Sergio Weguelin, entendeu que a OPA deveria ser realizada mediante análise substancial dos fatos consumados, entendendo que houve, de fato, alienação de controle indireto, podendo-se constatar, implicitamente, a aplicação da Doutrina da Fusão de Fato, conforme alguns trechos de sua decisão:

> Em outras palavras, embora não haja transferência direta de valores mobiliários, há um efeito prático equivalente, que justifica

[56] Processo Administrativo nº RJ-2008-4156, *op. cit.*

[57] A legislação brasileira prevê algumas modalidades de OPA, contudo, no presente texto considera-se apenas a OPA por alienação de controle que, segundo Erik Frederico Oioli, é aquela em que "O artigo 254-A determina que referida OPA ocorra somente nos casos de alienação, direta ou indireta do controle da companhia aberta. [...] A lei, ao definir a obrigatoriedade da OPA, olha para o polo do alienante do controle, pressupondo que quem aliena já possuía o poder de controle." (OIOLI, Erik Frederico. **Oferta Pública de Aquisição do Controle de Companhias Abertas.** São Paulo: Quartier Latin, 2010. p. 69).

[58] Processo Administrativo nº RJ-2008-4156, *op. cit.*, p. 2.

> a realização da OPA. Este efeito prático se reflete, inclusive e principalmente, na compensação financeira da mudança de controle.
>
> [...]
>
> Mais do que não ser gratuita, a troca do controle da Dapean (a da SZPQ) por uma participação minoritária nos ativos da CPS será, ao menos sob a ótica da Petrobras, racional do ponto de vista econômico. Presume-se que se tenha identificado na participação minoritária na sociedade que agrega os seus ativos e os da Unipar um valor maior (decorrente provavelmente de sinergias, ganhos de escala e escopo, etc.) do que a titularidade da totalidade de seus próprios ativos.
>
> Aos minoritários de SZPQ, portanto, deve ser dada esta mesma opção feita pela Petrobras. [...] De outro modo não se estará atendendo a principal finalidade do art. 254-A, que é promover o alinhamento de interesses e o tratamento equitativo entre o acionista controlador e os minoritários.[59]

Contudo, ao entendimento do diretor relator não se seguiu os de outros diretores, pois, conforme o voto do Diretor Marcos Barbosa Pinto, pautou-se em aplicação formal dos fatos à lei, conforme alguns trechos de sua decisão:

> Ninguém tem dúvidas, acredito eu, que a incorporação de uma companhia não equivale a uma alienação de controle. A lei nº 6.404/76 não deixa margem para discussão a esse respeito, pois trata essas operações por meio de dispositivos distintos e de maneira completamente diversa.
>
> [...]
>
> A redação desse dispositivo[60] já foi muito criticada por este colegiado. No entanto, ele é o único parâmetro legal a guiar nossa

[59] Processo Administrativo nº RJ-2008-4156, *op. cit.*, p. 4.

[60] O dispositivo objeto de discussão refere-se ao artigo 254-A, da Lei nº 6.404/76.

> interpretação, razão pela qual devemos tentar extrair o máximo possível de seu texto, interpretando-o literalmente. Neste caso específico, aliás, a interpretação literal parece ser ainda mais indicada do que em circunstâncias normais.
>
> [...]
>
> Interpretando o texto do §1º do art. 254-A, não vejo como exigir oferta pública neste caso concreto. Por mais problemas interpretativos que esse dispositivo possa ensejar, um requisito parece estar acima de dúvida: a necessidade de uma 'transferência' ou 'cessão', seja de ações, seja de valores mobiliários, seja de direitos de subscrição, seja de outros títulos.
>
> [...]
>
> Neste caso, não houve qualquer transferência: as ações detidas pela Petrobras nunca mudaram de mãos.[61]

Com base no voto do Diretor Marcos Barbosa Pinto, constata-se a interpretação formal do presente caso, devendo-se prevalecer os seus institutos de forma individualizada e a referida operação da forma licitamente realizada.

4.2. Incorporação de Ações e Fechamento de Capital das Companhias Incorporadas

Outro caso julgado pela CVM, pautada em análise de substância e forma, consiste na operação realizada entre a Bunge Fertilizantes S.A., Bunge Alimentos S.A. e Serrana S.A. Os Conselhos de Administração das Companhias deliberaram pela reestruturação societária com o objetivo de simplificar sua organização societária.[62]

[61] Processo Administrativo nº RJ-2008-4156, voto do Diretor Marcos Barbosa Pinto, julgado em 17.6.2008. Disponível em: <http://www.cvm.gov.br/export/sites/cvm/decisoes/anexos/0005/6054-1.pdf>. Acesso em: 10 set. 2019.

[62] Processo Administrativo CVM nº RJ2001/11663. Diretor Relator Luiz Antônio Sampaio Campos, julgado em 15.01.2002. Disponível em: <http://www.cvm.gov.br/decisoes/2002/20020115_R1/20020115_D05.html>. Acesso em: 11 set. 2019.

A referida reestruturação consistia em incorporar ações da Bunge Fertilizantes e da Bunge Alimentos pela Serrana, tornando a companhia incorporadora na única a poder emitir valores mobiliários no mercado de capitais.

Com base na forma que a operação se concretizaria, a Superintendência de Relação com Empresas (SEP) informou às companhia que a referida operação "caracteriza-se, na sua essência, como um fechamento de capital da Bunge Fertilizantes S/A e da Bunge Alimentos S/A",[63] devendo o seu controlador realizar a OPA de fechamento de capital.[64]

Contudo, o entendimento da SEP não foi mantido pelo colegiado que, com base no voto proferido pelo diretor Luiz Antônio de Sampaio Campos, entendeu que o remédio necessário para atender a previsão legal não consistia na OPA de fechamento de capital, conforme extraídos de alguns trechos de seu voto e acompanhado pelo colegiado:

> **Não haveria razão para que a CVM desse um tratamento diferente do que o previsto em lei.** Mais ainda, não haveria razão

[63] Processo Administrativo CVM nº RJ2001/11663.

[64] A OPA de fechamento de capital está prevista no artigo 4º, parágrafo 4º, da Lei 6.404/76, que dispõe: "Art. 4º Para os efeitos desta Lei, a companhia é aberta ou fechada conforme os valores mobiliários de sua emissão estejam ou não admitidos à negociação no mercado de valores mobiliários. § 4º O registro de companhia aberta para negociação de ações no mercado somente poderá ser cancelado se a companhia emissora de ações, o acionista controlador ou a sociedade que a controle, direta ou indiretamente, formular oferta pública para adquirir a totalidade das ações em circulação no mercado, por preço justo, ao menos igual ao valor de avaliação da companhia, apurado com base nos critérios, adotados de forma isolada ou combinada, de patrimônio líquido contábil, de patrimônio líquido avaliado a preço de mercado, de fluxo de caixa descontado, de comparação por múltiplos, de cotação das ações no mercado de valores mobiliários, ou com base em outro critério aceito pela Comissão de Valores Mobiliários, assegurada a revisão do valor da oferta, em conformidade com o disposto no art. 4º-A."

qualquer para que a CVM tratasse a operação de incorporação de ações de sociedade controlada diferentemente da operação de incorporação 'clássica', por assim dizer – com extinção de sociedades –, pois ambas estariam sujeitas expressamente aos ditames do artigo 264 da Lei nº 6.404/76.

Nessa linha, a CVM jamais exigiu – e a meu ver nem existiriam razões técnicas para isso – a prévia realização de oferta pública em operações de incorporação 'clássica' de sociedade controlada, inobstante o sem número de operações desta espécie que já ocorreram.

[...]

Certamente por esta razão, as recorrentes já submeteram ao novo regime do artigo 264 a reorganização societária que estavam a proceder, ainda que, a rigor, a nova redação do artigo 264 passe a viger em março de 2002 apenas.

Diante disso, entendo que a CVM estaria exorbitando de seus poderes se exigisse a realização de ofertas públicas ou outros procedimentos adicionais que não fossem essencialmente informacionais, uma vez que a Lei nº 6.404/76, após a reforma da Lei 10.303/01, conferiu tratamento específico para o caso, não exigiu a realização prévia de oferta pública e tampouco delegou poderes à CVM para que o fizesse nessas situações.

[...]

O fato é que o exercício de uma faculdade legal, na forma do regime expresso em lei, não pode ensejar um tratamento mais gravoso que poderia até vir a impedir o exercício desta faculdade.

O legislador deu tratamento específico à operação e determinou que o remédio jurídico para os acionistas que dissentissem da deliberação seria o recesso, nos termos do artigo 45 da Lei nº 6.404/76, com as disposições adicionais do artigo 264, § 3º, ressalvado, por óbvio, alguma ilegalidade intrínseca da operação, o que não se examinou por ora. O recesso, no caso, aproveita a todos os acionistas, titulares de ações ordinárias ou preferenciais, de todas as 3 companhias. Essa foi a solução adotada pela lei (grifos nossos).

Destaca-se a preferência por uma análise formal da decisão, focando a legalidade da operação e o remédio jurídico como o direito de recesso aos acionistas dissidentes. Dessa forma, o colegiado rechaçou uma interpretação substancial de que o resultado da operação pudesse ter sido conduzido, pois a legislação expressamente indicou qual a solução.[65]

4.3. Incorporação de Sociedade em que a Companhia com Patrimônio Inferior Incorpora a Companhia com Patrimônio Superior

A operação de incorporação de sociedade envolvendo a Construtora Tenda S.A. (Tenda) e a Gafisa S.A. (Gafisa) se tornou objeto de pronunciamento pela CVM por meio do memorando SRE MEMO/SRE/GER-1/Nº 214/2008, consoante com a inaplicabilidade de OPA, prevista no artigo 254-A, da Lei nº 6.404/76.

A referida operação se estruturou nas seguintes etapas: (i) a Gafisa aumentou o capital da Fit Residencial Empreendimentos Imobiliários (Fit Residencial), sua controlada; (ii) a Gafisa acertou com o Grupo HPJO (controladores da Tenda) que a última incorporaria a Fit Residencial pelo valor de seu patrimônio líquido, ocasionando a extinção desta e aumento do capital social da Tenda por meio da emissão de novas ações para distribuição para a Gafisa a título de substituição de sua participação acionária na Fit Residencial.[66]

[65] No caso concreto, uma das hipóteses pode ser o direito de recesso, aplicado quando se tem uma operação de "incorporação de ações para formação de subsidiária integral" (Carvalhosa, Modesto. Comentários à lei de sociedades anônimas. 5ª ed. São Paulo: Saraiva, 2014. p. 181. Vol. IV. Tomo II.

[66] A reprodução dessa operação pode ser observada em Coutinho, *op. cit.*, p. 226.

No final da operação, constatou-se que a incorporação da Fit Residencial pela Tenda ocasionou o referido aumento de capital que conferiu à Gafisa participação acionária de 60% (sessenta por cento) do capital social da Tenda.[67] Ressalta-se que a operação desviou qualquer aplicação de OPA ou direito de recesso pelos acionistas da Tenda, tendo em vista que esta era a companhia incorporadora.[68]

Verifica-se, nesta operação, uma modalidade de *reverse triangular merger*, que no direito americano poderia ensejar a aplicação da Doutrina da Fusão de Fato e do *appraisal right*, conforme analisado no caso Farris *v.* Glen Alden Corp.

No direito brasileiro, diante de uma análise substancial, poder-se-ia alegar na essência que a finalidade desta operação consistiu em desviar o direito de recesso a que os acionistas da Tenda teriam direito, por causa da incorporação da companhia com patrimônio maior (Fit Residencial) por uma companhia menor (Tenda).

Diante deste caso, entre outros analisados, a CVM se pronunciou tanto acerca da realização das operações de incorporações de ações quanto da dispensa de realização de OPA prevista no artigo 254-A, da Lei 6.404/76, proferindo o seguinte entendimento:

> Não se discute a alteração no controle acionário das companhias, mas é sabido que nem toda troca de controle enseja a obrigatoriedade de realização da OPA prevista no art. 254-A da Lei nº 6404/76. Alguns requisitos devem ser observados, em especial, o de transferência ou cessão onerosa, seja de ações, seja de valores mobiliários, seja de direitos de subscrição, ou de outros títulos.[69]

[67] Coutinho, 2014, *op. cit.*, p. 226.

[68] Coutinho, *op. cit.*, p. 226.

[69] SRE MEMO/SRE/GER-1/Nº 214/2008. Disponível em: <http://www.cvm.gov.br/export/sites/cvm/noticias/anexos/2008/20081006-1-memo-sre.pdf>. Acesso em: 13 set. 2019

Não é apenas a CVM que entende que o requisito de transferência ou cessão onerosa constituem requisitos necessários para realização de uma OPA, pois Eduardo Munhoz acrescenta que, além de uma transferência onerosa, haja um novo acionista controlador.[70]

Dessa forma, o entendimento da CVM pode se pautar em uma análise formal da operação, porque a operação necessita se revestir de aspectos legais e, desde que esse requisito seja cumprido, não haveria fundamentos para readequá-la, mesmo que exista alternativa mais benéfica aos acionistas minoritários.

4.4. Incorporação de Ações com Respectiva Conversão de Ações em Dinheiro

Por último, analisa-se um dos casos mais recentes, julgado pela CVM consoante a análise substancial ou formal de determinada operação societária.

Em 4 de setembro de 2018, o colegiado da CVM analisou a operação de incorporação de ações da Fibria Celulose S.A. (Fibria) pela Eucalipto S.A. (subsidiária integral da Suzano Papel Celulose S.A.) (Eucalipto), posteriormente a Suzano Papel e Celulose S.A. (Suzano) incorporou a Eucalipto, tornando, assim, a Fibria uma subsidiária integral da Suzano.[71]

Os fatos da operação sumarizados pela CVM contam no memorando 176/2018:

> i. Primeira Etapa: aumento de capital de uma empresa de prateleira, a Eucalipto Holding S.A. ('Holding'), mediante a emissão de novas ações ordinárias ao valor de R$ 52,50 (ajustado nos termos do Protocolo e Justificação) as quais serão totalmente subs-

[70] Munhoz, Eduardo Secchi. **Aquisição de Controle na Sociedade Anônima.** São Paulo: Saraiva, 2013. p. 300.

[71] Processos Administrativos CVM nº 19957.007756/2018-46 e 19957.007885/2018-34.

> critas e integralizadas pela Suzano. Após a conclusão da Segunda Etapa (infra), Suzano deverá ser titular de 61% (sessenta e um por cento) do total de ações ordinárias e 44% (quarenta e quatro por cento) do capital total da Holding; ii. Segunda Etapa: incorporação da totalidade das ações de emissão da Companhia pela Holding, por seu valor econômico, sendo que para cada ação ordinária de emissão da Companhia serão entregues 1 ação ordinária e 1 ação preferencial resgatável de emissão da Holding; iii. Terceira Etapa: resgate da totalidade das ações preferenciais de emissão da Holding, com o pagamento, para cada 1 ação preferencial de emissão da Holding resgatada, do valor de R$ 52,50, ajustado nos termos do Protocolo e Justificação. Uma vez resgatadas, as ações preferenciais da Holding serão canceladas contra reserva de capital; e iv. Quarta Etapa: na mesma data, como ato subsequente e interdependente do Resgate, incorporação da Holding pela Suzano, pelo valor patrimonial contábil da Holding, com a consequente extinção da Holding e sucessão, pela Suzano, com a consequente migração dos então acionistas da Holding para o quadro acionário da Suzano.[72]

Diante de uma análise sob o viés formal da operação estruturada, cada uma das etapas teve atos totalmente lícitos e previstos na legislação. Contudo, analisando-se a presente operação estruturada sob um viés substancial, poder-se-ia alegar uma possível perda, por parte dos acionistas minoritários, consoante a supressão do direito à venda de suas ações por intermédio de uma OPA ou direito de recesso, além da diluição forçada que estes acionistas tiveram que suportar por consequência da operação estruturada.

[72] Memorando nº 176/2018-CVM/SEP/GEA-4, 2018. Disponível em: <https://www.jota.info/wp-content/uploads/2018/09/79c257d6a387a42b18a28e1cc4524a21.pdf>. Acesso em: 12 set. 2019.

Portanto, o resultado da operação societária realizada tenderia a causar prejuízo aos acionistas minoritários, ao passo que se se realizasse a OPA obter-se-ia o mesmo resultado almejado, ou seja, a Fibria tornar-se-ia subsidiária integral da Suzano.

Assim sendo, analisando os processos administrativos da CVM, os diretores Gustavo Gonzalez, Pablo Renteria e Henrique Machado proferiram votos favoráveis à operação sob o fundamento de que cada uma das operações, isoladamente, observou seu regime jurídico específico, além de a operação estruturada não ter consubstanciado nenhum suporte fático ensejador de fraude à lei.[73]

Ainda, fundamentaram a entrega das ações preferenciais como totalmente lícita, uma vez que a Lei 6.404/76 permite que os acionistas da incorporada recebam ações da incorporadora de classe distinta. Dessa forma, segundo os diretores, a incorporação de ações realizada cumpriu todos os requisitos legais que lhe foram impostos.

Todavia, o diretor Gustavo Borba proferiu voto divergente dos outros diretores, pois a operação de resgate das ações preferenciais revestiram-se de caráter artificial e, diante de análise substancial, não poderiam ser consideradas ações, tendo em vista que seu resgate se realizou praticamente no mesmo momento de sua criação, constituindo, na essência, na prática de um pagamento em dinheiro em vez de ações.[74]

Em síntese, o diretor Gustavo Borba fundamentou acerca da ilegalidade da operação porque não houve a atribuição de

[73] A reprodução do voto dos diretores da CVM está disponível em: <https://direitorio.fgv.br/sites/direitorio.fgv.br/files/u1882/operacoes_de_reestruturacao_societaria_na_companhia_aberta_2018_1_ok.pdf>. Acesso em: 15 ago. 2019.

[74] *Cf.*: PROCESSOS ADMINISTRATIVOS CVM Nº 19957.007885/2018-34 e 19957.007756/2018-46. Diretor Relator Gustavo Tavares Borba. Disponível em: <http://www.cvm.gov.br/export/sites/cvm/decisoes/anexos/2018/20180904/1150__Voto_DGB.pdf>. Acesso em: 10 set. 2019.

ações da incorporadora de forma proporcional às ações que os acionistas detinham na sociedade incorporada e, ainda, sem a mera concordância dos minoritários, levando a que a referida operação societária violasse as normas que dispõem a respeito da incorporação de ações.[75]

Dessa forma, o colegiado da CVM, por maioria dos votos proferidos pelos diretores, deliberou pela licitude da operação societária. Ademais, a operação se tornou objeto de análise doutrinária, apontando que, segundo Marcelo Godke Veiga "O fato de não existir caminho direto para que se chegue à liquidação de parte das ações dos acionistas da Fibria por meio de incorporação de ações pouco importa. O caminho indireto também serve."[76]

Assim sendo, com base nos precedentes proferidos pela CVM e em acordo com a legislação vigente que dispõe acerca da matéria, entende-se que a operação se revestiu da licitude necessária para persecução de um negócio jurídico existente, válido e eficaz, tornando a operação de resgate das ações preferenciais lícita bem como a decisão acerca da inaplicabilidade da OPA correta.

4.5. Aplicação da *De Facto Merger Doctrine* no Direito Brasileiro

Observando-se os casos analisados, pode-se extrair alguns entendimentos aplicados às decisões da CVM, que são: (i) a maioria dos casos pauta-se numa análise formal das operações, em detrimento da análise substancial, embora esta esteja presente em alguns entendimentos da SRE e em alguns votos de

[75] PROCESSOS ADMINISTRATIVOS CVM Nº 19957.007885/2018-34 e 19957.007756/2018-46.

[76] VEIGA, Marcelo Godke. Comentários à operação fibria-suzano. *In:* RAMUNNO, Pedro A. L. (coord.). **Direito societário e do mercado de capitais em debate caso fibria e suzano**. São Paulo: Quartier Latin, 2019. p. 129.

diretores do colegiado; (ii) comparando-se com o direito americano, entende-se que a teoria que vigora nas decisões é, a título de analogia, a *independent legal significance*, haja vista a rejeição de reconfiguração das operações sob entendimento de que foram realizadas obedecendo às previsões legais; e (iii) que a Doutrina da Fusão de Fato não é aplicada de forma correta, não podendo ser objeto de analogia para a análise de operações societárias que suprimiram direitos de acionistas minoritários, tendo em vista sua aplicação genérica, conforme elucida-se adiante.

Pode-se afirmar que as decisões do colegiado da CVM pautam-se numa interpretação formal das operações realizadas, baseando-se na literalidade da lei, ou seja, se determinada operação realizou-se por meios lícitos e atendeu aos requisitos legais, por exemplo, quóruns de aprovação e verificação de eventuais direitos de recesso concedidos aos eventuais acionistas dissidentes.

Em que pese parte da doutrina entender que a análise substancial é benéfica para a garantia de direitos de acionistas, Osmar Brina Corrêa Lima aponta que, se verificado o caráter dissimulado da operação, a desconsideração da aparência formal consistiria em perseguição dos fins sociais da lei.[77]

Contudo, a CVM entende que se a operação foi estruturada e observada licitude desta, a sua forma de estruturação não é contestada pela autarquia. É exemplo a operação de incorporação de sociedade em que a companhia com patrimônio inferior incorporou a companhia com patrimônio superior (operação Gafisa S.A. e Tenda S.A.), estruturação que não ensejou direito de recesso aos acionistas da Tenda S.A.[78]

Portanto, pode-se constatar e afirmar que a interpretação que vigora nas decisões da CVM representa a devida formali-

[77] LIMA, Osmar Brina Corrêa Lima. **Incorporação de empresas**. Belo Horizonte: Del Rey, 1993. p. 27.

[78] *Cf.*: COUTINHO, *op. cit.*, p. 226.

dade quando da estruturação das operações societárias objeto de suas decisões, ou seja, uma interpretação formal.[79]

Em razão da adoção da interpretação formal nas decisões proferidas pela CVM e a título de analogia, constata-se que as referidas decisões se pautam, mesmo que implicitamente, pela adoção da *independent legal significance* adotada em muitos casos julgados pelos tribunais americanos, conforme apontado por Danilo Araujo, em referência ao memorando interno 214/2008 publicado pela CVM:

> Em memorando interno datado de 17 de setembro de 2008, de autoria da Gerente de Registros 1, Flávia Mouta Fernandes, fazendo referência a fatos relevantes divulgados em 22 de julho, 1º de setembro e 10 de setembro, relativos, respectivamente, às reorganizações societárias de Datasul S.A. e Totvs S.A.; Construtora Tenda S.A. e Gafisa S.A.; e Company S.A. e Brascan Residencial Properties S.A., a Comissão de Valores Mobiliários, manifestando-se pela inaplicabilidade do artigo 254-A da Lei Acionária em casos de incorporações, **parece dizer prevalecer, no direito brasileiro**, ao menos se não se estiver diante da hipótese de fraude à lei, a **'independent legal significance'[80] (grifos nossos).**

Ainda, o memorando destaca o seu posicionamento formalista quando da análise das operações societárias, ao definir que "a lei institui ambas operações, não cabendo a esta CVM definir que uma operação deságua necessariamente na outra."[81]

Ademais, por conta dos objetos dos casos julgados pela CVM, contata-se que a *De Facto Merger Doctrine* não pode ser utilizada em sua literalidade, pois, conforme analisado anteriormente,

[79] *Cf.*: Sasseron; Lima de Assis; Araujo *in:* Ramunno (coord.), 2019, p. 71.

[80] Araujo *in:* Warde Jr., *op. cit.*, p. 217; 218.

[81] *Cf.*: SRE MEMO/SRE/GER-1/Nº 214/2008, p. 14.

a doutrina é utilizada em seu país de origem para garantir o direito de voto e o *appraisal right* que determinada *corporate combination* suprimiu aos acionistas, quando inegavelmente verificado que esta combinação conduziu aos mesmo efeitos de uma *statutory merger*, conforme já apontado anteriormente.

No direito brasileiro, examinou-se algumas decisões cujo escopo consistia em julgar se haveria a obrigatoriedade de realização de OPA específica com base, mesmo que implicitamente, na Doutrina da Fusão de Fato, visto que o correto seria utilizá-la para uma possível aplicação do direito ao voto e ao direito de recesso.

Pode-se afirmar essa hipótese, uma vez que o direito de recesso conferido no direito brasileiro assemelha-se ao *appraisal right* previsto no direito americano, pois este instituto prevê que acionistas dissidentes terão o direito de se retirar da companhia mediante reembolso de suas ações por valor justo.[82]

O *appraisal right*, inclusive, é utilizado por Modesto Carvalhosa, em face dos comentários realizados no artigo 137 da Lei 6.404/76 (que institui as hipóteses do direito de recesso na legislação brasileira), comparando as duas modalidades por obterem semelhança significativa.[83]

Essa semelhança é, ainda, apontada por Daniel Kalansky, acerca das suas hipóteses de incidência e comparação entre os dois institutos previstas nas legislações de cada país:

[82] Inclusive, conforme salientado por Bayless Manning, esses direitos de recesso estão previstos nos *corporate statures* americanos: "Thus in the merger situation the appraisal statutes can be pretty serious business from the perspective of the corporation. Fortunately, the average shareholder either votes for the transaction or, in the remote event that he has thought about the transaction and reacted against it, he simply sells his shares." (MANNING, Bayless. **The shareholder's appraisal remedy:** an essay from Frank Coker. 72 Yale L. J. 1962. p. 238).

[83] CARVALHOSA, Modesto. **Comentários à lei de sociedades anônimas.** 5ª ed. São Paulo: Saraiva, 2014. p. 1214. Vol. II.

> Nos Estados Unidos, as cortes e a legislação também protegem os acionistas minoritários em operações de incorporação por meio do **direito de recesso (appraisal rights)**. Em vez de serem forçados a trocar a suas ações de outra companhia ou terem de aceitar uma relação de troca não considerada justa, os acionistas minoritários que dissentirem da operação poderão exercer o direito de retirada com reembolso do valor da ação[84] (grifo nosso).

E, ainda, salienta que "[...] diferentemente da nossa legislação, lá somente podem exercer o direito de recesso aqueles acionistas que possuam o direito de voto na deliberação [...]."[85]

Consoante a OPA (especificamente a que se refere ao artigo 254-A, da Lei 6.404/76), caracteriza-se como um *tag along*, mas previsto na legislação. Consideração apontada por Evandro Pontes quando menciona que a "*venda conjunta (tag along)*" [86] representa o meio de integrar os acionistas que não puderam se beneficiar financeiramente desta modalidade de venda.[87]

Portanto, constata-se que a Doutrina da Fusão de Fato no direito americano é aplicada apenas quando houver combinações societárias que unicamente suprimiram o direito de voto e o *appraisal right* aos acionistas minoritários.

Já no direito brasileiro, conforme apontado em casos julgados pela CVM, entende-se que esta doutrina não é bem utilizada, tendo em vista que a sua tentativa de aplicação é abrangida por outros dispositivos legais não apenas no direito de voto e

84 KALANSKY. Daniel. **Incorporação de ações: estudo de casos e precedentes.** São Paulo: Saraiva, 2012. p. 60.

85 KALANSKY, 2012, p. 61.

86 Pontes menciona que "o instituto da venda conjunta (tag along) serve justamente para integrar, a posteriori, os acionistas que não puderam participar do processo decisório e não puderam se beneficiar, em conjunto, financeiramente, desse fenômeno societário." (PONTES, Evandro Fernandes de. **Incorporação de ações no direito brasileiro.** São Paulo: Almedina, 2016. p. 218).

87 PONTES, 2016, p. 218.

recesso com reembolso de suas ações a preço justo, mas também em modalidades de venda conjunta.

No direito brasileiro, o mais próximo que se poderia chegar da Doutrina da Fusão de Fato se daria por uma análise de toda e qualquer operação societária sob o viés de interpretação, formal ou substancial, almejando compreender qual a verdadeira finalidade que perpetrou para que se escolhesse determinada combinação.

Conclusão

As diversas combinações societárias utilizadas podem ensejar algumas distorções e até suprimir os direitos de determinada classe acionária prevista na legislação. Constatação que levou tribunais da Pennsylvania a analisar o racional de cada combinação, diagnosticar qual a verdadeira intenção de se optar por certa combinação, chegando a conclusão, em alguns casos, de que algumas combinações conduziam de fato à fusão, modalidade esta que garantia direitos de voto e *appraisal rights*, ao passo que a opção adotada suprimia esses direitos legais.

Assim, criou-se a *De Facto Merger Doctrine*, cujo objetivo estava em garantir, principalmente, o *appraisal right*, fazendo que combinações societárias que conduzissem a uma Fusão de Fato estendessem os direitos de voto aos acionistas, a fim de se aprovar a referida operação e, caso, não a aceitassem, teriam o direito de recesso da sociedade e reembolso de suas ações por um valor justo.

Contudo, alguns estados americanos rechaçam a aplicação da Doutrina da Fusão de Fato. É o caso do estado de Delaware que, sob fundamento de que se uma *corporate combination* cumpre os requisitos legais, não há razão de estender direitos previstos à fusão quando a opção adotada pela maioria dos acionistas foi diferente, vigendo em suas decisões a teoria da *independent legal significance.*

Todavia, há estados, como a California, em que a legislação estende os efeitos de uma fusão a todas e quaisquer modalidades de combinações societárias possíveis, não havendo qualquer necessidade de constatação da aplicação de um *appraisal right* aos acionistas dissidentes, em razão de sua legislação já prever referido direito.

Dessa forma, constatou-se que a aplicação da Doutrina da Fusão de Fato não é pacífica entre os estados americanos, tendo em vista que cada um possui critérios específicos para sua aplicação e que outros estados rejeitam sua incidência, sob fundamento de que as combinações atenderam os requisitos previstos na legislação e, assim, não há qualquer razoabilidade para aplicação da doutrina.

Direcionando-se ao direito brasileiro, constata-se que na maioria dos casos julgados pela CVM há tentativas, pela Superintendência de Relação de Empresas, de interpretação substancial de operações societárias que supostamente suprimiram direitos legais aos acionistas minoritários. Entendimento seguido pelo voto de alguns direitos do colegiado da CVM.

Contudo, nos casos objeto de análise e julgamento pelo colegiado da autarquia brasileira tiveram prevalência uma interpretação formal de cada operação, ou seja, desde que observada a licitude em cada operação não haveria fundamento de se ordenar a realização de direitos de recesso ou realização de OPA específica.

Dessa forma, entende-se que a interpretação formal prevalece nos casos julgados pela CVM, podendo-se alegar por analogia a adoção da teoria da *independent legal significance.*

Todavia, o fato que merece mais atenção é a aplicação incorreta da Doutrina da Fusão de Fato no direito brasileiro em razão de sua adoção genérica, tendo em vista que no país de origem, os EUA, a doutrina apenas é utilizada quando constatada, evidentemente, a supressão de direitos ao voto e recesso dos acionistas que dissentiram quando da realização de determinada operação societária.

O direito de recesso seria a modalidade que se caracterizaria, por analogia, ao *appraisal right* previsto no direito americano, ao passo que, por exemplo, uma OPA não possui as mesmas características que o direito de recesso bem como sua hipótese de incidência apresenta propriedades distintas daquela, obtendo semelhança significativa como se fosse um *tag along*.

Dessa forma, averiguou-se que não caberia a aplicação literal da Doutrina da Fusão de Fato no direito brasileiro, porém apenas interpretação formal ou substancial quanto à estruturação das operações societárias. Isso porque sua extensão a qualquer modalidade de combinação poderia ensejar direitos que não seriam aplicados pela Doutrina da Fusão de Fato no direito americano.

Referências

ARAUJO, Danilo Borges dos Santos Gomes de. A "*De Facto Merger Doctrine* " (doutrina da fusão de fato). *In:* WARDE JR., Walfrido Jorge (coord.). **Fusão, cisão, incorporação e temas correlatos.** São Paulo: Quartier Latin, 2009.

BAINBRIDGE, Stephen M. **Corporate law and economics.** New York: New York Foundation Press, 2002.

BENTZEN, Sheila A. The *De Facto Merger Doctrine* revisited. **Drake Law Review**, vol. 62, 2013-2014.

BERLE JR., Adolf A.; MEANS, Gardiner C. **The Modern Corporation and Private Property.** New York: Transactions Publishers, 1991.

BIGLER, C. Stephen; ROHRBACHER, Blake. Form or Substance? The Past, Present, and Future of the Doctrine of Independent Legal Significance. **The Business Lawyer**, vol. 63, nº 1, 2007, 1-24.

CARVALHOSA, Modesto. **Comentários à lei de sociedades anônimas.** 5ª ed. São Paulo: Saraiva, 2014. Volume II.

CARVALHOSA, Modesto. **Comentários à lei de sociedades anônimas.** 5ª ed. São Paulo: Saraiva, 2014. Volume IV. Tomo II.

CLARK, Robert Charles. **Corporate law.** U.S: Aspen Law & Business, 1986.

COUTINHO, Sergio Mendes Botrel. **Fusões e aquisições.** 4ª ed. Saraiva, 2016.

CVM – Comissão de Valores Mobiliários (Brasil). **Memorando nº 176/2018-CVM/SEP/GEA-4, 2018**. Disponível em: <https://www.jota.info/wp-content/uploads/2018/09/79c257d6a387a42b18a28e1cc4524a21.pdf>. Acesso em: 12 set. 2019.

CVM – Comissão de Valores Mobiliários (Brasil). **Processo Administrativo CVM nº RJ2001/11663. Diretor Relator Luiz Antônio Sampaio Campos, julgado em 15.01.2002**. Disponível em: <http://www.cvm.gov.br/decisoes/2002/20020115_R1/20020115_D05.html>. Acesso em 11: set. 2019.

CVM – Comissão de Valores Mobiliários (Brasil). **Processo Administrativo nº RJ-2008-4156, Diretor Relator Sergio Weguelin, julgado em 17.06.2008**. Disponível em: < http://www.cvm.gov.br/export/sites/cvm/decisoes/anexos/0005/6054-0.pdf>. Acesso em: 11 set. 2019.

CVM – Comissão de Valores Mobiliários (Brasil). **Processo Administrativo nº RJ-2008-4156, voto do Diretor Marcos Barbosa Pinto, julgado em 17.06.2008**. Disponível em: <http://www.cvm.gov.br/export/sites/cvm/decisoes/anexos/0005/6054-1.pdf>. Acesso em: 10 set. 2019.

CVM – Comissão de Valores Mobiliários (Brasil). **Processos Administrativos CVM Nº 19957.007885/2018-34 e 19957.007756/2018-46**. Disponível em: <http://www.cvm.gov.br/export/sites/cvm/decisoes/anexos/2018/20180904/1150__Voto_DGB.pdf>. Acesso em: 10 set. 2019.

CVM – Comissão de Valores Mobiliários (Brasil). **SRE MEMO/SRE/GER-1/Nº 214/2008**. Disponível em: <http://www.cvm.gov.br/export/sites/cvm/noticias/anexos/2008/20081006-1-memo-sre.pdf>. Acesso em: 13 set. 2019.

Dooley, Michael P. **Fundamentals of corporation law.** Westbury, N.Y: University Casebook Series, 1995.

Eisenberg, M.A. **Corporations and other business organizations: cases and materials.** 8th ed. (unabridged). New York, 2000.

Gilson, Ronald J.; BLACK, Bernard S. **The law and finance of corporate acquisitions.** 2nd ed. Westbury, NY, 1995.

Kalansky. Daniel. **Incorporação de ações:** estudo de casos e precedentes. São Paulo: Saraiva, 2012.

Klein, William A.; Coffee Jr. John C.; Partnoy, Frank. **Business organization and finance legal and economics principles.** 11nd ed. New York: Thomson Reuters; Foundation Press, 2010.

Kraakman, Reinier *et al.* **The anatomy of corporate law, a comparative and functional approach.** 3nd ed. Oxford University Press, UK, 2017.

Lamy Filho, Alfredo; Pedreira, José Luiz Bulhões. **Direito das Companhias.** Rio de Janeiro: Forense, 2017.

LIMA, Osmar Brina Corrêa. **Incorporação de empresas.** Belo Horizonte: Del Rey, 1993.

MANNING, Bayless. **The shareholder's appraisal remedy:** an essay from Frank Coker, 72 Yale L. J., 1962.

MUNHOZ, Eduardo Secchi. **Aquisição de Controle na Sociedade Anônima.** São Paulo: Saraiva, 2013.

MUNIZ, Ian de Porto Alegre. **Fusões e aquisições aspectos fiscais e societários.** 2ª ed. São Paulo: Quartier Latin, 2011.

OIOLI, Erik Frederico. **Oferta Pública de Aquisição do Controle de Companhias Abertas.** São Paulo: Quartier Latin, 2010.

PONTES, Evandro Fernandes de. **Incorporação de ações no direito brasileiro.** São Paulo: Almedina, 2016.

REYES, Francisco. **Direito societário americano** – estudo comparativo. São Paulo: Quartier Latin, 2013.

SASSERON, Adriano Helena; LIMA DE ASSIS, Mateus Fernandes; ARAUJO, Mateus Perigrino. Forma e substância, análise de precedentes da CVM. *In:* RAMUNNO, Pedro A. L. (coord.). **Direito societário e do mercado de capitais em debate caso Fibria e Suzano**. São Paulo: Quartier Latin, 2019.

SUPREME COURT OF DELAWARE (Estados Unidos). **Heilbrunn *v.* Sun Chemical Co., 37 Del. Ch 552, 146 (Del. Ch., 1958, affirmed A.2d 755 (Del. 1959)**. Disponível em < https://law.justia.com/cases/delaware/supreme-court/1959/150-a-2d-755-3.html>. Acesso em: 10 set. 2019.

SUPREME COURT OF DELAWARE (Estados Unidos). **Orzek *v.* Englehart, 192 A.2d 36 (Del. Ch. 1963, affirmed 141 Del. Ch. 361, 195 A.2d 375 (Del. 1963)**. Disponível em: <https://law.justia.com/cases/delaware/supreme-court/1963/195-a-2d-375-1.html>. Acesso em: 10 set. 2019.

SUPREME COURT OF PENNSYLVANIA (Estados Unidos). **Farris *v.* Glen Alden Corp. 143 A.2d 25 (Pa.1958)**. Disponível em: <https://www.casebriefs.com/blog/law/corporations/corporations-keyed-to-klein/mergers-acquisitions-and-takeovers/farris-v-glen-alden-corp/>. Acesso em: 9 set. 2019.

TRIAL COURT OPINIAL (Estados Unidos). **Fizzano Bros. Concrete Products, Inc. v. XLN, Inc., 973 A.2d 1016, 1020 (Pa.Super.2009) (quoting Travis *v.* Harris Corp., 565 F.2d 443, 447 (7th Cir.1977); emphasis added; citation to Trial Court Opinion omitted)**. Disponível em: < https://caselaw.findlaw.com/pa-supreme-court/1597148.html>. Acesso em: 8 set. 2019.

UNITED STATES COURT OF APPEALS – Third Circuit (Estados Unidos). **Terry *v.* Penn Central Corp. 688 F.2d 188 (3d Cir.1981)**. Disponível em: <https://h2o.law.harvard.edu/cases/3891>. Acesso em 13 set. 2019.

VEIGA, Marcelo Godke. Comentários à operação fibria-suzano. *In:* RAMUNNO, Pedro A. L. (coord.). **Direito societário e do mercado de capitais em debate caso fibria e suzano.** São Paulo: Quartier Latin, 2019.

Aspectos Societários na Reforma Trabalhista (Lei nº 13.467 de 13 de Julho de 2017)

MATHEUS ELIAS HANNA

Introdução

A Reforma Trabalhista foi materializada pela Lei nº 13.467, de 13 de julho de 2017, e trouxe como principais propósitos a redução de conflitos entre empregados e empregadores e o equilíbrio de interesses entre os partícipes de uma relação de emprego.

Além disso, sob a perspectiva de que o empregado pode se tornar "empreendedor de si mesmo", a referida Lei buscou ampliar o rol de direitos que podem ser livremente negociados e acordados entre funcionários e empregadores, seja de forma individual, ou então por meio de instrumentos coletivos.

No que diz respeito ao Direito Societário, a Lei nº 13.467 trouxe mudanças que tratam da responsabilidade de sócios retirantes e empresas sucedidas e sucessoras, da conceituação de grupos econômicos e da necessidade de instauração do incidente de desconsideração da personalidade jurídica.

Sobre o chamado sócio retirante, com a introdução do artigo 10-A à CLT, estabeleceu-se que a responsabilidade do sócio retirante por débitos decorrentes de uma relação de emprego deverá ser subsidiária, somente pelo período em que o mesmo figurou como sócio, em ações ajuizadas até dois anos após averbada a modificação do contrato social. Ressalva-se, é claro, as hipóteses de fraude decorrentes da alteração do instrumento contratual, em que os sócios retirantes passarão a responder de forma solidária e irrestrita com os sócios atuais.

Nada obstante, em se tratando de sucessão empresarial, o artigo 448-A da CLT, introduzido pela Reforma Trabalhista, dispõe que as obrigações trabalhistas, inclusive as contraídas à época em que os empregados trabalhavam para a empresa sucedida, passam a ser de responsabilidade exclusiva do sucessor, excetuando, mais uma vez, as situações em que ficarem comprovadas fraudes na transferência.

Questiona-se, por oportuno, o caráter constitucional da referida norma, por oferecer ao trabalhador uma situação de desvantagem em relação ao credor comum que, por força do disposto no artigo 1.146 do Código Civil, também poderá buscar a satisfação de seu crédito junto ao alienante do estabelecimento comercial, pelo período de 01 ano contado da publicação da venda no edital ou do vencimento da obrigação, a depender da natureza desta – se vencida ou vincenda à época da efetivação do trespasse.

Ainda, no que se refere ao novo conceito atribuído aos grupos econômicos, consagra-se, através da redação do artigo 2º da CLT, a figura do grupo econômico por coordenação, em que se faz necessário, para a sua configuração, a efetiva demonstração da existência de coordenação entre as empresas, sem que haja entre elas a necessidade de existência de uma relação de capital. Esta alteração, diga-se de passagem, somente consolidou o entendimento que já era adotado nos Tribunais Regionais do Trabalho e no próprio TST.

A grande inovação, na verdade, se deu com a introdução do §3º ao artigo 2º da CLT, que estabelece que a mera identidade de sócios não poderá caracterizar grupo econômico, destacando, neste sentido, a necessidade de se demonstrar a efetiva comunhão de interesses das empresas que integram o grupo.

Por fim, o quarto e último aspecto societário abordado pela Reforma Trabalhista foi a obrigatoriedade de instauração do Incidente de Desconsideração da Personalidade Jurídica, pela inclusão do artigo 855-A à CLT, tal qual já previa o Código de Processo Civil.

Prestigia-se, através desta inovação, o exercício do contraditório e da ampla defesa àqueles que estão em vias de terem os patrimônios pessoais atingidos, em virtude de uma possível desconsideração da personalidade jurídica.

Nesta esteira, não há dúvidas de que as alterações promovidas pela Reforma Trabalhista buscaram proporcionar às sociedades empresárias uma maior segurança jurídica, no sentido de se estabelecer critérios mais objetivos para se apurar eventuais responsabilidades quanto às obrigações trabalhistas.

Tratam-se, pois, de relevantes alterações que serão mais bem discutidas durante toda a presente dissertação.

1. Sócio retirante

1.1. A responsabilidade do sócio retirante e seu marco temporal

A Reforma Trabalhista trouxe significativas alterações acerca da responsabilidade do sócio retirante pelos créditos oriundos de uma relação empregatícia.

Com a introdução do artigo 10-A[1] à CLT, estabeleceu-se que a responsabilidade do sócio retirante por débitos decorrentes de

[1] Art. 10-A. O sócio retirante responde subsidiariamente pelas obrigações trabalhistas da sociedade relativas ao período em que figurou como sócio, somente em ações ajuizadas até dois anos depois de averbada a modificação do contrato, observada a seguinte ordem de preferência:
I – a empresa devedora;

uma relação de emprego deverá ser subsidiária, somente pelo período em que o mesmo figurou como sócio, em ações ajuizadas até dois anos após averbada a modificação do contrato, observada a seguinte ordem de preferência: I – a empresa devedora; II – os sócios atuais; e III – os sócios retirantes.

Trata-se, portanto, de uma regra semelhante àquela prevista no artigo 1.003[2] do Código Civil, a qual prevê que o sócio cedente de quotas responde solidariamente com o sócio cessionário, perante a sociedade e terceiros, pelas obrigações que detinha como sócio, durante o prazo de 02 anos após averbada a modificação do contrato social.

Muito embora sejam distintas nas responsabilidades atribuídas ao sócio retirante e/ou cedente de quotas – subsidiária na CLT e solidária no Código Civil -, ambas as legislações estabelecem que os sócios que deixam a sociedade só respondem pelo período em que a compuseram. Não há, portanto, a previsão de que o sócio retirante deve responder pelas dívidas da sociedade de forma irrestrita, mas sim, pelas "obrigações que tinha como sócio", perante a sociedade e terceiros. Explica-se:

Nas sociedades limitadas e anônimas, por exemplo, em que os sócios, em regra, não podem ser responsabilizados pelos prejuízos advindos da atividade da sociedade para além de suas participações (quotas ou ações), é de se presumir que a responsabilidade referida pelo artigo 1.003 do Código Civil diz respeito às dívidas contraídas no período em que o sócio reti-

II – os sócios atuais; e

III – os sócios retirantes.

[2] Art. 1.003. A cessão total ou parcial de quota, sem a correspondente modificação do contrato social com o consentimento dos demais sócios, não terá eficácia quanto a estes e à sociedade.

Parágrafo único. Até dois anos depois de averbada a modificação do contrato, responde o cedente solidariamente com o cessionário, perante a sociedade e terceiros, pelas obrigações que tinha como sócio.

rante integrou a sociedade e que não foram saldadas por estar esgotado o patrimônio social.

É que, se enquanto sócio de uma sociedade de responsabilidade limitada, o então sócio se responsabilizava por dívidas da sociedade somente após esgotado o patrimônio social e de forma limitada ao seu investimento, o mesmo deve ocorrer pelo período de 02 anos após averbada a modificação do contrato, contudo, exclusivamente no que concerne às dívidas contraídas no período em que figurou como sócio.

Na verdade, a alteração proposta pela Reforma Trabalhista, tal qual já ocorria nas relações comerciais, pretende atender ao benefício-proveito do sócio, de modo que este só responderá pelo período em que compôs a sociedade e em ações ajuizadas até dois anos após a sua saída, evitando assim, a ocorrência de absurdos que, até então, eram recorrentes na Justiça do Trabalho, como por exemplo, a persecução do patrimônio de indivíduos que deixaram a sociedade há muitos anos, sem sequer terem concorrido pelo débito alcançado.

A jurisprudência do TST e dos Tribunais Regionais do Trabalho, por sua vez, já consolidou o entendimento adotado pela Lei nº 13.467. Veja-se:

> AGRAVO DE INSTRUMENTO EM RECURSO DE REVISTA. EXECUÇÃO. RESPONSABILIDADE DO SÓCIO RETIRANTE. O Regional declarou que, após diligências, o ora recorrente foi incluído no polo passivo da demanda em razão da ausência de bens para pagamento por parte da pessoa jurídica, o que resultou na aplicação do instituto da desconsideração da personalidade jurídica. Assim, o acórdão recorrido consignou que foi realizada a citação do ex-sócio, sendo que ele apresentou embargos à execução, meio próprio para sua salvaguarda nesta fase do processo. Ainda segundo o acórdão recorrido, o exequente prestou servi-

ços para a empresa à época em que o ora recorrente era sócio, tendo o empregado ajuizado a ação quando não havia ainda se esgotado o prazo de dois anos a que alude o artigo 1.003, parágrafo único, do Código Civil. Ileso o art. 5º, LIV e LV, da CF. Agravo de instrumento conhecido e não provido. (TST – AIRR: 18794720155120005, Relator: Dora Maria da Costa, Data de Julgamento: 07/11/2018, 8ª Turma, Data de Publicação: DEJT 09/11/2018)

AGRAVO DE INSTRUMENTO EM RECURSO DE REVISTA. RESPONSABILIDADE DOS SÓCIOS RETIRANTES DA EMPRESA. LIMITAÇÃO TEMPORAL. O Tribunal Regional manteve a responsabilidade solidária dos ex-sócios pelo débito trabalhista consignando que "sua inclusão no polo passivo da demanda ocorreu já quando da distribuição da ação, em 26/11/2015, ou seja, dentro do interregno de dois anos contados de sua saída da sociedade, em 21/01/2014, conforme registro na ficha da Jucesp", nos termos dos artigos 1.003, parágrafo único, e 1.032 do Código Civil. Logo, a decisão do Regional não viola os artigos 50, 187, 1.023 e 1.032 do CC. Verifica-se, por outro lado, que o Regional não examinou a controvérsia sob o enfoque da ordem legal de preferência da execução dos bens, razão pela qual carece de prequestionamento o artigo 795, § 1º, do CPC. Outrossim, não se perfaz a aludida ofensa ao art. 5º , LIV, da CF, mormente porque, em nenhum momento, o Regional desrespeitou o devido processo legal, sendo certo ainda que os recorrentes não tiveram tolhido o seu direito ao contraditório e à ampla defesa. Agravo de instrumento conhecido e não provido. (TST – AIRR: 24316020155020079, Relator: Dora Maria da Costa, Data de Julgamento: 20/11/2018, 8ª Turma, Data de Publicação: DEJT 23/11/2018)

EXECUÇÃO. DÉBITO TRABALHISTA. RESPONSABILIDADE DO SÓCIO RETIRANTE. LIMITES. A retirada do sócio não o exonera imediatamente das obrigações da empresa

> em relação a seus empregados. Se a lesão do patrimônio jurídico do empregado ocorreu enquanto aquele participava do quadro societário, persiste a responsabilidade de sócio retirante, até 2 (dois) anos após averbada a modificação do contrato, conforme previsão contida nos art. 10-A, da CLT (Incluído pela Lei nº 13.467, de 2017). No caso em apreço, o ex-sócio apontado pelo agravante não se beneficiou da força de trabalho do autor. Além do mais, a ação trabalhista foi distribuída quando já ultrapassado o prazo de 02 anos previsto no artigo 10-A da CLT, introduzido pela Lei nº 13.467/17. Tampouco restou comprovada a existência de fraude na alteração societária decorrente da modificação do contrato, consoante previsão contida no p. único, do art. 10-A, da CLT, a ensejar a responsabilidade subsidiária do ex-sócio pelas obrigações trabalhistas da empresa executada. Agravo de petição do exequente improvido. (Processo: AP – 0001376-45.2014.5.06.0161, Redator: Jose Luciano Alexo da Silva, Data de julgamento: 08/08/2019, Quarta Turma, Data da assinatura: 08/08/2019) (TRT-6 – AP: 00013764520145060161, Data de Julgamento: 08/08/2019, Quarta Turma)

Nada obstante, é evidente que, comprovada a fraude na alteração societária resultante da modificação do contrato, o sócio retirante passará a responder de forma solidária com os demais. Aqueles indivíduos, portanto, que simularem uma alteração contratual com a intenção de se verem livres dos débitos trabalhistas pertencentes à sociedade, poderão ser descobertos e, finalmente, responderem de forma solidária pelas referidas obrigações.

Do mesmo modo, a título de exemplo, os sócios que deixam a sociedade em detrimento de outros que, na verdade, prestam serviços à empresa e que constam no contrato social de maneira meramente formal responderão de maneira solidária e irrestrita pelos créditos oriundos da relação empregatícia.

Por todo o exposto, tem-se que as alterações promovidas pela Reforma Trabalhista atinentes à responsabilidade atribuída aos sócios retirantes proporcionaram às sociedades empresárias e àqueles que pretendem ceder suas cotas sociais um inequívoco incremento de segurança jurídica.

2. Sucessão empresarial

A sucessão empresarial é caracterizada pela transferência de poder e capital de uma pessoa jurídica para outra que continuará exercendo as mesmas funções sociais da empresa originária.

As modalidades de sucessão empresarial, dentre as quais destacam-se as operações de transformação, incorporação, fusão e cisão, implicam na alteração, ou até mesmo extinção da estrutura societária de uma empresa.

De maneira bastante elucidativa, Paulo Sérgio Restiffe sustenta que a sucessão empresarial é efetivada sob algumas motivações, quais sejam: "a mudança na razão social, a venda do negócio conhecida como trespasse, a mudança no número de sócios e a mudança de empresa individual para sociedade, entre outros"[3].

Em que pese tratar-se de um fenômeno específico da área cível, há de se destacar que o instituto da sucessão empresarial não ocorre de maneira apartada às obrigações trabalhistas e tributárias, pelo contrário.

Sobre a responsabilidade tributária resultante da sucessão, Aliomar Baleeiro, em sua obra intitulada "Direito Tributário Brasileiro", dispôs que:

> A sucessão é um fato jurídico lícito que desencadeia a responsabilidade tributária do sucessor, e que implica na transmissão e aquisição de direitos e obrigações sem interrupção da

[3] Restiffe, Paulo Sérgio. Manual do novo direito comercial. São Paulo, Dialética, 2006.

relação jurídica. E, especificamente, quanto à incorporação, a sociedade incorporadora absorve o ativo e o passivo da sociedade incorporada, que desaparece juridicamente amalgamada na incorporadora."[4]

O mesmo ocorre, vale dizer, com a responsabilidade trabalhista das empresas por ocasião da chamada sucessão empresarial. A respeito do tema, a Lei nº 13.467 trouxe algumas alterações que serão melhor abordadas nos tópicos seguintes.

2.1. A responsabilidade das empresas sucedidas e sucessoras pelas obrigações trabalhistas

Sobre a sucessão de empregadores em si, o doutrinador Mauricio Godinho Delgado[5] assevera que:

> [...] a sucessão de empregadores consiste num instituto justrabalhista em virtude do qual se opera, no contexto da transferência de titularidade de empresa ou estabelecimento, uma completa transmissão de créditos e assunção de dívidas trabalhistas entre alienante e adquirente envolvidos.

No que diz respeito à responsabilidade do alienante e adquirente, tem-se que, antes da promulgação da Lei nº 13.467/2017, as empresas adquirentes e adquiridas eram frequentemente, por consequência de uma lacuna legal, consideradas responsáveis solidárias pelos créditos resultantes de demandas trabalhistas.

No entanto, com a inclusão do artigo 448-A[6] na CLT, as obrigações trabalhistas, inclusive as contraídas à época em que

[4] BALEEIRO, Aliomar. Direito tributário brasileiro. 11ª ed. 20ª tir. Atualizada por Misabel Abreu Machado Derzi, Rio de Janeiro: Forense, 2007, p. 749.

[5] DELGADO, Maurício Godinho. Curso de direito do trabalho. 11. ed. – São Paulo : LTr, 2012, p. 414.

[6] Art. 448-A. Caracterizada a sucessão empresarial ou de empregadores prevista nos arts. 10 e 448 desta Consolidação, as obrigações trabalhistas, inclusive as

os empregados trabalhavam para a empresa sucedida, passam a ser, de maneira definitiva, de responsabilidade exclusiva do sucessor, excetuando as situações em que ficarem comprovadas fraudes na transferência. Nestes casos, a empresa sucedida responderá solidariamente com a sucessora.

A jurisprudência do TST, por seu turno, convalida este entendimento. Veja-se:

> AGRAVO. RECURSO DE REVISTA. DECISÃO MONOCRÁTICA. SUCESSÃO DE EMPREGADORES. RESPONSABILIDADE EXCLUSIVA DA EMPRESA SUCESSORA PELO PAGAMENTO DE VERBAS TRABALHISTAS. Prevalece nesta Corte o entendimento de que é do sucessor a responsabilidade exclusiva pelo adimplemento e pela execução dos contratos de trabalho da empresa sucedida, exceto fraude ou absoluta insuficiência econômico-financeira do sucessor, hipóteses em que se admite a responsabilidade do sucedido. Precedentes. Agravo interno a que se nega provimento. (TST – Ag-AIRR: 10037173520165020204, Relator: Emmanoel Pereira, Data de Julgamento: 22/05/2019, 5ª Turma, Data de Publicação: DEJT 31/05/2019)

Com efeito, o disposto no artigo 448-A da CLT consolidou aquilo que já vinha sendo adotado por boa parte da jurisprudência, através das Orientações Jurisprudenciais nº 261[7]

contraídas à época em que os empregados trabalhavam para a empresa sucedida, são de responsabilidade do sucessor. (Incluído pela Lei nº 13.467, de 2017). Parágrafo único. A empresa sucedida responderá solidariamente com a sucessora quando ficar comprovada fraude na transferência. (Incluído pela Lei nº 13.467, de 2017).

[7] BRASIL. Tribunal Superior do Trabalho. Orientação Jurisprudencial nº 261, SDI-1, 27.09.2002. BANCOS. SUCESSÃO TRABALHISTA. As obrigações trabalhistas, inclusive as contraídas à época em que os empregados trabalhavam para o banco sucedido, são de responsabilidade do sucessor, uma vez que a

e 225[8], ambas da SDI-1 do TST, e que, contudo, não era respeitado por uma grande quantidade de juízes trabalhistas.

Neste ritmo, verifica-se que a nova redação trabalhista exonera a empresa sucedida de qualquer responsabilidade por dívidas trabalhistas, excetuando as ocorrências de fraude. A responsabilidade por estes débitos, por corolário lógico, é exclusivamente das empresas sucessoras.

2.2. A possível inconstitucionalidade do artigo 448-A da CLT, face ao disposto no artigo 1.146 do Código Civil

Ao contrário do disposto na nova legislação celetista, em se tratando de venda de estabelecimento comercial, aqui compreendido como um conjunto organizado de bens, o artigo 1.146[9] do Código Civil prevê que, no que se refere às obrigações vencidas

este foram transferidos os ativos, as agências, os direitos e deveres contratuais, caracterizando típica sucessão trabalhista.

[8] BRASIL. Tribunal Superior do Trabalho. Orientação Jurisprudencial nº 225, SDI-1, DJ 20, 22 e 25.04.2005. CONTRATO DE CONCESSÃO DE SERVIÇO PÚBLICO. RESPONSABILIDADE TRABALHISTA. Celebrado contrato de concessão de serviço público em que uma empresa (primeira concessionária) outorga a outra (segunda concessionária), no todo ou em parte, mediante arrendamento, ou qualquer outra forma contratual, a título transitório, bens de sua propriedade:
I – em caso de rescisão do contrato de trabalho após a entrada em vigor da concessão, a segunda concessionária, na condição de sucessora, responde pelos direitos decorrentes do contrato de trabalho, sem prejuízo da responsabilidade subsidiária da primeira concessionária pelos débitos trabalhistas contraídos até a concessão;
II – no tocante ao contrato de trabalho extinto antes da vigência da concessão, a responsabilidade pelos direitos dos trabalhadores será exclusivamente da antecessora.

[9] Art. 1.146. O adquirente do estabelecimento responde pelo pagamento dos débitos anteriores à transferência, desde que regularmente contabilizados, continuando o devedor primitivo solidariamente obrigado pelo prazo de um ano, a partir, quanto aos créditos vencidos, da publicação, e, quanto aos outros, da data do vencimento.

e contraídas antes da transferência do estabelecimento, aquele que o aliena será responsável solidário pelos débitos, no prazo de 01 ano contado da publicação do edital. Por outro lado, as obrigações vincendas e contraídas antes do trespasse serão de responsabilidade do vendedor e do comprador do estabelecimento, pelo prazo de 01 ano contado do vencimento da dívida.

Em todo caso, não há dúvidas de que o artigo 448-A da CLT, a despeito de estimular ainda mais as relações comerciais, deixa o credor empregado em situação de desvantagem ao credor comum, na medida em que o primeiro poderá demandar somente contra a empresa sucedida e o segundo poderá, pelo prazo de 01 ano, buscar a satisfação de seu crédito com o comprador e com o vendedor do estabelecimento. Tal situação, indubitavelmente, coloca em dúvida o caráter constitucional da norma, porquanto não estaria sendo dispensado ao trabalhador um tratamento especial e diferenciado, exigidos por nossa Constituição Federal.

Esta possível inconstitucionalidade do artigo 448-A da CLT foi levantada, diga-se, pelo professor dos cursos de pós-graduação em Direito da FGV, Pablo Arruda[10], em palestra realizada no dia 19 de outubro de 2018, no Plenário da OAB/RJ.

Nesta mesma ocasião, o referido palestrante sugeriu a utilização da chamada teoria do diálogo das fontes, introduzida no Brasil por Cláudia Lima Marques[11], como uma solução a este impasse. Aplicar-se-ia, no caso concreto, portanto, a norma mais favorável ao trabalhador, qual seja o artigo 1.146 do Código Civil.

Esta alternativa, segundo ele, impediria a revogação do dispositivo celetista em comento e, por consequência, o retorno

[10] Arruda, Pablo. Reflexo da Reforma Trabalhista e o Direito Societário. Youtube, 19 out. de 2018. Disponível em <https://www.youtube.com/watch?v=nq6toEnyVLY&feature=youtu.be&app=desktop>. Acesso em: 26 jul. 2019.

[11] Marques, Cláudia Lima (coord.). Diálogo das Fontes: do conflito à coordenação de normas do direito brasileiro. São Paulo: Revista dos Tribunais, 2012.

do entendimento ultrapassado e prejudicial de que empresas adquirentes e adquiridas podem ser responsáveis solidárias por créditos resultantes de demandas trabalhistas, não importando o tempo transcorrido.

É que, conforme destacado pela doutrinadora acima mencionada, "a doutrina atualizada está à procura hoje mais da harmonia e da coordenação entre as normas do ordenamento jurídico (concebido como sistema), do que a exclusão"[12].

A propósito, é válido destacar que a teoria do diálogo das fontes foi importada pelo Brasil da Alemanha e, portanto, de estudos realizados pelo professor alemão Erik Jayme, com o objetivo de elidir as eventuais antinomias entre o Código de Defesa do Consumidor e o Código Civil. Explica-se:

Contanto a Constituição Federal estabeleceu a defesa do consumidor como um direito fundamental (artigo 5º, inciso XXXII), diante de um cenário em que incida tanto normas consumeristas, quanto civilistas, utiliza-se aquela mais favorável ao consumidor, em estrita vigilância aos preceitos constitucionais.

De igual modo, considerando que nossa Carta Magna prevê um tratamento especial aos trabalhadores urbanos e rurais, tendo lhes destinado um capítulo inteiro (artigos 6º, 7º, 8º, 9º, 10 e 11), na hipótese de um eventual conflito entre os artigos 448-A da CLT e 1.146 do Código Civil, dever-se-ia aplicar a norma mais favorável ao trabalhador, qual seja o dispositivo civilista.

Nada obstante, há de se destacar que a percepção de uma possível inconstitucionalidade do artigo 448-A da CLT ainda não foi submetida para a análise do Supremo Tribunal Federal, devendo prevalecer a noção de que os débitos de natureza trabalhista são de exclusiva responsabilidade da empresa sucessora,

[12] MARQUES, Cláudia Lima. Três tipos de diálogos entre o código de defesa do consumidor e o código civil de 2002: convergências e assimetrias. Roberto A.C. Pfeiffer; Adalberto Pasqualotto (Coord.). São Paulo: Revista dos Tribunais, 2005, p. 13.

mesmo aqueles contraídos à época em que os trabalhadores ainda laboravam para a empresa sucedida.

Em outras palavras, enquanto não há nenhuma deliberação acerca do possível caráter inconstitucional do artigo 448-A da CLT, a aplicação da teoria do diálogo das fontes acima mencionada se faz necessária somente no campo das ideias.

3. Grupos econômicos

A Lei nº 13.467, de 13 de julho de 2017, também trouxe inovações na conceituação e configuração de grupos econômicos, quando da necessidade de se averiguar responsabilidades por obrigações de ordem trabalhista.

Antes, contudo, é válido destacar que os grupos econômicos se estabelecem na relação de capital entre sociedades, de modo que uma sociedade empresária que detém participação em outra poderá manter com esta uma relação de grupo econômico, a depender da forma de participação que estabelecem entre si.

Há, neste sentido, segundo o Código Civil e a Lei das S/A, três níveis de participação societária, a saber: controle, coligação e participação simples. Veja-se:

3.1. Níveis de participação societária

A participação por controle está prevista no artigo 243, §2º, da LSA, e no artigo 1.098 do Código Civil, consistindo naquela situação em que a sociedade controladora detém preponderância nas deliberações sociais e o poder de eleger a maioria dos administradores da controlada. Veja-se:

> Art. 1.098. É controlada:
>
> I – a sociedade de cujo capital outra sociedade possua a maioria dos votos nas deliberações dos quotistas ou da assembléia geral e o poder de eleger a maioria dos administradores;

> II – a sociedade cujo controle, referido no inciso antecedente, esteja em poder de outra, mediante ações ou quotas possuídas por sociedades ou sociedades por esta já controladas.
>
> Art. 243. O relatório anual da administração deve relacionar os investimentos da companhia em sociedades coligadas e controladas e mencionar as modificações ocorridas durante o exercício.
>
> [...]
>
> § 2º Considera-se controlada a sociedade na qual a controladora, diretamente ou através de outras controladas, é titular de direitos de sócio que lhe assegurem, de modo permanente, preponderância nas deliberações sociais e o poder de eleger a maioria dos administradores.

Depreende-se da leitura dos referidos dispositivos legais a existência de três elementos para a caracterização de controle acionário, quais sejam: i) preponderância nas deliberações sociais; ii) o poder de eleger a maioria dos administradores; e iii) permanência desta predominância de votos.

A conjugação destes três requisitos estabelece a existência de controle de uma sociedade empresária sobre a outra.

Por outro lado, as sociedades coligadas são aquelas em que a sociedade investidora, a despeito de não deter o controle de uma outra sociedade, possui participação relevante no capital desta, formando uma relação de coligação. Estão previstas nos parágrafos 1º, 4º e 5º, do artigo 243 da LSA, e no artigo 1.099 do Código Civil.

Para a sua configuração, pressupõe-se a existência de uma influência significativa da sociedade investidora em relação à sociedade investida, exercendo sobre esta um relevante poder nas decisões concernentes às políticas financeiras ou operacionais, sem o exercício do controle mencionado no §2º do artigo 243 da LSA.

Nelson Eizirik, de forma bastante clara, elucidou as hipóteses de coligação. Veja-se:

> A interpretação conjunta dos §§ 1º, 4º e 5º (mal redigidos, por sinal) somente pode conduzir às seguintes hipóteses de coligação: (i) quando a investidora exerce influência significativa, mediante a participação nas decisões de política financeira ou operacional da investida, sem controla-la; ou (ii) quando a investidora é titular de 20% (vinte por cento) ou mais do capital votante da investida sem controla-la, pois, em tal hipótese, há uma presunção de que ela tem influência significativa, já que, em princípio, ninguém adquiriria tão expressivo montante de participação acionária apenas como investidor passivo.[13]

Tem-se, portanto, que a coligação pode se estabelecer pela existência de uma influência significativa da sociedade investidora nas decisões políticas da investida, sem que haja controle da primeira sobre a segunda; ou, então, pela simples detenção de 20% (vinte por cento) ou mais do capital votante da sociedade investida, sem que haja, de igual forma, a existência de controle.

Finalmente, a simples participação está disposta no artigo 1.100 do Código Civil e não pressupõe a existência de controle e/ou influência nas deliberações. É, portanto, como o próprio nome sugere, uma simples participação societária.

Nada obstante, para o Direito Comercial, haverá grupo econômico sempre que empresas coligadas, ou uma empresa controladora e suas controladas, combinarem recursos ou esforços para a realização dos respectivos objetos, ou a participar de atividades ou empreendimentos comuns. Trata-se, em verdade,

[13] EIZIRIK, Nelson. A Lei das S/A Comentada – Artigos 206 ao 300. 2ª ed. – São Paulo: Quartier Latin, 2015, pág. 231.

de uma interpretação conferida pela análise conjunta dos artigos 265, 267 e 269 da Lei nº 6.404, de 15 de dezembro de 1976.

Ainda, segundo Nelson Eizirik, estes grupos de sociedades se dividem em grupos de fato e grupos de direito, conforme melhor exposto adiante.

3.2. Grupos de Fato e de Direito

Os grupos de fato prescindem de contratos e são formados por coligadas ou controladoras e controladas que, a despeito de deterem ações por vezes conjuntas e coordenadas, preservam a busca de seus próprios interesses na consecução de seus objetos sociais.

Já os grupos de direito são formados por uma sociedade controladora e uma ou mais controladas que mantém entre si uma relação contratual, instituindo um vínculo obrigacional das controladas na consecução de um objetivo comum.

Neste sentido, a grande diferença a ser apontada entre os referidos grupos de sociedades é a existência, ou não, de um ato formal de constituição (contrato).

Os grupos de direito, conforme dito, só podem ser formados mediante a celebração de uma convenção entre as sociedades participantes, a qual deverá ser aprovada pelas assembleias ou reuniões de sócios das mesmas. A convenção estabelecida irá, por sua vez, estabelecer os fins pretendidos pelo grupo, as atividades que serão exercidas em comum, a destinação dada aos recursos, as relações entre as sociedades e, finalmente, a estrutura administrativa do grupo.

Os grupos de fato, por outro lado, preservam a consecução do interesse específico das sociedades que compõem o grupo, devendo as relações jurídicas existentes entre elas serem pautadas pelo princípio da equivalência das prestações, com a existência de reciprocidade entre as obrigações estabelecidas por cada uma das empresas componentes do grupo.

O fato é que, independente de se tratar de um grupo de fato ou de um grupo de direito, a sua constituição não reflete a existência de uma nova sociedade, com personalidade jurídica distinta. Preserva-se, na verdade, a identidade das sociedades que o compõem.

Sobre a necessidade de preservação desta identidade de maneira a, inclusive, atender aos interesses dos acionistas minoritários, o doutrinador José Edwaldo Tavares Borba, ao tratar dos grupos de direito, dispôs que:

> Implantado o grupo de direito, configura-se apenas um sistema ordenado de comando e integração de proveitos, viabilizando-se a subordinação dos interesses de uma ou algumas sociedades aos de outras (art. 276), prática esta que, sem a existência do grupo, estaria vedada pelo art. 245. E assim mesmo, o grupo deve ser estruturado de forma a que os interesses das várias empresas se mantenham, sob o aspecto financeiro, em posição de equilíbrio. Do contrário, os interesses dos acionistas minoritários poderiam estar sendo sacrificados.[14]

Na mesma corrente, a professora Suzy Elizabeth Cavalcante Koury, em sua obra "A Desconsideração da Personalidade Jurídica e os Grupos de Empresa"[15], acrescentou que a perda de autonomia de empresas que compõem o grupo poderia ocasionar a "departamentalização" destas, o que, aliás, também foi objeto de preocupação de Alfredo Lamy Filho e José Luiz Bulhões Pedreira, na Exposição de Motivos nº 196, de 24 de

[14] BORBA, José Edwaldo Tavares. Direito Societário. 13ª ed. – Rio de Janeiro: Renovar, 2012, pág. 548 – 549.

[15] KOURY, Suzy Elizabeth Cavalcante. A desconsideração da personalidade jurídica *(disregard doctrine)* e os grupos de empresas. 4 ed. São Paulo: LTr, 2018, p. 143 – 144.

junho de 1976, para encaminhamento do Projeto de Lei das Sociedades Anônimas.

Nesta esteira, justamente em razão das empresas componentes de um grupo econômico serem autônomas e possuírem personalidades jurídicas próprias, não há regra geral que preveja a corresponsabilidade entre estas, salvo previsão em normas especiais, como por exemplo, o Código de Defesa do Consumidor, a Lei Antitruste, a Lei Anticorrupção e, finalmente, a CLT. Daí a necessidade de se atribuir conceitos diferenciados aos chamados grupos econômicos.

A Lei nº 12.846, de 1º de agosto de 2013, por exemplo, popularmente conhecida como Lei Anticorrupção, estende os efeitos do acordo de leniência às empresas que integram o mesmo grupo econômico, desde que o referido acordo seja firmado de maneira conjunta (artigo 16, §5º).

Por outro lado, o artigo 33 da Lei nº 12.529, de 30 de novembro de 2011, que dispõe sobre a prevenção e repressão às infrações contra a ordem pública (Lei Antitruste), estabelece a responsabilidade solidária das empresas integrantes de grupo econômico, seja de fato ou de direito.

De igual forma, no que se refere aos débitos de natureza previdenciária, o artigo 30, IX, da Lei nº 8.212, de 24 de julho de 1991, também prevê a solidariedade das sociedades integrantes de grupos econômicos de qualquer natureza.

O artigo 124, I, do Código Tributário Nacional, neste mesmo sentido, estabelece a responsabilidade solidária das pessoas que tenham "interesse comum na situação que constitua o fato gerador da obrigação principal", o que poderá perfeitamente se adequar às empresas que compõem os grupos econômicos.

Já o Código de Defesa do Consumidor, de uma forma um tanto quanto conservadora, prevê, através do disposto no §2ª do artigo 28, a responsabilidade subsidiária das sociedades que compõem o grupo pelas obrigações decorrentes de uma relação consumerista. Concedeu-se, pois, um benefício de ordem aos infratores, impedindo que o consumidor busque a satisfação de seu crédito diretamente em todas as empresas.

Com relação às normas trabalhistas, em que pese a Reforma Trabalhista não ter alterado a solidariedade das empresas integrantes de grupos econômicos pela satisfação de créditos trabalhistas, a referida Lei trouxe mudanças significativas na conceituação de grupos econômicos, as quais serão devidamente expostas no tópico seguinte.

3.3. Nova conceituação de grupo econômico, segundo a Justiça do Trabalho

A antiga redação do §2º do artigo 2º da CLT apontava somente pela necessidade de uma convergência vertical entre as empresas componentes de um grupo, com uma espécie de hierarquia de, pelo menos, uma delas sobre as demais. É o chamado grupo por subordinação.

Com a Reforma Trabalhista e a mudança conferida ao referido dispositivo, consagrou-se, também, a figura do grupo econômico por coordenação, em que se faz necessária a efetiva demonstração da existência de coordenação entre estas empresas, sem que haja entre elas a necessidade de existência de uma relação de capital. Esta alteração, diga-se de passagem, somente consagrou o entendimento que já era adotado nos Tribunais Regionais do Trabalho e no próprio TST. Veja-se:

> GRUPO ECONÔMICO. COORDENAÇÃO INTEREMPRESARIAL. CARACTERIZAÇÃO. Para a configuração de grupo econômico para fins trabalhistas não é necessário que uma empresa seja a administradora da outra ou que possua grau hierárquico ascendente, bastando a relação de coordenação dos entes empresariais envolvidos, conceito obtido por uma evolução na interpretação meramente literal do artigo 2º § 2º da CLT.

Atualmente, a Doutrina e jurisprudência admitem a existência de grupo econômico, independentemente do controle e da fiscalização de uma empresa sobre a outra. Negado provimento. Relatora: DESEMBARGADORA CARINA RODRIGUES BICALHO AGRAVANTE (S): Planeta Batata Bar e Restaurante Ltda. AGRAVADO (S): Maria Vânia da Silva Navega Primos Carvalho Bar e restaurante Ltda. (TRT-1 - AP: 01301008320055010044, Relator: Carina Rodrigues Bicalho, Data de Julgamento: 03/05/2017, Segunda Turma, Data de Publicação: 12/05/2017)

RECURSOS ORDINÁRIOS. GRUPO ECONÔMICO. COORDENAÇÃO DE EMPRESAS. RESPONSABILIDADE SOLIDÁRIA. Não se afigura preponderante para a constatação da existência de grupo econômico a ocorrência de controle ou administração de uma das empresas em relação às demais, haja vista que resta amplamente aceito no direito trabalhista o conceito de grupo econômico por coordenação ou em linha horizontal, no qual não se verifica a relação de subordinação administrativa de várias empresas diante de uma única controladora, podendo ocorrer, tão somente, a reunião de empresas voltadas à execução de interesses e objetivos comuns. Recurso ordinário da reclamante provido e recurso ordinário empresarial conjunto não conhecido, por falta de interesse, no particular. (Processo: RO – 0000018-66.2017.5.06.0411, Redator: Ruy Salathiel de Albuquerque e Mello Ventura, Data dc julgamento: 10/07/2017, Terceira Turma, Data da assinatura: 10/07/2017) (TRT-6 – RO: 00000186620175060411, Data de Julgamento: 10/07/2017, Terceira Turma)

AGRAVO DE INSTRUMENTO. GRUPO ECONÔMICO. ART. 2º, § 2º, DA CLT. CONFIGURAÇÃO. RELAÇÃO DE COORDENAÇÃO. Ante a possível afronta ao art. 2º, § 2º, da CLT, dá-se provimento ao Agravo de Instrumento para o amplo julgamento do Recurso de Revista. Agravo de Instrumento a que se dá provimento. RECURSO DE REVISTA. GRUPO ECONÔMICO. ART. 2º, § 2º, DA CLT. CONFIGURAÇÃO. RELAÇÃO DE

> COORDENAÇÃO. O art. 2º, § 2º, da CLT exige, para a configuração de grupo econômico, subordinação à mesma direção, controle ou administração, embora cada uma das empresas possua personalidade jurídica própria. Assim, para se reconhecer a existência de grupo econômico é necessário prova de que há uma relação de coordenação entre as empresas e o controle central exercido por uma delas. No presente caso, não restou suficientemente demonstrado a presença de elementos objetivos que evidenciem a existência de uma relação de hierarquia entre as empresas suficiente à configuração de grupo econômico e, consequentemente, atrair a condenação solidária. Recurso de Revista de que se conhece e a que se dá provimento. (TST – RR: 4970220135090513, Relator: João Batista Brito Pereira, Data de Julgamento: 08/03/2017, 5ª Turma, Data de Publicação: DEJT 10/03/2017)

A grande inovação, na verdade, se deu com a introdução do §3º ao artigo 2º da CLT, que estabelece que a mera identidade de sócios não caracteriza grupo econômico, destacando, neste sentido, a necessidade de se demonstrar a efetiva comunhão de interesses das empresas que integram o grupo.

Sob esta perspectiva, não é mais possível atribuir responsabilidade por créditos trabalhistas a empresas que, a despeito de possuírem finalidades totalmente distintas, detém sócios comuns àquelas que, de fato, são responsáveis pelo adimplemento da obrigação.

A jurisprudência atual, por sua vez, assimilou tal inovação. Veja-se:

> RECURSO ORDINÁRIO. RESPONSABILIDADE SOLIDÁRIA. MERA IDENTIDADE DE SÓCIOS. NÃO CONFIGURAÇÃO DE GRUPO ECONÔMICO. 1. Consoante a pacífica jurisprudência do C. TST, a mera identidade de sócios, por si só, não é bastante para a formação de grupo econômico. 2. Tal

entendimento foi reiterado a partir da vigência da Lei 13.467/2017, que acrescentou o § 3º ao art. 2º da CLT, segundo o qual "Não caracteriza grupo econômico a mera identidade de sócios, sendo necessárias, para a configuração do grupo, a demonstração do interesse integrado, a efetiva comunhão de interesses e a atuação conjunta das empresas dele integrante.". Recurso ordinário provido. (Processo: ROT – 0001295-43.2018.5.06.0101, Redator: Ana Claudia Petruccelli de Lima, Data de julgamento: 15/08/2019, Quarta Turma, Data da assinatura: 16/08/2019) (TRT-6 – RO: 00012954320185060101, Data de Julgamento: 15/08/2019, Quarta Turma)

FORMAÇÃO DE GRUPO ECONÔMICO. MERA IDENTIDADE DE SÓCIOS. IMPOSSIBILIDADE. Não é a mera identidade de sócios que caracterizará o conglomerado econômico. É preciso realizar uma análise levando-se em conta fatores como gerência das empresas pelo mesmo sócio, utilização de mão de obra comum, identidade ou conexão de negócios, mesma origem do capital e patrimônio das empresas, entre outros. A jurisprudência do c. TST era firme neste mesmo sentido mesmo antes da entrada em vigor da Lei 13.467/2017. (TRT-3 – AP: 01964005520035030104 0196400-55.2003.5.03.0104, Relator: Camilla G.Pereira Zeidler, Terceira Turma, Publicado em 22/05/2019)

O mesmo critério, vale dizer, deverá ser adotado às franquias, porquanto a relação entre franqueador e franqueado traduz um relacionamento estritamente comercial, em que o primeiro cede ao segundo, mediante pagamento, a sua marca e o *modus operandi* do negócio. Em outras palavras, não se trata de grupo econômico e, portanto, não há corresponsabilidade entre eles sobre os créditos de origem trabalhista.

Neste exato sentido, encontra-se a jurisprudência já consolidada do TST. Veja-se:

> RECURSO DE REVISTA. CONTRATO REGULAR DE FRANQUIA. MARCA OU PATENTE. DIREITO DE USO. ENTREGA DE ATIVIDADE-FIM. POSSIBILIDADE. GRUPO ECONÔMICO TRABALHISTA. NÃO CONFIGURAÇÃO 1. Cediço que o contrato de franquia visa a promover a cooperação entre empresas, proporcionando ao franqueador maior participação no mercado e ao franqueado o direito de uso da marca, da tecnologia e do sistema de gestão. 2. Conquanto o franqueador e o franqueado somem esforços para alcançar objetivos comuns, o contrato regular de franquia caracteriza-se pela autonomia da personalidade e do patrimônio dos contratantes. 3. Em face das características específicas expressamente previstas em lei, o contrato regular de franquia não se confunde com o contrato de terceirização de serviços, em que o tomador beneficia-se diretamente da mão-de-obra dos empregados da prestadora. 4. Não integra o objeto do contrato regular de franquia a simples arregimentação de mão-de-obra, mas a cessão de direito de uso de marca ou patente que, em regra, integram a atividade-fim do franqueador. 5. A transferência de "know how" comercial e administrativo do franqueador para o franqueado constitui característica inerente ao contrato regular de franquia e não caracteriza o efetivo controle de uma empresa sobre a outra. Não se aplica, assim, o disposto no art. 2º, § 2º, da CLT. 6. Recurso de revista da Reclamada Shell Brasil Petróleo Ltda. de que se conhece e a que se dá provimento, para excluir a responsabilidade solidária imposta à franqueadora. (TST – ARR: 7501820135090245, Relator: João Oreste Dalazen, Data de Julgamento: 19/04/2017, 4ª Turma, Data de Publicação: DEJT 02/06/2017)

Portanto, para fins de responsabilização trabalhista, os grupos econômicos devem ser formados por empresas que possuem uma efetiva coordenação no exercício de suas atividades.

Neste caso, à luz do disposto na Súmula nº 129 do TST[16], o empregado que exerce suas funções em prol de mais de uma empresa do grupo econômico, durante a mesma jornada de trabalho, não obterá para si a coexistência de mais de um contrato de trabalho. Reconhece-se, em verdade, a existência de empregador único.

Há de se destacar, ainda, que as alterações promovidas pela Reforma Trabalhista conferem às sociedades empresárias uma maior segurança jurídica em suas relações jurídicas, porquanto estabelecem critérios mais objetivos para a configuração do chamado grupo econômico, reduzindo as margens interpretativas dos magistrados.

Em todo caso, é válido ressaltar que, por força do disposto nos parágrafos 2º e 3º do artigo 2º da CLT, a responsabilidade das empresas que compõem um grupo econômico era e continua sendo solidária.

4. Incidente de desconsideração da personalidade jurídica

A doutrina estabelece que a teoria da desconsideração da personalidade jurídica advém do direito anglo-saxão, cuja precursão se deu no notório caso *"Solomon versus Solomon & Co"*, ocorrido em Londres, no ano de 1897.

Muito embora tenha sido reformado pela segunda instância, o juízo de primeiro grau decidiu, naquela oportunidade, que a sociedade *Salomon & Co* se confundia com a própria atividade individual de Solomon. Segundo o entendimento adotado naquela ocasião, Solomon buscava de maneira ardilosa,

[16] Súmula nº 129 do TST. CONTRATO DE TRABALHO. GRUPO ECONÔMICO (mantida) – Res. 121/2003, DJ 19, 20 e 21.11.2003. A prestação de serviços a mais de uma empresa do mesmo grupo econômico, durante a mesma jornada de trabalho, não caracteriza a coexistência de mais de um contrato de trabalho, salvo ajuste em contrário.

através da criação de uma personalidade jurídica, a limitação de sua própria responsabilidade.

Sabe-se, contudo, que a teoria da desconsideração da personalidade jurídica se difundiu de forma mais eficiente na jurisprudência norte-americana, influenciando, inclusive, o doutrinador alemão Rolf Serick a estabelecer, pela primeira vez, as hipóteses que autorizam o afastamento da autonomia patrimonial de pessoas jurídicas. De acordo com Otávio Joaquim Rodrigues Filho[17], são elas: i) fraude à lei; ii) fraude à credores; iii) violação contratual; e iv) quando a aplicação da teoria se justifica pela garantia de normas de direito societário.

Estas quatro hipóteses fundaram as bases da atual doutrina da desconsideração da personalidade jurídica, a qual encontra, é claro, diferentes interpretações mundo à fora.

No Brasil, por exemplo, a teoria da DPJ foi introduzida por Rubens Requião, através de artigo de sua autoria, publicado na Revista dos Tribunais, em dezembro de 1969[18]. Nele, Requião sustenta, em resumo, que o mesmo Estado que concede personalidade jurídica às sociedades empresárias poderá, através do Poder Judiciário, estabelecer limites para a sua utilização. Estes limites, por sua vez, são consubstanciados pela utilização fraudulenta e abusiva do princípio da autonomia patrimonial, pelas empresas.

Fábio Konder Comparato[19] também deu sua contribuição à presente discussão, ao indicar que a manutenção da autonomia patrimonial de uma sociedade somente se justifica quando esta

[17] RODRIGUES FILHO, Otávio Joaquim. Desconsideração da Personalidade Jurídica e processo: de acordo com o Código de Processo Civil de 2015. São Paulo: Malheiros, 2016, pág. 54.

[18] REQUIÃO, Rubens. Abuso de direito e fraude, através da personalidade jurídica. RT 410/12.

[19] COMPARATO, Fábio Konder; SALOMÃO FILHO, Calixto. O poder de controle na sociedade anônima. 4. Ed. Rio de Janeiro: Forense, 2005. Pág. 351.

ainda se encontra na busca de seu objeto social, estabelecido em contratos ou estatutos. Caso contrário, configurar-se-ia os chamados desvio de finalidade e confusão patrimonial, requisitos a serem considerados para a desconsideração da personalidade jurídica.

Pode-se dizer, neste sentido, que os dois doutrinares, Requião e Comparato, são os precursores da teoria da desconsideração da personalidade jurídica no Brasil, cujo respaldo encontra-se na atual redação do artigo 50 do Código Civil. Veja-se:

> Art. 50. Em caso de abuso da personalidade jurídica, caracterizado pelo desvio de finalidade ou pela confusão patrimonial, pode o juiz, a requerimento da parte, ou do Ministério Público quando lhe couber intervir no processo, desconsiderá-la para que os efeitos de certas e determinadas relações de obrigações sejam estendidos aos bens particulares de administradores ou de sócios da pessoa jurídica beneficiados direta ou indiretamente pelo abuso.
>
> § 1º Para fins do disposto neste artigo, desvio de finalidade é a utilização dolosa da pessoa jurídica com o propósito de lesar credores e para a prática de atos ilícitos de qualquer natureza.
>
> § 2º Entende-se por confusão patrimonial a ausência de separação de fato entre os patrimônios, caracterizada por:
>
> I – cumprimento repetitivo pela sociedade de obrigações do sócio ou do administrador ou vice-versa;
>
> II – transferência de ativos ou de passivos sem efetivas contraprestações, exceto o de valor proporcionalmente insignificante; e
>
> III – outros atos de descumprimento da autonomia patrimonial.
>
> § 3º O disposto no caput e nos § 1º e § 2º também se aplica à extensão das obrigações de sócios ou de administradores à pessoa jurídica.
>
> § 4º A mera existência de grupo econômico sem a presença dos requisitos de que trata o caput não autoriza a desconsideração da personalidade da pessoa jurídica.

§ 5º Não constitui desvio de finalidade a mera expansão ou a alteração da finalidade original da atividade econômica específica da pessoa jurídica.

Verifica-se, desta maneira, que a desconsideração da personalidade jurídica deverá ser aplicada sempre que constatada a existência de abuso da personalidade jurídica, através dos chamados desvio de finalidade ou confusão patrimonial, que foram, vale dizer, recentemente delimitados pela entrada em vigor da Medida Provisória nº 881, de 30/04/2019.

Os tópicos seguintes serão destinados ao estudo da aplicação da teoria da DPJ em legislações especiais, notadamente no direito do trabalho, que dispensa os requisitos estabelecidos pelo artigo 50 do Código Civil e, ainda assim, através de novidade imposta pela Reforma Trabalhista, passa a exigir a instauração de incidente de desconsideração da personalidade jurídica, com a finalidade de, acima de tudo, resguardar o direito ao contraditório e à ampla defesa àqueles que estão em vias de ter o seu patrimônio pessoal atingido por execuções trabalhistas.

4.1. Teoria Maior e Menor da Desconsideração da Personalidade Jurídica

O artigo 50 do Código Civil e a jurisprudência do STJ, ambos influídos pela Teoria Maior de Fábio Ulhôa Coelho[20], estabelecem dois critérios para a desconsideração da personalidade jurídica: o objetivo, relativo à inexistência de ativo patrimonial, e o subjetivo, consubstanciado na utilização fraudulenta, abusiva, culposa e, portanto, maliciosa da personalidade jurídica.

Neste sentido, sob a perspectiva da Teoria em comento, a situação em que uma empresa transfere parte dos bens do seu patrimônio com o intuito de fraudar seus credores, detendo

[20] COELHO, Fábio Ulhoa. Curso de Direito Comercial. Vol. 02. 14ª edição. São Paulo: Editora Saraiva, 2010.

ainda ativos suficientes para saldar suas dívidas, impossibilita a aplicação do artigo 50 do Código Civil e da desconsideração da personalidade jurídica, posto que ausente o critério objetivo exigido pelo referido dispositivo legal.

Da mesma forma, na hipótese de uma outra empresa não deter ativos suficientes para saldar suas dívidas e, no entanto, não ter concorrido para a confusão patrimonial, ou então praticado qualquer ato fraudulento ou abusivo contra credores, torna-se inviável a utilização do instituto da desconsideração, por falta do critério subjetivo.

Por outro lado, três relações jurídicas admitem a aplicação da chamada Teoria Menor, a saber: consumo, danos ambientais e relação de emprego.

Nestes casos, a mera constatação de inexistência de ativo patrimonial da empresa para o cumprimento de suas obrigações já torna possível a aplicação da desconsideração da personalidade jurídica. É que, tanto na relação de consumo como na relação trabalhista, o consumidor e o trabalhador são tidos como partes hipossuficientes na relação, merecendo, assim, um tratamento diferenciado.

Fábio Ulhôa Coelho[21] explica, de maneira bem didática, as diferenças entre as Teorias Maior e Menor:

> Comprovando o importante desenvolvimento do tema no âmbito da doutrina brasileira, criou-se uma distinção entre teoria maior e menor da desconsideração da personalidade jurídica.
>
> Enquanto a teoria maior exige, para que se promova a desconsideração, a presença dos postulados clássicos do instituto, como a prática de atos em fraude à lei ou abuso de direito, a teoria menor contenta-se com o prejuízo como critério para sua aplicação.

[21] Coelho, Fábio Ulhoa. Tratado de direito comercial, volume 1: introdução ao direito comercial e teoria geral das sociedades. São Paulo: Saraiva, 2015.p.368.

A grande controvérsia, em verdade, reside no fato de que, considerando que, no processo do trabalho, a mera insuficiência patrimonial da empresa já possibilita a desconsideração de sua personalidade jurídica para o atingimento do patrimônio pessoal dos sócios, não haveria a necessidade de se instaurar o incidente de DPJ. Isto porque o referido instituto, em tese, deveria ser utilizado para apurar justamente a existência de fraude ou abuso de direito, na conduta dos sócios, o que, conforme já amplamente exposto, é dispensado no processo trabalhista.

Este impasse, juntamente com a posição de magistrados e doutrinadores que se negavam a aplicar os mesmos critérios do Código de Processo Civil (CPC) à Consolidação das Leis do Trabalho (CLT), impossibilitavam a aplicação do IDPJ na Justiça do Trabalho.

Contudo, a promulgação da Lei nº 13.467, de 2017, parece ter colocado uma pá de cal nesta discussão, tudo conforme exposto adiante.

4.2. O incidente de desconsideração da personalidade jurídica no processo do trabalho

O incidente de desconsideração da personalidade jurídica, embora já previsto anteriormente na jurisprudência, surgiu na legislação brasileira com a entrada em vigor do Código de Processo Civil, de 2015, através dos artigos 133 a 137 do referido diploma legal.

No Processo do Trabalho, a possibilidade de utilização do referido instituto somente surgiu com a edição, pelo TST, da Instrução Normativa 39/2016, que dispõe sobre as normas do CPC/2015 que seriam aplicáveis ao Processo do Trabalho, "de forma não exaustiva". Assim dispõe o artigo 6º da IN:

> Art. 6° Aplica-se ao Processo do Trabalho o incidente de desconsideração da personalidade jurídica regulado no Código de

> Processo Civil (arts. 133 a 137), assegurada a iniciativa também do juiz do trabalho na fase de execução (CLT, art. 878)
>
> § 1º Da decisão interlocutória que acolher ou rejeitar o incidente:
>
> I – na fase de cognição, não cabe recurso de imediato, na forma do art. 893, § 1º da CLT;
>
> II – na fase de execução, cabe agravo de petição, independentemente de garantia do juízo;
>
> III – cabe agravo interno se proferida pelo Relator, em incidente instaurado originariamente no tribunal (CPC, art. 932, inciso VI).
>
> § 2º A instauração do incidente suspenderá o processo, sem prejuízo de concessão da tutela de urgência de natureza cautelar de que trata o art. 301 do CPC.

Por se tratar de uma recomendação e não de uma determinação legal, grande parte dos magistrados e doutrinadores se postou de maneira contrária à aplicação do incidente de desconsideração da personalidade jurídica no processo do trabalho, sob o argumento de que a DPJ poderia ser decretada de forma automática, diante do fato de que o mero esgotamento do patrimônio da pessoa jurídica já possibilita a persecução dos bens particulares dos sócios. Caso contrário, segundo esta corrente, a incidência deste instituto atentaria ao princípio da celeridade, tão estimado pelo Direito do Trabalho.

Além disso, as diferentes particularidades impostas às relações trabalhistas também corroboram para a existência de divergências sobre o tema. Homero Batista Mateus da Silva[22], por exemplo, ao tratar do incidente de desconsideração da per-

[22] SILVA, Homero Batista Mateus da. Comentários à reforma trabalhista – análise da lei 13.467/2017 – artigo por artigo. São Paulo: Revista dos Tribunais, 2017. p. 29.

sonalidade jurídica no processo do trabalho, buscou explicar o porquê que não se deveria aplicar os mesmos critérios do processo civil ao processo do trabalho. Veja-se:

> Chega a ser caricato falar em incidente de desconsideração de personalidade jurídica para o empregado do quiosque de cachorro quente. Não vai nenhuma ironia nessa frase: apenas uma injeção de realidade para que o debate saia um pouco dos gabinetes palacianos. O processo do trabalho leva a fama de irresponsável e subversivo, mas ele nada mais é do que o anteparo ao direito material do trabalho brasileiro, que convive com altos executivos e ampla atuação da economia informal. Querer que o processo do trabalho seja um apêndice do processo civil ignora completamente a realidade da nação desigual e complexa de que somos parte.

Apesar disso, a Reforma Trabalhista, ao introduzir o artigo 855-A à CLT, impôs de maneira definitiva a necessidade de instauração do incidente no processo trabalhista. Veja-se:

> Art. 855-A. Aplica-se ao processo do trabalho o incidente de desconsideração da personalidade jurídica previsto nos arts. 133 a 137 da Lei nº 13.105, de 16 de março de 2015 – Código de Processo Civil.
>
> §1º Da decisão interlocutória que acolher ou rejeitar o incidente:
>
> I – na fase de cognição, não cabe recurso de imediato, na forma do § 1º do art. 893 desta Consolidação;
>
> II – na fase de execução, cabe agravo de petição, independentemente de garantia do juízo;
>
> III – cabe agravo interno se proferida pelo relator em incidente instaurado originariamente no tribunal.
>
> §2º A instauração do incidente suspenderá o processo, sem prejuízo de concessão da tutela de urgência de natureza caute-

lar de que trata o art. 301 da Lei nº 13.105, de 16 de março de 2015 (Código de Processo Civil)

A jurisprudência, por sua vez, como era de se esperar, acampou o disposto no referido dispositivo legal. Veja-se:

> INCIDENTE DE DESCONSIDERAÇÃO DA PERSONALIDADE JURÍDICA – IDPJ. ART. 855-A DA CLT. A Lei n. 13.467/2017 acrescentou o art. 855-A à CLT, prevendo a observância do disposto nos arts. 133 a 137 do CPC quanto à instauração de incidente de desconsideração da personalidade jurídica, a fim de propiciar maior segurança jurídica, com observância do contraditório, para posterior inclusão de novo devedor na execução. A exigência de instauração do incidente, por se tratar de norma procedimental, aplica-se aos processos em curso. (TRT-12 – AP: 00015498120155120027 SC 0001549-81.2015.5.12.0027, Relator: MIRNA ULIANO BERTOLDI, SECRETARIA DA 3A TURMA, Data de Publicação: 08/07/2019)

Com efeito, em que pese as críticas acerca da utilização do incidente da desconsideração da personalidade jurídica no processo do trabalho, não há dúvidas de que a utilização deste instituto dificulta a ocorrência de decisões esdrúxulas, antes recorrentes na Justiça do Trabalho, que acabavam por atingir o patrimônio de indivíduos que não detinham qualquer relação com a sociedade devedora.

Neste sentido, pode-se dizer que, mais uma vez, buscou-se uma maior segurança jurídica às sociedades empresárias em suas relações jurídicas, desta vez através da imposição pela aplicação do incidente de desconsideração da personalidade jurídica nos processos trabalhistas.

Conclusões

A Reforma Trabalhista (Lei nº 13.467, de 13 de julho de 2017) surgiu, dentre outras razões, para diminuir o número de litígios na Justiça do Trabalho, gerar mais empregos e aumentar a segurança jurídica entre as partes.

Muito embora a presente Reforma tenha sofrido críticas acerca do aumento da informalidade nas relações de trabalho e das dificuldades impostas aos trabalhadores para ajuizamento de ações trabalhistas, não há dúvidas de que a Lei nº 13.467 trouxe uma maior segurança jurídica às sociedades empresárias, notadamente no que se refere às alterações que foram realizadas na CLT concernentes à responsabilização de sócios retirantes, sucessão empresarial, grupos econômicos e incidente de desconsideração da personalidade jurídica.

Conforme exposto, a partir do disposto no artigo 10-A da CLT, aqueles sócios que cedem suas cotas permanecerão responsáveis por débitos trabalhistas da sociedade somente pelo período em que figuraram como sócios, em ações ajuizadas até dois anos após averbada a modificação do contrato social e de forma subsidiária, salvo quando constatada alguma fraude na alteração contratual.

Com isso, os sócios retirantes responderão somente quando frustradas as tentativas de execução da sociedade devedora e dos sócios atuais, estritamente no que se refere ao período em que compuseram a sociedade. Se o empregado, por exemplo, trabalhou três anos na empresa e, destes, o sócio retirante compôs a sociedade em somente dois anos, o mesmo responderá somente por este período, caso o trabalhador entre com ação trabalhista em até dois anos após averbada sua saída no contrato social, e após não encontrado nenhum patrimônio da empresa e dos sócios atuais para saldar o débito.

No tocante à chamada sucessão empresarial, a empresa sucedida, por força do disposto no artigo 448-A da CLT, deixa de deter qualquer responsabilidade por dívidas decorrentes de uma relação de emprego, logo após a efetivação da sucessão.

Ainda que o presente trabalho tenha levantado uma tese a respeito da possível inconstitucionalidade do referido dispositivo legal, face ao disposto no artigo 1.146 do Código Civil, há de se esclarecer que a jurisprudência atual consolidou as inovações impostas pela Reforma Trabalhista, tanto no que se refere às empresas sucedidas e sucessoras como na responsabilidade de sócios retirantes.

Já em relação à nova conceituação atribuída aos chamados grupos econômicos, consagrou-se a figura do grupo econômico por coordenação, em que se faz imprescindível a demonstração da efetiva integração existente entre as empresas que compõem o grupo. Para além disso, a atual redação do artigo 2º da CLT também estabelece, de forma definitiva, que a mera identidade de sócios não configura grupo econômico, o que, diga-se de passagem, já foi acampado pela jurisprudência pátria, através de julgados dos Tribunais Regionais do Trabalho e do TST.

Por fim, tem-se que a imposição legislativa pela necessidade de instauração de incidente de desconsideração da personalidade jurídica nos processos trabalhistas prestigia o exercício do contraditório e da ampla defesa e, em última análise, obstaculiza a ocorrência de decisões absurdas, até então recorrentes da Justiça do Trabalho, que acabavam por atingir o patrimônio de indivíduos e empresas totalmente alheios aos termos da ação trabalhista.

Nada obstante, é preciso destacar que as medidas executivas trabalhistas ocorrem, majoritariamente, em primeira instância, o que dificulta uma análise jurisprudencial profunda.

Tem-se ainda que muitos magistrados brasileiros, na ânsia de satisfazerem os créditos trabalhistas, acabam desconsiderando as exigências legislativas e jurisprudenciais e, costumeiramente, cometem abusos, sob a justificativa de estarem atendendo aos princípios da celeridade processual e da hipossuficiência do trabalhador.

De todo modo, não há como negar que a Reforma Trabalhista, ao estabelecer critérios objetivos de responsabilização de sócios e sociedades, proporcionou a estes e àqueles que participam de uma relação de emprego uma maior segurança jurídica, fomentando, inclusive, o ambiente de negócios no país.

Referências

ARRUDA, Pablo. Reflexo da Reforma Trabalhista e o Direito Societário. Youtube, 19 out. de 2018. Disponível em <https://www.youtube.com/watch?v=nq6toEnyVLY&feature=youtu.be&app=desktop>. Acesso em: 26 de julho de 2019.

BALEEIRO, Aliomar. Direito tributário brasileiro. 11ª ed. 20ª tir. Atualizada por Misabel Abreu Machado Derzi, Rio de Janeiro: Forense, 2007.

BORBA, José Edwaldo Tavares. Direito Societário. 13ª ed. – Rio de Janeiro: Renovar, 2012, pág. 548 – 549.

BRASIL. Ministério da Fazenda. Exposição de Motivos nº 196. Brasília. 24 jun. 1976. Disponível em <http://www.cvm.gov.br/export/sites/cvm/legislacao/leis-decretos/anexos/EM196-Lei6404.pdf>. Acesso em 13 de setembro de 2019.

COELHO, Fábio Ulhoa. Curso de Direito Comercial. Vol. 02. 14ª edição. São Paulo: Editora Saraiva, 2010.

COELHO, Fábio Ulhoa. Tratado de direito comercial, volume 1: introdução ao direito comercial e teoria geral das sociedades. São Paulo: Saraiva, 2015.p.368.

COMPARATO, Fábio Konder; SALOMÃO FILHO, Calixto. O poder de controle na sociedade anônima. 4. Ed. Rio de Janeiro: Forense, 2005. Pág. 351.

DELGADO, Maurício Godinho. Curso de direito do trabalho. 11. ed. – São Paulo: LTr, 2012, p. 414.

EIZIRIK, Nelson. A Lei das S/A Comentada – Artigos 206 ao 300. 2ª ed. – São Paulo: Quartier Latin, 2015, págs. 221-223.

EIZIRIK, Nelson. A Lei das S/A Comentada – Artigos 206 ao 300. 2ª ed. – São Paulo: Quartier Latin, 2015, pág. 231.

KOURY, Suzy Elizabeth Cavalcante. A desconsideração da personalidade jurídica *(disregard doctrine)* e os grupos de empresas. 4 ed. São Paulo: LTr, 2018.

MARQUES, Cláudia Lima (coord.). Diálogo das Fontes: do conflito à coordenação de normas do direito brasileiro. São Paulo: Revista dos Tribunais, 2012.

MARQUES, Cláudia Lima. Três tipos de diálogos entre o código de defesa do consumidor e o código civil de 2002: convergências e assimetrias. Roberto A.C. Pfeiffer; Adalberto Pasqualotto (Coord.). São Paulo: Revista dos Tribunais, 2005, p. 13.

MELEK, Marlos Augusto – Trabalhista! O Que mudou? Reforma Trabalhista 2017 / Marlos Augusto Melek. – Curitiba, Estudo Imediato, 2017.

REQUIÃO, Rubens. Abuso de direito e fraude, através da personalidade jurídica. RT 410/12.

RESTIFFE, Paulo Sérgio. Manual do novo direito comercial. São Paulo, Dialética, 2006.

RODRIGUES FILHO, Otávio Joaquim. Desconsideração da Personalidade Jurídica e processo: de acordo com o Código de Processo Civil de 2015. São Paulo: Malheiros, 2016, pág. 54.

SILVA, Homero Batista Mateus da. Comentários à reforma trabalhista – análise da lei 13.467/2017 – artigo por artigo. São Paulo: Revista dos Tribunais, 2017. p. 29.

Legislação e jurisprudência

BRASIL. Constituição Federal de 1988. Promulgada em 5 de outubro de 1988. Disponível em <http://www.planalto.gov.br/ccivil_03/constituicao/constituição.htm>.

BRASIL. Lei nº 5.172, de 25 de outubro de 1966. Dispõe sobre o Sistema Tributário Nacional e institui normas gerais de direito tributário aplicáveis à União, Estados e Municípios. Diário Oficial República Federativa do Brasil. Brasília, DF, 27 out. 1966.

BRASIL. Lei nº 6.404, de 15 de dezembro de 1976. Dispõe sobre as sociedades por ações. Diário Oficial República Federativa do Brasil. Brasília, DF, 17 dez. 1976.

Lei nº 8.078, de 11 de setembro de 1990. Dispõe sobre a proteção do consumidor e dá outras providências. Diário Oficial República Federativa do Brasil. Brasília, DF, 12 nov. 1990.

BRASIL. Lei nº 8.212, de 24 de julho de 1991. Dispõe sobre a organização da Seguridade Social, institui Plano de Custeio, e dá outras providências. Diário Oficial República Federativa do Brasil. Brasília, DF, 25 jul. 1991.

BRASIL. Lei n° 10.406, de 10 de janeiro de 2002. Institui o Código Civil. Diário Oficial República Federativa do Brasil. Brasília, DF, 11 jan. 2002.

BRASIL. Lei nº 12.529, de 30 de novembro de 2011. Estrutura o Sistema Brasileiro de Defesa da Concorrência; dispõe sobre a prevenção e repressão às infrações contra a ordem econômica; altera a Lei nº 8.137, de 27 de dezembro de 1990, o Decreto-Lei nº 3.689, de 3 de outubro de 1941 – Código de Processo Penal, e a Lei nº 7.347, de 24 de julho de 1985; revoga dispositivos da Lei nº 8.884, de 11 de junho de 1994, e a Lei nº 9.781, de 19 de janeiro de 1999; e dá outras providências. Diário Oficial República Federativa do Brasil. Brasília, 01 dez. 2012.

BRASIL. Lei nº 12.846, de 1º de agosto de 2013. Dispõe sobre a responsabilização administrativa e civil de pessoas jurídicas pela prática de atos contra a administração pública, nacional ou estrangeira, e dá outras providências. Diário Oficial República Federativa do Brasil. Brasília, DF, 02 ago. 2013.

BRASIL. Lei nº 13.105, de 16 de março de 2015. Código de Processo Civil. Diário Oficial República Federativa do Brasil. Brasília, DF, 17 mar. 2015.

BRASIL. Lei nº 13.467, de 13 de julho de 2017. Altera a Consolidação das Leis do Trabalho (CLT), aprovada pelo Decreto-Lei nº 5.452, de 1º de maio de 1943, e as Leis nº 6.019, de 3 de janeiro de 1974, 8.036, de 11 de maio de 1990, e 8.212, de 24 de julho de 1991, a fim de adequar a legislação às novas relações de trabalho. Diário Oficial República Federativa do Brasil. Brasília, DF, 14 jul. 2017.

BRASIL. Tribunal Superior do Trabalho. Orientação Jurisprudencial nº 261, SDI-1, 27.09.2002. BANCOS.

BRASIL. Tribunal Superior do Trabalho. Orientação Jurisprudencial nº 225, SDI-1, DJ 20, 22 e 25.04.2005.

BRASIL. Tribunal Superior do Trabalho. Resolução nº 203, de 15 de março de 2016. Edita a Instrução Normativa n° 39, que dispõe sobre as normas do Código de Processo Civil de 2015 aplicáveis e inaplicáveis ao Processo do Trabalho, de forma não exaustiva.

BRASIL. Tribunal Superior do Trabalho. AIRR – 18794720155120005, Relatora Ministra: Dora Maria da Costa, Data de Julgamento: 07/11/2018, 8ª Turma, Data de Publicação: DEJT 09/11/2018.

BRASIL. Tribunal Superior do Trabalho. AIRR – 24316020155020079, Relatora Ministra: Dora Maria da Costa, Data de Julgamento: 20/11/2018, 8ª Turma, Data de Publicação: DEJT 23/11/2018.

BRASIL. Tribunal Regional do Trabalho da 6ª Região. AP – 00013764520145060161, Relator Desembargador: Jose Luciano Alexo da Silva, Data de Julgamento: 08/08/2019, 4ª Turma.

BRASIL. Tribunal Superior do Trabalho. Ag-AIRR – 10037173520165020204, Relator Ministro: Emmanoel Pereira, Data de Julgamento: 22/05/2019, 5ª Turma, Data de Publicação: DEJT 31/05/2019.

BRASIL. Tribunal Regional do Trabalho da 1ª Região. AP – 01301008320055010044, Relatora Desembargadora: Carina Rodrigues Bicalho, Data de Julgamento: 03/05/2017, 2ª Turma, Data de Publicação: DEJT 12/05/2017.

BRASIL. Tribunal Regional da 6ª Região. RO – 00000186620175060411, Relator Desembargador: Ruy Salathiel de Albuquerque e Mello Ventura, Data de Julgamento: 10/07/2017, 3ª Turma.

BRASIL. Tribunal Superior do Trabalho. RR – 4970220135090513, Relator Ministro João Batista Brito Pereira, Data de Julgamento: 08/03/2017, 5ª Turma, Data de Publicação: DEJT 10/03/2017.

BRASIL. Tribunal Regional do Trabalho da 6ª Região. RO – 00012954320185060101, Relatora Desembargadora: Ana Claudia Petruccelli de Lima, Data de Julgamento: 15/08/2019, 4ª Turma, Data de Publicação: DEJT 16/08/2019.

BRASIL. Tribunal Regional do Trabalho da 3ª Região. AP – 01964005520035030104, Relatora Desembargadora: Camilla G. Pereira Zeidler, 3ª Turma, Data de Publicação: DEJT 22/05/2019.

BRASIL. Tribunal Superior do Trabalho. AIRR – 7501820135090245, Relator Ministro: João Oreste Dalazen, Data de Julgamento: 19/04/2017, 4ª Turma, Data de Publicação: DEJT 02/06/2017.

BRASIL. Tribunal Regional do Trabalho da 12ª Região. AP – 00015498120155120027, Relatora Desembargadora: Mirna Uliano Bertoldi, 3ª Turma, Data de Publicação: 08/07/2019.

Sociedade Anônima do Futebol (PL nº 5.082/2016): A Modernização do Futebol Brasileiro por Meio do Direito Societário

Pedro Henrique Adoglio Benradt

1. Introdução

O presente trabalho tem o propósito de analisar os principais aspectos e novidades trazidos pelo Projeto de Lei nº 5.082/2016, de autoria do ex-Deputado Federal Otavio Leite (PSDB/RJ), que cria a Sociedade Anônima do Futebol (SAF) e institui procedimentos de governança corporativa e de natureza tributária para a modernização do futebol, bem como demonstrar que a introdução desse novo tipo societário (que adota certos princípios fundamentais das sociedades anônimas) em nosso ordenamento jurídico pode revolucionar o modelo de gestão do futebol profissional no Brasil.

O futebol profissional no País, da forma como conhecemos hoje, deixou de ser apenas uma mera atividade física ou de lazer e tornou-se um *negócio* que movimenta bilhões de reais por ano.

Para se ter uma ideia, no Brasil, no ano de 2016, a receita bruta total auferida pelos 27 (vinte e sete) clubes mais ricos[1] totalizou o montante de R$ 4,452 bilhões, segundo dados de

[1] América-MG, Atlético-MG, Atlético-PR, Avaí, Bahia, Botafogo, Chapecoense, Corinthians, Coritiba, Criciúma, Cruzeiro, Figueirense, Flamengo, Fluminense Goiás, Grêmio, Internacional, Joinville, Náutico, Palmeiras, Ponte Preta, Santa Cruz, Santos, São Paulo, Sport, Vasco da Gama e Vitória.

estudo realizado pelo Banco Itaú BBA.[2] Ademais, a despeito da crise econômica ocorrida nos últimos anos, no ano de 2016, as receitas brutas totais tiveram crescimento de 20% (vinte por cento) em relação ao ano de 2015.

Além das receitas obtidas pelos clubes, o esporte da bola gera riquezas para diversos outros *players* da economia, formal e informalmente, por meio de atividades que vão desde contratos milionários de publicidade ao comércio ambulante nas cercanias dos estádios.

Segundo dados de 2013 levantados pela Pluri Consultoria, o futebol, como um todo, movimentava no mundo algo em torno de US$ 1 trilhão por ano, e, no Brasil, aproximadamente R$ 36 bilhões por ano, o que representava, à época, 2% (dois por cento) do PIB nacional.[3]

Tais números comprovam que o "negócio" futebol, além de movimentar bilhões de reais por ano no País, mostra-se extremamente resistente a crises financeiras se comparado com outros negócios. Isso se dá, em grande parte, pelo "fator paixão dos torcedores", que consomem o "produto futebol" com o coração.

O futebol, além de patrimônio econômico, é, indubitavelmente, um dos maiores patrimônios culturais do Brasil. Sua relevância social e cultural não pode ser ignorada como instrumento de mudança da sociedade, como "alternativa de geração de empregos, renda e tributos".[4]

[2] ITAÚ BBA. **Análise Econômico-Financeira dos Clubes de Futebol Brasileiros | 2017.** Dados Financeiros de 2016. Set. 2017. Disponível em: <https://www.itau.com.br/itaubba-pt/noticias/itau-bba-divulga-analise-economico-financeira-dos-clubes-de-futebol-brasileiros-2017>. Acesso em: 26 nov. 2017. p. 191.

[3] PLURI CONSULTORIA. **O PIB do Esporte Brasileiro**. Outubro, 2014. Disponível em: <http://new.pluriconsultoria.com.br/wp-content/uploads/2014/11/PIB-Esporte.pdf>. Acesso em: 20 nov. 2017.

[4] CASTRO, Rodrigo R. Monteiro de; MANSSUR, José Francisco C.; GAMA, Tácio Lacerda. **Sociedade Anônima do Futebol.** Exposição e comentários ao Projeto de Lei 5.082/16. São Paulo: Quartier Latin, 2017. p. 23.

Como bem pontuado pelo ex-Deputado Federal Otavio Leite na justificativa do Projeto de Lei nº 5.082/2016:

> O futebol tem esta característica única: de ser, a um só tempo, manifestação cultural e oferecer enorme potencial econômico; e de, no plano interno, ou externo, revelar a força da nação. O fortalecimento do futebol tem, portanto, uma importância social que merece toda atenção do Congresso Nacional.[5]

No entanto, nem tudo é um "passeio no parque". Ao compararmos os números brasileiros aos do mercado europeu, percebemos que, a despeito de todo o seu potencial, o produto futebol ainda engatinha no País.

Os quatro times europeus que mais arrecadaram em 2015 – Manchester United, Barcelona, Real Madrid e Bayern de Munique –, juntos, tiveram uma receita bruta de, aproximadamente, EUR 2,521 bilhões. Já no Brasil, Palmeiras, Flamengo, São Paulo e Corinthians, juntos, totalizam uma receita bruta de aproximadamente EUR 415 milhões, ou seja, praticamente um sexto do que arrecadam os times europeus. Em números totais, ainda há um abismo entre o nosso País e o velho continente.[6]

Tal disparidade econômica pode ser explicada ao analisarmos o modelo de gestão das entidades desportivas profissionais de futebol que impera no Brasil. Salvo raras exceções, as contas

[5] CONGRESSO NACIONAL. **Projeto de Lei nº 5.082/2016** –Sociedade Anônima do Futebol. Disponível em: <http://www.camara.gov.br/proposicoesWeb/fichadetramitacao?idProposicao=2082511>. Acesso em 04 nov. 2017.

[6] ITAÚ BBA. **Análise Econômico-Financeira dos Clubes de Futebol Brasileiros | 2017**. Dados Financeiros de 2016. Setembro, 2017. Disponível em: <https://www.itau.com.br/itaubba-pt/noticias/itau-bba-divulga-analise-economico-financeira-dos-clubes-de-futebol-brasileiros-2017>. Acesso em: 26 nov. 2017. p. 192.

da maioria dos clubes profissionais se encontram em situação extremamente deficitária. Ao longo dos anos, gestões apaixonadas, porém amadoras e que quase sempre atuaram com o "fígado", deixaram de lado as melhores práticas de gestão e governança, tornando o estado de decadência financeira dos clubes quase irremediável.

Conforme bem pontuou o advogado Rodrigo Rocha Monteiro de Castro,[7] um dos idealizadores do Projeto de Lei nº 5.082/2016:

> A natureza do clube é associativa, recreativa, e ele se presta à satisfação dos interesses de seus associados. Excedentes eventualmente apurados em um ano não podem ser distribuídos aos associados, devendo a administração, ao contrário, destiná-los aos seus fins. **Essas entidades, amadoras por definição, administradas por pessoas que não recebem qualquer contrapartida pela sua dedicação administrativa, operam verdadeiras empresas econômicas, inseridas numa lógica global agressiva, que impõe a absorção de técnicas e práticas próprias das empresas econômicas.**

O Estado, muitas vezes agindo além de suas atribuições, tentou, sem sucesso, socorrer os clubes de futebol com medidas paliativas e assistencialistas. A última delas, o PROFUT,[8] já se

[7] CASTRO, Rodrigo R. Monteiro de. Projeto nacional de recuperação do futebol. **Estado de São Paulo**, São Paulo, 02 dez. 2015. Opinião. Disponível em: <http://opiniao.estadao.com.br/noticias/geral,projeto-nacional-de-recuperacao-do-futebol,10000003582>. Acesso em 04. nov. 2017. Grifo nosso.

[8] O PROFUT – Programa de Modernização da Gestão e de Responsabilidade Fiscal do Futebol Brasileiro foi instituído pela Lei nº 13.155, de 4 de agosto de 2015, com o objetivo de criar uma espécie de "lei de responsabilidade fiscal" dos clubes de futebol. O programa ofereceu aos clubes uma chance de renegociar suas dívidas tributárias com o Estado e, em contrapartida, criou certas obrigações visando garantir uma gestão professional e responsável por parte dos clubes.

mostrou infrutífera, assim como outras iniciativas legislativas pretéritas, tais como a Lei Zico (Lei nº 8.672, de 6 de julho de 1993) e a Lei Pelé (Lei nº 9.615, de 25 de março de 1998).

A Lei nº 8.672, de 6 de julho de 1993 (Lei Zico), foi promulgada com o objetivo de criar normas gerais para o direito desportivo e facilitar a profissionalização de modalidades desportivas. Revogada posteriormente pela Lei Pelé, a Lei Zico foi o primeiro dispositivo legal que facultou às entidades desportivas constituírem sociedades comerciais com fins lucrativos para gerirem suas atividades, desde que mantidos seus fins desportivos.

Já a Lei nº 9.615, de 25 de março de 1998, mais conhecida como Lei Pelé, foi promulgada com o objetivo de revolucionar a regulamentação do desporto no País. O dispositivo legal revogou a Lei Zico, mas incorporou grande parte de seus conceitos e princípios basilares.

Dentre as principais inovações propostas, vale mencionar, para fins deste trabalho, a obrigatoriedade de que as entidades desportivas se tornassem sociedades comerciais para que pudessem participar de competições profissionais (art. 27).

Na prática, os clubes de futebol (e demais entidades desportivas) estariam obrigados a abandonar o modelo associativo, transformando-se em sociedades comerciais dentro de um prazo de dois anos. No entanto, tal obrigatoriedade foi suprimida posteriormente do texto legal após pressões de entidades do meio desportivo e discussões sobre a constitucionalidade do texto legal.

Após diversas alterações do referido dispositivo, ficou estabelecido (após alterações introduzidas pela Lei nº 12.395 de 16 de março de 2011) que as entidades de prática desportiva são livres para organizar a atividade profissional, qualquer que seja sua modalidade, sob qualquer forma jurídica prevista em lei.

No entanto, nenhuma dessas tentativas realmente versou sobre o principal problema do modelo de gestão do futebol brasileiro: seus alicerces amadorísticos, que impedem a criação de um ambiente de negócios positivo e sustentável. As iniciativas legislativas anteriores trataram do tema de maneira superficial, deixando de lado especificidades e incentivos que realmente tivessem algum impacto.

Isso pode ser comprovado ao analisarmos a forma jurídica adotada pelos clubes de futebol profissional no Brasil atualmente. Embora a Lei Pelé faculte a constituição dos chamados "clubes-empresa", ou seja, a constituição de sociedades empresárias com fins lucrativos a partir da prática esportiva, a esmagadora maioria das agremiações ainda adota a forma associativa.

Referido entendimento é bem elucidado pelas palavras de Rodrigo Rocha Monteiro de Castro:[9]

> Essas normas tinham como propósito induzir o surgimento do chamado clube-empresa, expressão que revela uma contradição insuperável, responsável, em termos, pelo fracasso das iniciativas. **Além disso, pareciam acreditar que a solução estaria na transformação cultural por imposição, lançando os clubes de futebol ao competitivo ambiente capitalista, sem os devidos aprimoramentos de suas organizações internas e, mais importante, sem a regulação do mercado em que seriam lançados.**
>
> [...]
>
> De todo modo, o problema não estava nas propostas legislativas em si, mas na concepção restritiva e ingênua de que um comando legal teria o poder de transformar uma realidade domi-

[9] Castro, Rodrigo R. Monteiro de; Manssur, José Francisco C. **Futebol, Mercado e Estado:** Projeto de recuperação, estabilização e desenvolvimento sustentável do futebol brasileiro: estrutura, governo e financiamento. São Paulo: Quartier Latin, 2016. p. 44. Grifo nosso.

nada por pessoas (i) que não pretendiam a profissionalização, (ii) ou que, apesar de pretenderem-na, não dispunham de instrumentos para lidar com os agentes profissionais que se lançavam sobre o mercado que se abria, ou ainda (iii) que adotavam o discurso da modernização porque nele vislumbravam formas de se locupletarem em valores ainda maiores do que aqueles que poderiam advir da gestão "amadora" do futebol como se fazia até então. **E, ademais, na inexistência de instrumental adequado para operar-se a passagem do modelo associativo ao societário.**

Assim, surge o Projeto de Lei nº 5.082/2016 que institui a Sociedade Anônima do Futebol (SAF), um mecanismo legal que oferece uma terceira via aos clubes profissionais para modernizar suas gestões, transformando o modelo amador em profissional, por meio da criação de uma nova forma jurídica empresarial (ou tipo societário), que, repise-se, estabelece procedimentos de governança e de natureza tributária para a modernização dos clubes.

Importante ressaltar que a Sociedade Anônima do Futebol, moldada especificamente para a realidade dos clubes de futebol no País, "constitui uma opção jurídica – uma faculdade, portanto, prevista no Projeto de Lei nº 5.082/2016 – que oferece o ferramental necessário para a criação e desenvolvimento de um ambiente que atraia agentes que, historicamente, foram tratados como incompatíveis".[10]

A Sociedade Anônima do Futebol é, indiscutivelmente, uma iniciativa pioneira em termos de direito societário no Brasil.

Por esse fato, ao discorrer sobre as novidades trazidas pela SAF, o autor traçará paralelos com regras previstas na Lei das Sociedades por Ações (Lei nº 6.404, de 15 de dezembro de

[10] Castro, Rodrigo R. Monteiro de; Manssur, José Francisco C.; Gama, Tácio Lacerda. **Sociedade Anônima do Futebol:** Exposição e comentários ao Projeto de Lei 5.082/16. São Paulo: Quartier Latin, 2017. p. 39.

1976), apontando de forma crítica as especificidades dessa nova forma societária e sua aplicação no caso concreto.

Nesse sentido, serão tratados, ponto a ponto, os seguintes aspectos do Projeto de Lei nº 5.082/2016 (Sociedade Anônima do Futebol): (i) Natureza Jurídica, Constituição e Objeto; (ii) Capital Social, Ações e Informação de Participação Relevante; (iii) Participações; (iv) Administração; (v) Publicações e Auditoria; e (vi) Outros Assuntos.

Ademais, pretende-se tratar sobre a problemática do futebol brasileiro, que servirá de contexto para uma apresentação de como a SAF (e o direito societário) pode se tornar uma válvula de escape para o fomento da modernidade no esporte da bola, introduzindo nos clubes de futebol mecanismos de governança, transparência e responsabilidade já consagrados pelo direito societário pátrio.

2. A Problematização do Futebol Brasileiro

2.1. O atual cenário do futebol no Brasil

Conforme mencionado na introdução deste trabalho, o futebol, modalidade esportiva mais praticada e valorizada no Brasil, deixou de ser uma mera atividade física ou um patrimônio sociocultural. Hoje, muito mais que um esporte, o futebol profissional é um negócio multimilionário que vai muito além "das quatro linhas". No entanto, tal potencial econômico vem sendo negligenciado pelos principais gestores deste esporte: os clubes de futebol.

O *modus operandi* dos dirigentes, muitas vezes baseado em modelos de gestão arcaicos e amadores, somados à natureza associativa engessada e antiquada das agremiações, tem resultado em uma decadência técnica e financeira assombrosa. Má gestão financeira, falta de visão de negócios e planejamentos quase sempre equivocados parecem ser características comuns aos cartolas brasileiros.

Além do abismo criado entre o poderio financeiro dos clubes brasileiros e as demais praças do mercado futebolístico estrangeiro (Europa, Ásia e até mesmo os Estados Unidos da América), resta evidente que o futebol brasileiro vem gradativamente perdendo o seu maior ativo: a qualidade técnica dos jogadores. Este fenômeno prova que o fatídico "7 a 1" não ocorreu por mero acaso. Tal decadência técnica deve muito à falta de gestão profissional dos clubes.

Para exemplificar o abismo entre Brasil e Europa, vale comparar a receita anual dos cinco maiores clubes de cada mercado. Segundo dados de estudo realizado pelo Banco Itaú BBA,[11] enquanto Manchester United (Inglaterra), Real Madrid (Espanha), Barcelona (Espanha), Bayern de Munique (Alemanha) e Manchester City (Inglaterra), em conjunto, geraram receitas totais na ordem de EUR 3,115 bilhões na temporada de 2017, os brasileiros Flamengo, Palmeiras, São Paulo, Corinthians e Grêmio, em conjunto, geraram receitas totais na ordem de EUR 646 milhões. Ou seja: uma diferença de aproximadamente EUR 2,5 bilhões.

A despeito do potencial econômico proporcionado pelo futebol nos dias de hoje, os dirigentes, quase sempre pautados pelo amadorismo na gestão dos clubes, vêm perdendo preciosas oportunidades de organizarem suas agremiações de maneira perene e sustentável.

Só na Europa, a indústria do futebol movimentou EUR 28,4 bilhões entre os anos de 2017 e 2018 (receitas oriundas de *matchday*,[12] direitos de transmissão, patrocínios, entre outras), segundo estudo publicado pela Deloitte.[13]

[11] ITAÚ BBA. **Análise Econômico-Financeira dos Clubes de Futebol Brasileiros | 2018**. Dados Financeiros de 2017. Set. 2018. Disponível em: <https://www.itau.com.br/_arquivosestaticos/itauBBA/Analise_Clubes_Brasileiros_Futebol_Itau_BBA.pdf>. Acesso em: 12 fev. 2019. p. 244.

[12] Receitas geradas com atividades realizadas em torno do estádio em dias de jogo, tais como bilheteria, camarotes, restaurantes, lojas etc.

[13] DELOITTE. **World in motion – Annual Review of Footbal Finance 2019**. Mai. 2019. Disponível em: <https://www2.deloitte.com/uk/en/pages/sports-

Se considerarmos apenas as receitas com *matchday*, estudos[14] apontam que o mercado global superou em 2017 o valor de US$ 50 bilhões. Por sua vez, o mercado brasileiro movimentou o valor de US$ 250 milhões com *matchday*. Embora esse valor represente apenas 0,5% do volume global, há que se concordar que o produto futebol no Brasil é pedra bruta, que urge por lapidação. Portanto, dado o volume e a evolução dos negócios nos dias atuais, as agremiações que não se adaptarem às dinâmicas de mercado certamente estarão fadadas ao fracasso.

Dados alarmantes apresentados em estudo publicado em 2019 pela consultoria Sportsvalue apontam que:

> As dívidas dos 20 times atingiram R$ 6,9 bilhões em 2018, frente aos R$ 6,6 bilhões de 2017, alta de 5%. Nos últimos 8 anos as dívidas subiram 86%, enquanto a inflação acumulada do período foi de 60%. Nos últimos 16 anos as dívidas subiram 516% enquanto que a inflação acumulada foi de 161%.[15]

O mesmo estudo conclui que:

> Os números financeiros dos clubes brasileiros continuam impactados por receitas extraordinárias. Os recursos oriundos do PROFUT em 2015, luvas da TV em 2016 e transferências em 2017 e 2018 escondem os déficits potenciais. Os clubes brasileiros perma-

business-group/articles/annual-review-of-football-finance.html>. Acesso em: 20 mai. 2019. p. 8.

[14] SPORTSVALUE. **Maiores receitas com matchday do esporte global**. Fev. 2019. Disponível em: <http://www.sportsvalue.com.br/wp-content/uploads/2019/02/SportsValue-Receitas-de-matchday-Fev-2019-1.pdf>. Acesso em: 20 mai. 2019. p. 4.

[15] SPORTSVALUE. **Finanças dos clubes brasileiros em 2018**. Mai. 2019. Disponível em: <http://www.sportsvalue.com.br/wp-content/uploads/2019/05/SportsValue-Finan%C3%A7as-clubes-2018-Maio-2019-3.pdf>. Acesso em: 30 mai. 2019. p. 43.

> necem operando de forma alavancada, com custos acima de suas possibilidades. Para manter a alta performance antecipam receitas futuras e pagam altas despesas financeiras. As receitas permanecem muito dependentes dos direitos de TV e transferências de atletas. Os recursos com patrocinadores e diretamente com o torcedor são baixíssimos para o potencial do mercado brasileiro.[16]

Pois bem.

E como alterar o estado de coisas dos clubes de futebol no Brasil? Como fazer com que tais entidades de cunho associativo e sem fins lucrativos, engessadas por entraves legais,[17] políticos (internos) e estatutários, passem a fazer parte de um contexto econômico global e pujante, cujas regras de mercado são ditadas por corporações que possuem como principal objetivo a obtenção de lucro? Como se livrar das amarras do modelo de gestão do futebol brasileiro e suas práticas amadoras? Como criar um ambiente de negócios positivo e sustentável para os clubes de futebol profissional no Brasil, dadas as complexidades da nossa economia?

As respostas para tais questões podem estar na implementação de um novo modelo jurídico empresarial à realidade dos clubes. É exatamente nesse contexto que se encaixa a lógica da Sociedade Anônima do Futebol.

[16] SPORTSVALUE. **Finanças dos clubes brasileiros em 2018**. Mai. 2019. Disponível em: <http://www.sportsvalue.com.br/wp-content/uploads/2019/05/SportsValue-Finan%C3%A7as-clubes-2018-Maio-2019-3.pdf>. Acesso em: 30 mai. 2019. p. 50.

[17] Conforme exposto a seguir na Seção 2.3, o modelo associativo, em sua essência, não é compatível com a atual conjuntura de negócios do futebol brasileiro. A adoção deste modelo jurídico pelos clubes acaba por restringir, por exemplo, valiosas oportunidades de acesso ao mercado de capitais para a captação sustentável de recursos financeiros.

2.2. O sucesso do modelo estrangeiro

O sucesso dos clubes europeus não depende exclusivamente das economias de seus respectivos países. Ao comparar as economias de países europeus como Itália, Espanha e Portugal, que ocupam, respectivamente, a 8ª, 14ª e 51ª colocações no ranking de maiores economias do Fundo Monetário Internacional[18] (projeção para o ano de 2019), com a economia brasileira, que atualmente ocupa a 9ª colocação no referido ranking, conclui-se que a pujança da indústria do futebol vai muito além do poderio econômico.

Como pano de fundo desse sucesso, há também um ambiente jurídico-negocial extremamente favorável para o crescimento da atividade futebolística profissional. Tal ambiente fomenta a profissionalização da gestão, a transparência dos negócios e a implementação de boas práticas de governança, que, por conseguinte, facilitam a captação de recursos financeiros no mercado.

Isso foi possível muito por conta da criação de marcos regulatórios acerca de novas formas jurídico-societárias, implementadas de modo a estimular o futebol como modelo de negócio empresarial.

Passemos, então, a analisar alguns precedentes nesse sentido.

a) O caso português

A revolução do modelo jurídico de entidades desportivas em Portugal se deu com o advento do Decreto-Lei nº 67, de 3 de abril de 1997, posteriormente alterado pela Lei nº 107, de 16 de setembro de 1997, pelo Decreto-Lei nº 303, de 3 de agosto de 1999, e pelo Decreto-Lei nº 76-A, de 29 de março de 2006.

[18] INTERNATIONAL MONETARY FUND. **World Economic Outlook Database**. Abr. 2019. Disponível em: <https://www.imf.org/external/pubs/ft/weo/2019/01/weodata/index.aspx>. Acesso em: 30 mai. 2019.

Referido dispositivo instituiu a figura da sociedade desportiva, inspirada e regida subsidiariamente pelas regras aplicáveis às sociedades anônimas. Embora a adoção de tal regime jurídico fosse facultativa, os clubes que optassem por manter o regime associativo deveriam estruturar-se de modo a segregar seus departamentos internos, organizando contabilidades próprias para cada um deles, de modo a garantir a transparência na gestão (art. 37).

Conforme a exposição de motivos do referido dispositivo legal:

> As sociedades desportivas são um tipo novo de sociedades, regido subsidiariamente pelas regras gerais aplicáveis às sociedades anónimas, mas com algumas especificidades decorrentes das especiais exigências da atividade desportiva que constitui o seu principal objeto. De entre tais especificidades são de realçar as referentes ao capital social mínimo e à sua forma de realização; ao sistema especial de fidelização da sociedade ao clube desportivo fundador, através, designadamente, da atribuição de direitos especiais às ações tituladas pelo clube fundador; a possibilidade de as Regiões Autônomas, os municípios e as associações de municípios poderem subscrever até 50% do capital das sociedades sediadas na sua área de jurisdição; e o estabelecimento de regras especiais para a transmissão do património do clube fundador para a sociedade desportiva.

O Decreto-Lei nº 67/1997 criou, ainda, um regime de responsabilidade para os profissionais responsáveis por cargos diretivos nos clubes (*e.g.* presidente, presidente do conselho fiscal, diretor financeiro e diretores responsáveis pela gestão dos departamentos profissionais), de modo que tais profissionais passaram a responder, de maneira pessoal, ilimitada e solidária, pelo pagamento de credores tributários e de instituições de seguridade social no que se refere a débitos oriundos de suas respectivas gestões.

Importante destacar que o regime societário instituído pelo Decreto-Lei nº 67/1997 foi adotado por um grande número de clubes de futebol,[19] dentre eles, os gigantes Futebol Clube do Porto e Sporting Clube de Portugal, o que comprova a eficácia da nova legislação. Dessa forma, instituiu-se um novo tipo societário que fomentou a profissionalização da gestão dos clubes.

Em 2013, as regras instituídas pelo Decreto-Lei nº 67/1997 foram substituídas e aperfeiçoadas pelo Decreto-Lei nº 10, de 25 de janeiro de 2013. Por meio desse novo dispositivo legal, reformulou-se o regime jurídico das sociedades desportivas, obrigando as agremiações a adotarem a forma jurídica societária caso pretendam participar de competições desportivas profissionais. Assim, as agremiações devem optar pela adoção de dois tipos societários – a Sociedade Anônima Desportiva (SAD) ou uma Sociedade Desportiva Unipessoal Por Quotas (SDUQ, Lda.).

O tipo societário da Sociedade Anônima Desportiva (SAD) permite, inclusive, a abertura do capital e negociação de ações em bolsa de valores (art. 5º). Nesse sentido, as principais potências do futebol português abriram seu capital a investidores externos e, assim, aumentaram o nível de profissionalização e transparência de sua gestão, uma vez que passaram a ser fiscalizados por órgãos reguladores do mercado de capitais, tais como a Comissão de Mercado de Valores Mobiliários – CMVM (equivalente à Comissão de Valores Mobiliários – CVM no Brasil).

19 Conforme a exposição de motivos do Decreto Lei nº 10, de 25 de janeiro de 2013: "No quadro desse regime jurídico [...] foram constituídas pouco mais de três dezenas de sociedades desportivas, correspondendo a grande maioria à modalidade do futebol".

Em entrevista concedida ao blog do Rodrigo Capelo,[20] do site globoesporte.com, o Diretor Financeiro do Futebol Clube do Porto falou sobre o benefício da transparência sob a gestão dos clubes:

> Criamos uma SAD em 1997, já vai algum tempo, e foi inclusive cotada em bolsa. Estamos na bolsa de valores, somos regulamentados pela CMVM, a comissão de mercado português. Qual é a vantagem disso? O primeiro passo, que inclusive o futebol brasileiro tem que dar, é a transparência das contas. Mais vale fazer a publicação de contas que sejam corretas, com perspectivas de melhorar, do que fazer contas que sejam manobráveis, digamos assim. Ao serem publicadas as contas semestralmente, a partir do momento que haja esse conforto, todas as Big Four [as maiores auditorias do mundo] vão querer entrar no futebol e entrar nesse projeto. Isso seria de grande valia para o futebol brasileiro.

b) O caso espanhol

Na Espanha, a *Ley* 10/1990, de 15 de outubro, alterada pela *Ley* 50/1998, de 30 de dezembro (*Ley del Desporte*), dentre outros assuntos, introduziu a *Sociedad Anónima Desportiva* (SAD), que, assim como no caso português, está sujeita ao regime geral das sociedades anônimas convencionais, possuindo certas particularidades relacionadas à prática desportiva.

A partir da vigência da *Ley* 10/1990, todos os clubes de futebol profissional passaram a ser obrigados a adotar o tipo societário

[20] Capelo, Rodrigo. **Blog do Rodrigo Capelo**. Abr. 2019. Disponível em: <https://globoesporte.globo.com/blogs/blog-do-rodrigo-capelo/post/2019/04/10/revenda-de-jogadores-sociedade-anonima-e-transparencia-as-licoes-do-porto-para-o-futebol-brasileiro.ghtml-Maio-2019-3.pdf>. Acesso em: 1 mai. 2019.

da SAD (art. 19, 1),[21] com exceção daqueles que tivessem apurado saldo patrimonial positivo desde a temporada 1985/1986 até a vigência da lei (casos do Real Madrid e do Barcelona, que permanecem até hoje constituídos sob o modelo associativo).[22]

Referida obrigatoriedade está inserida em um contexto histórico. À época da promulgação da lei, a grande maioria dos clubes espanhóis se encontrava afundada em dívidas, de modo que o Estado se viu obrigado a intervir no assunto. A propósito, a *Ley* 10/1990, conforme alterada, é pautada por forte intervenção estatal, e fez parte de um plano de resgate financeiro conduzido pelo Estado que perdura até os dias de hoje.

Outro ponto importante da lei é a limitação da SAD em participar de competições esportivas profissionais de apenas uma modalidade esportiva (art. 19, 4). A *Ley del Desporte* delimita também que as SAD deverão ter como objeto social a participação em competições esportivas profissionais, bem como a promoção e o desenvolvimento de atividades esportivas (art. 19, 3).

Vale mencionar, também, que os clubes espanhóis podem abrir seu capital e negociar suas ações em bolsa de valores.[23]

21 *"Artículo 19. 1. Los Clubes, o sus equipos profesionales, que participen en competiciones deportivas oficiales de carácter profesional y ámbito estatal, adoptarán la forma de Sociedad Anónima Deportiva a que se refiere la presente Ley. Dichas Sociedades Anónimas Deportivas quedarán sujetas al régimen general de las Sociedades Anónimas, con las particularidades que se contienen en esta Ley y en sus normas de desarrollo."* Ley 10/1990, de 15 de outubro. ESPANHA. Lei del desporte. Art. 19, 1.

22 *"Los Clubes que, a la entrada en vigor de la presente Ley, participen en competiciones oficiales de carácter profesional en la modalidad deportiva del fútbol, y que en las auditorías realizadas por encargo de la Liga de Fútbol Profesional, desde la temporada 1985-1986 hubiesen obtenido en todas ellas un saldo patrimonial neto de carácter positivo, podrán mantener su actual estructura jurídica, salvo acuerdo contrario de sus Asambleas* [...]". ESPANHA. Ley 10/1990, de 15 de outubro. Lei del desporte. Disposiciones Adicionales. Séptima.

23 Nos das Disposiciones Transitorias. Sexta. 1, da Ley 10/1990, de 15 de outubro (*Lei del desporte*).

c) O caso alemão

O caso do futebol alemão pode ser tomado como um dos *benchmarks* mais interessantes e bem-sucedidos.

Diferentemente do ocorrido na maioria dos países europeus, o modelo adotado na Alemanha não abandou a natureza associativa das agremiações futebolísticas, mas o aperfeiçoou. Tal modelo une a importância cultural associativa com a eficiência e o dinamismo das sociedades empresárias.[24]

De acordo com as regras da Bundesliga (liga profissional de futebol da Alemanha), no caso de constituição de sociedade empresária voltada a gerir as atividades esportivas, as agremiações futebolísticas deverão sempre deter mais do que 50% das ações com direito a voto de tal sociedade, de modo que a agremiação detenha sempre o controle das atividades esportivas. Essa regra, conhecida também como "50%+1", tem como principal objetivo preservar as agremiações (e suas características culturais) de possíveis atitudes danosas advindas dos investidores externos.[25]

Referida regra admite exceção. Caso um investidor financie substancialmente a agremiação há mais de vinte anos, este poderá aumentar sua participação para se tornar controlador da sociedade, desde que autorizado previamente pela liga alemã (caso dos times Wolfsburg, Bayer Leverkusen e Hoffenheim).[26]

[24] Castro, Rodrigo R. Monteiro de. **A governança do futebol na Alemanha.** 12 abr. 2017. Disponível em: <https://www.migalhas.com.br/MeiodeCampo/109,MI257248,61044-A+governacao+do+futebol+na+Alemanha>. Acesso em: 01 mai. 2019.

[25] Grabowski, Artur. Institutional and Legal Order's Effect on Economic Situation of The German Sector of Sports Enterprises. **Ecoforum Journal**, v. 5, p. 44. 2016. Disponível em: <http://www.ecoforumjournal.ro/index.php/eco/article/view/319>. Acesso em: 01 mai. 2019.

[26] Castro, Rodrigo R. Monteiro de. **A governança do futebol na Alemanha.** 12 abr. 2017. Disponível em: <https://www.migalhas.com.br/

A sociedade empresária a ser controlada pela associação (ou pelo investidor, conforme o caso) pode adotar os seguintes tipos societários: (i) AG (equipara-se à sociedade anônima); (ii) GmbH (equipara-se à sociedade limitada); (iii) GmbH & Co. KGaA (equipara-se à sociedade em comandita por ações).

O sucesso do modelo alemão pode ser verificado ao analisarmos a seguinte estatística: dos 18 (dezoito) clubes que compõem a primeira divisão da Bundesliga, somente 5 (cinco) mantiveram o modelo associativo puro, ou seja, sem ter constituído qualquer sociedade empresária para gerir as atividades esportivas.[27]

Dentre os times alemães, há que se destacar dois casos de sucesso.

O primeiro é o Borussia Dortmund, que, em 31 de outubro de 2000, foi pioneiro na Alemanha ao abrir seu capital. Hoje, a Borussia Dortmund GmbH & Co. KGaA (denominação social da sociedade) possui aproximadamente 65,40% de suas ações sendo negociadas em bolsa de valores (*free float*) e é um dos clubes mais bem estruturados financeiramente na Europa. Além do *free float*, o Borussia Dortmund conta com investidores, tais como a Puma SE (fornecedora de material esportivo do time) e a Signal Iduna (seguradora alemã proprietária dos *naming rights* do estádio do clube).[28]

O segundo caso (e interessante) é o do Bayern de Munique. O poderosíssimo clube da Bavária adotou uma estrutura societária de maneira a separar o futebol profissional das demais ati-

MeiodeCampo/109,MI257248,61044-A+governacao+do+futebol+na+Alemanha>. Acesso em: 01 mai. 2019.

[27] GRABOWSKI, Artur. Institutional and Legal Order's Effect on Economic Situation of The German Sector of Sports Enterprises. **Ecoforum Journal**, V. 5, p. 45. 2016. Disponível em: <http://www.ecoforumjournal.ro/index.php/eco/article/view/319>. Acesso em: 01 mai. 2019.

[28] MARKET INSIDER. 2019. Disponível em: < https://markets.businessinsider.com/stocks/bvb-stock>. Acesso em: 13 jun. 2019.

vidades do clube, profissionais ou não. Nesse sentido, o clube (de natureza associativa) passou a ser controlador de uma sociedade empresária (FC Bayern München AG), cujo único propósito econômico é a exploração das atividades ligadas ao futebol.

Ato contínuo, a sociedade empresária recebeu investimentos de três novos acionistas, cujas marcas já eram fortemente associadas ao Bayern de Munique. Assim, o capital social da FC Bayern München AG (sociedade responsável pelo futebol) passou a ser detido pelos seguintes acionistas: (i) FC Bayern München e.V. (clube) – 75,01%; (ii) Adidas AG (fornecedora de material esportivo do clube) – 8,33%; (iii) Allianz SE (seguradora alemã proprietária dos *naming rights* do estádio do clube) – 8,33%; e (iv) Audi AG (fabricante de veículos alemã) – 8,33%. Assim, a sociedade FC Bayern München AG permaneceu sob controle do clube (natureza associativa).

Além do modelo acionário, faz-se importante destacar a estrutura administrativa da empresa Bayern. A administração da sociedade é composta por diretoria e conselho. A diretoria é formada por 5 (cinco) membros, sendo um presidente, um vice e três diretores. Já o conselho é composto por 9 (nove) membros, sendo um presidente (*chairman*), três vices (*vice-chairmen*) e cinco conselheiros. Cabe ao FC Bayern München e.V. (clube) indicar o presidente do conselho (*chairman*), enquanto que os vices (*vice-chairmen*) são nomeados pelos demais acionistas (Adidas, Audi e Allianz). Importante destacar que todos os membros da administração são remunerados.[29]

O modelo jurídico-empresarial do Bayern de Munique pode ser considerado um dos mais bem-sucedidos do mundo. Con-

[29] Castro, Rodrigo R. Monteiro de; Manssur, José Francisco C.; Gama, Tácio Lacerda. **Sociedade Anônima do Futebol:** Exposição e comentários ao Projeto de Lei 5.082/16. São Paulo: Quartier Latin, 2017. p. 42.

forme muito bem pontuado por Rodrigo Rocha Monteiro de Castro:[30]

> Esse modelo não criou fissuras entre time e torcedores; também, aparentemente, não foi interpretado como ato de traição, rompimento com a história, tradições ou algo semelhante. Essa proposição se comprova pelo ranking mundial dos programas de sócio torcedor, liderado justamente pelo Bayern, com 258.000 participantes, o maior dentre os times do planeta.

2.3. A decadência do modelo associativo no Brasil

A maioria das agremiações futebolísticas no Brasil foi concebida por meio da constituição de associações, ou seja, pessoas jurídicas de direito privado sem fins lucrativos, nas quais uma reunião de pessoas se organiza para consecução de objetivos comuns (a prática de atividade esportiva).[31] Assim dispõe o artigo 53 da Lei nº 10.406, de 10 de janeiro de 2002 (Código Civil Brasileiro):

> Art. 53. Constituem-se as associações pela união de pessoas que se organizem para fins não econômicos.
>
> Parágrafo único. Não há, entre os associados, direitos e obrigações recíprocos.

A bem da verdade, o modelo associativo por muito tempo foi o ideal para a constituição dos clubes desportivos, uma vez que permite, de certa forma, uma maior liberdade de organização da instituição. À época da fundação da esmagadora maioria dos clubes de futebol no País, a prática de futebol se dava

[30] CASTRO, Rodrigo R. Monteiro de; MANSSUR, José Francisco C.; GAMA, Tácio Lacerda. **Sociedade Anônima do Futebol:** Exposição e comentários ao Projeto de Lei 5.082/16. São Paulo: Quartier Latin, 2017. p. 43.

[31] PELUSO, Cezar (coord.). **Código Civil Comentado**: Doutrina e Jurisprudência, 12. ed. São Paulo: Manole, 2018. p. 59.

de maneira amadora e recreativa, sem que o cunho econômico fosse levado em conta.

No entanto, com as constantes evoluções socioeconômicas, a exploração da prática esportiva se tornou uma atividade econômica.[32] Conforme já exaustivamente tratado no presente trabalho, o futebol tornou-se um *business* que movimenta bilhões de reais por ano. Nesse sentido, o modelo associativo, que anteriormente se mostrou adequado, não foi páreo para as mudanças nas relações econômicas da sociedade.

O fenômeno da mercantilização do futebol fez com que as agremiações fossem obrigadas a buscar no mercado outras fontes de renda além da simples contribuição de seus associados.

Além disso, o "negócio futebol" tornou-se uma atividade lucrativa, ainda que tais ganhos não possam ser distribuídos aos associados, e sim destinados à consecução do objetivo do clube.

No entanto, para a consecução de tais objetivos, os clubes de futebol investem grande parte de seu ganho no pagamento de salários e bonificações de atletas, treinadores e outros profissionais, bem como na compra de direitos federativos dos atletas. Ou seja, ainda que as agremiações sejam pessoas jurídicas sem fins lucrativos, seus ganhos geram riqueza para uma grande parcela de seus "beneficiários", caracterizando, assim, uma atividade econômica organizada comum às sociedades comerciais.

Rodrigo Rocha Monteiro de Castro[33] leciona nesse sentido quando trata do esgotamento do modelo associativo:

[32] Nos termos do art. 2º, Parágrafo único, da Lei nº 9.615, de 25 de março de 1998 (Lei Pelé), Parágrafo único, "a exploração e a gestão do desporto profissional constituem exercício de atividade econômica [...]".

[33] CASTRO, Rodrigo R. Monteiro de; MANSSUR, José Francisco C. **Futebol, Mercado e Estado:** Projeto de recuperação, estabilização e desenvolvimento sustentável do futebol brasileiro: estrutura, governo e financiamento. São Paulo: Quartier Latin, 2016. p. 68.

> [...] as associações civis, sem fins lucrativos, do Direito Brasileiro, esgotaram-se como técnica de detenção da propriedade e de manejo da atividade futebolística, transformada em empresa econômica, de dimensões globais. Não apenas na forma como, sobretudo, pela incapacidade orgânica de isolar as tramas relacionadas e o processo político a elas inerente, de natureza social, da complexa tessitura que envolve as relações negociais, no ambiente de mercado.
>
> Esse fenômeno, plasmado na periclitante situação financeira de muitos – para não se afirmar de quase todos – clubes de futebol, está a reclamar uma regulação eficaz que instrumentalize a necessária e benfazeja política de recuperação, estabilização e desenvolvimento do futebol brasileiro.

É nesse contexto de expansão econômica dos clubes de futebol que reside o principal flagelo do modelo associativo: a administração.

A estrutura de governança dos clubes de futebol mostra-se extremamente deficitária frente aos desafios de gerir receitas e despesas vultosas inerentes à realidade econômica do futebol profissional.

Tal estrutura de gestão é formada basicamente pelos seguintes órgãos: assembleia, conselho deliberativo e presidência/diretoria. Nesse formato, os sócios (associados) elegem os membros do conselho deliberativo em assembleia geral.[34]

O conselho, por sua vez, elege o presidente e os diretores. Importante destacar que muitos estatutos preveem também a figura do conselheiro vitalício, ou seja, uma parte do conselho (geralmente 1/3) possuirá mandato por tempo indefinido, o que dificulta ainda mais a renovação e a representatividade dos associados.

[34] Três (Corinthians, Palmeiras e Santos) dos quatro grandes clubes do Estado de São Paulo adotam esse modelo em seus estatutos sociais.

Portanto, nota-se que os associados (e a assembleia) ocupam praticamente uma figura decorativa na gestão do clube, uma vez que o poder decisório se concentra quase exclusivamente na mão do conselho deliberativo. Já a assembleia acaba perdendo importância, uma vez que se reúne esporadicamente apenas para eleger os membros do conselho deliberativo.

O processo de gestão das agremiações se dá de maneira majoritariamente política, diferentemente das sociedades comerciais, em que a gestão é sempre norteada com base nos fins econômicos. Soma-se a isso o fato de que os conselheiros e diretores estatutários não recebem qualquer remuneração, o que, inevitavelmente, contribui para a natureza amadorística das agremiações futebolísticas.

Como bem pontua Rodrigo Rocha Monteiro de Castro,[35] "[os dirigentes] não podem, como regra, dar-se ao luxo de abandonar suas profissões ou transferir suas empresas a sucessores. Dividem-se, portanto, entre o emprego ou trabalho diário e os temas do clube do coração".

Conclui-se, então, que apenas uma gestão profissional, pautada pelas melhores práticas de governança e amparada por uma estrutura jurídica adequada, pode lograr êxito em um mercado onde o constante aperfeiçoamento é condição *sine qua non* para a fiabilidade financeira da exploração da atividade futebolística profissional.

A partir dessa premissa é que surge a iniciativa legislativa do ex-Deputado Federal Otavio Leite para a criação da Sociedade Anônima do Futebol, por meio do Projeto de Lei nº 5.082/2016.

Em sua justificativa ao Projeto de Lei nº 5.082/2016, Otavio Leite bem destaca o cerne da louvável iniciativa:

[35] CASTRO, Rodrigo R. Monteiro de. **Governo e (des)governo no futebol.** 13 abr. 2016. Disponível em: < https://www.migalhas.com.br/MeiodeCampo/109,MI237444,61044-Governo+e+desgoverno+no+futebol>. Acesso em: 01 mai. 2019.

A presente proposta é fruto de uma profunda reflexão e estudos de juristas afetos à temática futebolística, ao direito tributário e comercial. Tive a oportunidade de desenvolver debates e aprofundar abordagem com os mesmos, na busca de identificar novos caminhos para o futuro do futebol brasileiro – que, a rigor, encontra-se muito distante das estruturas mais avançadas no mundo, notadamente europeias.

O projeto aqui apresentado, de criação da Sociedade Anônima do Futebol (SAF), se justifica porque oferece a via de direito apta a lidar com o fenômeno que transformou o futebol no planeta: sua modernização. A SAF é o instrumento adequado, pelas características que se revelam neste Projeto, para que se trilhe o caminho dessa modernidade.

A SAF oferece aspectos societários, de governança, tributários e sociais que justificam o esforço de resgate do esporte mais popular do país, alçando-o à condição de bem econômico – talvez, aliás, um dos mais relevantes bens do brasileiro -, sem, por outro lado, desconsiderar a relevância do futebol como bem cultural, tampouco a relevância dos aspectos tradicionais que envolvem a relação time-torcedor.

3. Principais aspectos da sociedade anônima do futebol

A Sociedade Anônima do Futebol – SAF é um tipo societário próprio, cujos dispositivos foram adaptados à realidade das agremiações do País, de modo a criar as ferramentas jurídicas necessárias à criação e ao desenvolvimento de um ambiente mais propício ao fomento econômico da exploração da atividade futebolística nacional.

Conforme mencionado anteriormente no presente trabalho, trata-se de um mecanismo legal que oferece uma terceira via aos clubes profissionais para modernizar suas gestões.

Passemos, então, a analisar os principais aspectos trazidos pelo Projeto de Lei nº 5.082/2016.

3.1. Natureza jurídica, constituição e objeto

a) Natureza jurídica

Conforme mencionado anteriormente, a Sociedade Anônima do Futebol é um novo tipo societário, e não uma nova aplicação de um tipo societário já existente (sociedade anônima instituída pela Lei nº 6.404/76), uma vez que possui regras específicas e é regida por lei própria.

Não obstante, a ela se aplica a Lei nº 6.404/76, de modo complementar, naquilo que não for expressamente tratado em seu diploma (art. 2º). Dessa forma, além de possuir regras próprias especificamente elaboradas para a sua realidade, a Sociedade Anônima do Futebol pode se valer de institutos já consagrados pela Lei nº 6.404/76, o que traz inegável segurança jurídica à sua aplicação e afasta eventuais questionamentos sobre sua previsibilidade em matérias contenciosas nos tribunais.

Faz-se importante destacar que as regras previstas no Projeto de Lei nº 5.082/2016 não poderão ser substituídas ou modificadas pela norma complementar, ou seja, pela Lei nº 6.404/76.[36]

b) Constituição

De acordo com o art. 3º do Projeto de Lei nº 5.082/2016, existem quatro formas possíveis para a constituição da Sociedade Anônima do Futebol.

A primeira delas compreende a transformação de associação civil em Sociedade Anônima do Futebol, desde que a referida associação já seja titular de direitos e ativos relacionados à prática de futebol[37] (clube de futebol). Nesse caso, aplicam-se,

[36] CASTRO, Rodrigo R. Monteiro de; MANSSUR, José Francisco C.; GAMA, Tácio Lacerda. **Sociedade Anônima do Futebol:** Exposição e comentários ao Projeto de Lei 5.082/16. São Paulo: Quartier Latin, 2017. p. 51.

[37] A regra de transformação vale também para federações (regional), ligas ou confederações (nacional) que administram o futebol (*e.g.* Federação Paulista de Futebol – FPF e Confederação Brasileira de Futebol – CBF).

de maneira complementar e no que couber, as regras de transformação previstas na Lei nº 6.404/76, em especial os artigos 220, 221 e 222.[38]

A segunda maneira se dá pela própria associação, que constituiria uma SAF transferindo-lhe direitos e ativos relacionados à prática ou à administração do futebol para formação de seu capital. Assim, o capital social subscrito pode ser integralizado com qualquer bem (relacionado à prática de futebol) passível de avaliação econômica, nos termos do artigo 7º do Projeto de Lei nº 5.082/2016.

Ademais, assim como dispõe o artigo 8º da Lei nº 6.404/76,[39] o Projeto de Lei nº 5.082/2016 prevê no Parágrafo 6º do artigo

[38] Art. 220. A transformação é a operação pela qual a sociedade passa, independentemente de dissolução e liquidação, de um tipo para outro.
Parágrafo único. A transformação obedecerá aos preceitos que regulam a constituição e o registro do tipo a ser adotado pela sociedade.
Art. 221. A transformação exige o consentimento unânime dos sócios ou acionistas, salvo se prevista no estatuto ou no contrato social, caso em que o sócio dissidente terá o direito de retirar-se da sociedade.
Parágrafo único. Os sócios podem renunciar, no contrato social, ao direito de retirada no caso de transformação em companhia.
Art. 222. A transformação não prejudicará, em caso algum, os direitos dos credores, que continuarão, até o pagamento integral dos seus créditos, com as mesmas garantias que o tipo anterior de sociedade lhes oferecia.
Parágrafo único. A falência da sociedade transformada somente produzirá efeitos em relação aos sócios que, no tipo anterior, a eles estariam sujeitos, se o pedirem os titulares de créditos anteriores à transformação, e somente a estes beneficiará. BRASIL. Lei nº 6.404, de 15 de dezembro de 2002. Dispõe sobre as Sociedades por Ações. Legislação Federal.

[39] Art. 8º **A avaliação dos bens será feita por 3 (três) peritos ou por empresa especializada**, nomeados em assembleia-geral dos subscritores, convocada pela imprensa e presidida por um dos fundadores, instalando-se em primeira convocação com a presença de subscritores que representem metade, pelo menos, do capital social, e em segunda convocação com qualquer número. BRASIL. Lei nº 6.404, de 15 de dezembro de 2002. Dispõe sobre as Sociedades por Ações. Legislação Federal. Grifo nosso.

7º que os bens conferidos para formação do capital social deverão ser avaliados por empresas especializadas. Nesse sentido, há que se destacar que o texto legal sugerido não traz mais detalhes sobre o processo de avaliação e suas especificidades, de modo que a única interpretação possível é a da aplicação complementar das demais regras previstas no artigo 8º da Lei nº 6.404/76, incluindo a do Parágrafo 6º, que prevê que os avaliadores e subscritores responderão perante a companhia, os acionistas e terceiros pelos danos que lhes causarem por culpa ou dolo na avaliação.[40]

Ainda neste sentido, em caso de constituição de SAF por mais de um subscritor (sociedade pluripessoal), far-se-á necessária a aplicação da regra prevista no art. 115, Parágrafo 1º da Lei nº 6.404/76, ou seja, o subscritor que conferir um bem à formação do capital não poderá participar da deliberação que pretender aprovar o laudo de avalição, de modo a evitar potencial conflito de interesse. Quanto ao assunto, Nelson Eizirik[41] leciona no seguinte sentido:

> A proibição de voto não importa em impedimento de comparecer à assembleia e discutir matérias postas para deliberação. O impedimento é de voto, ratione materiae, não de comparecimento e manifestação de opinião sobre as matérias objeto da ordem do dia.
>
> [...] Há uma presunção absoluta de que o acionista, no caso, não tem isenção para votar, quer na escolha dos peritos, quer no laudo por eles elaborado.
>
> Tal vedação visa preservar a realidade do capital, impedindo o acionista de utilizar o seu direito de voto para aprovar laudo que

[40] EIZIRIK, Nelson. **A Lei das S/A comentada**, 2. ed., V. I. São Paulo: Quartier Latin, 2015. p. 126.

[41] EIZIRIK, Nelson. **A Lei das S/A comentada**, 2. ed., V. II. São Paulo: Quartier Latin, 2015. p. 217.

possa supervalorizar os seus bens. Como a vedação é absoluta, é irrelevante a intenção do acionista ou o conteúdo do seu voto.

Portanto, não há que se falar em vedação em caso de constituição de SAF por associação (clube), de forma individual e unipessoal.

Destaca-se que o clube (associação) que constituir uma SAF não poderá participar, direta ou indiretamente, de competições profissionais de futebol, de modo que o direito de participar das competições será exclusivo da SAF constituída.

A terceira maneira possível para constituição de uma Sociedade Anônima do Futebol se dá pela iniciativa de uma pessoa, física ou jurídica, que assume, de associação já existente (clube), direitos relacionados ao futebol (*e.g.* direitos de imagem, direitos sobre a marca, direitos federativos de atletas etc.). Nesse caso, a formação do capital da Sociedade Anônima do Futebol se dará pela integralização de tais direitos anteriormente detidos por uma associação que, "por qualquer motivo, tenha resolvido cedê-los, aliená-los ou praticado qualquer ato que legitime o acionista a transferi-los para a SAF, mediante integralização".[42] Para tanto, o acionista deverá observar as regras previstas nos artigos 14 e 15 do Projeto de Lei nº 5.082/2016[43] (conforme mencionado abaixo).

[42] Castro, Rodrigo R. Monteiro de; Manssur, José Francisco C.; Gama, Tácio Lacerda. **Sociedade Anônima do Futebol:** Exposição e comentários ao Projeto de Lei 5.082/16. São Paulo: Quartier Latin, 2017. p. 53.

[43] Art. 14. A constituição da SAF depende do cumprimento dos seguintes requisitos: I – subscrição, por pelo menos uma pessoa, física ou jurídica, de todas as ações em que se divide o capital social; e II – depósito, em estabelecimento bancário autorizado pela CVM, da totalidade do capital realizado em dinheiro. § 1º. O depósito poderá ser realizado no prazo de 30 (trinta) dias, contados da deliberação que aprovar a constituição da SAF.
Art. 15. A SAF somente pode ser constituída por Clube, Federação, Liga ou Confederação; por sociedade empresária que tenha por objeto a prática do

Por fim, a última maneira de constituição se dá pela transformação de uma sociedade empresária existente que já exerça atividades futebolísticas profissionais em uma Sociedade Anônima do Futebol.[44] Portanto, trata-se de uma transformação de um tipo societário em outro, observadas, de modo complementar, as regras previstas nos artigos 220, 221 e 222 da Lei nº 6.404/76.

Além das formas de constituição, a proposta do texto legal elenca alguns requisitos para a formação de uma Sociedade Anônima do Futebol.

Nos termos do art. 14 do Projeto de Lei nº 5.082/2016, as ações deverão ser subscritas por pelo menos uma pessoa, seja ela física ou jurídica. Ou seja, diferentemente das sociedades anônimas, a Sociedade Anônima do Futebol poderá ser unipessoal desde sua formação, o que traz grande flexibilidade para a sua constituição e permite, por exemplo, que um clube (associação) constitua uma SAF isoladamente.

Além disso, em caso de subscrição de capital em dinheiro, far-se-á necessário o depósito dos valores em estabelecimento bancário autorizado pela Comissão de Valores Mobiliários, em até 30 (trinta) dias da data de deliberação que aprovou a constituição da sociedade. Tal disposto difere da regra prevista na Lei nº 6.404/76, na qual o acionista subscritor é obrigado a

futebol e participe de competições desportivas profissionais; ou por pessoa física ou jurídica, na forma da alínea (c) do art. 3º.
§ 1º. Nas hipóteses previstas nas alíneas (c) e (d) do art. 3º, a sociedade empresária ou o Clube, conforme o caso, deverá estar inscrito em uma competição profissional, nacional ou regional, de primeira, segunda, terceira ou quarta divisão, organizada por Confederação, Federação ou Liga. CONGRESSO NACIONAL. Projeto de Lei nº 5.082/2016 – Sociedade Anônima do Futebol. Disponível em: <http://www.camara.gov.br/proposicoesWeb/fichadetramitacao?idProposicao=2082511>. Acesso em 1 abr. 2019.

[44] Tais sociedades já existentes são aquelas hoje chamadas de "clubes-empresas", como o Red Bull Brasil (Red Bull Futebol e Entretenimento Ltda.), que recentemente adquiriu o tradicional Bragantino.

integralizar 10%, no mínimo, do preço de emissão das ações subscritas em dinheiro.

É importante destacar que o prazo de 30 (trinta) dias mencionado acima permite ao subscritor inscrever o ato constitutivo da SAF no registro de comércio antes mesmo da realização do depósito. É nesse sentido que discorre Rodrigo Rocha Monteiro de Castro[45]:

> A fim de evitar complicações burocráticas, que insistem em dificultar o processo de constituição de companhias no Brasil, o §1º aponta que o depósito em dinheiro se realize no prazo de trinta dias. Por esse motivo, o registro do comércio não poderá negar-se a arquivar o ato constitutivo da SAF pela ausência de depósito prévio.
>
> Decorrido este prazo, porém, sem que se proceda ao depósito, a constituição será irregular, respondendo os fundadores solidária e ilimitadamente pelas obrigações da SAF.

Outro requisito é o do art. 15, o qual dispõe que a sociedade somente poderá ser constituída por (i) associação civil sem fins lucrativos, titular de direitos e ativos relacionados à prática de futebol (ou federação, liga ou confederação de futebol); (ii) sociedade empresária que tenha por objeto a prática do futebol e participe de competições desportivas profissionais; ou (iii) por pessoa física ou jurídica, na forma da alínea (c) do art. 3º (terceira forma de constituição mencionada acima). Ademais, nas hipóteses das terceira e quarta formas de constituição anteriormente mencionadas, faz-se necessário que a sociedade empresária ou o clube, conforme o caso, esteja ins-

[45] CASTRO, Rodrigo R. Monteiro de; MANSSUR, José Francisco C.; GAMA, Tácio Lacerda. **Sociedade Anônima do Futebol:** Exposição e comentários ao Projeto de Lei 5.082/16. São Paulo: Quartier Latin, 2017. p. 81.

crito em uma competição profissional, nacional ou regional, de primeira, segunda, terceira ou quarta divisão, organizada por confederação, federação ou liga.

O que se pretende aqui é limitar o objeto da sociedade à prática de atividades futebolísticas profissionais.

c) Objeto

Por ser um tipo societário específico, e para que não haja desvio de finalidade, a proposta de texto legal definiu, por meio do art. 4º, que o objeto da Sociedade Anônima do Futebol será:

> (i) a participação em competições profissionais de futebol; (ii) a formação e a negociação de direitos econômicos de atletas profissionais; (iii) a promoção e a organização de espetáculos ligados ao futebol, bem como de espetáculos culturais; (iv) o fomento e o desenvolvimento de atividades relacionadas com a prática do futebol; (v) a exploração, sob qualquer forma, dos direitos de propriedade intelectual próprios, inclusive cedidos, a qualquer título, pela Associação que a constituir; (vi) a exploração de direitos de propriedade intelectual de terceiros, relacionados ao futebol; (vii) a exploração econômica de ativos, inclusive imobiliários, transferidos no ato de sua constituição ou sobre o qual detenha direitos, de algum modo ligados à prática do futebol; e (viii) quando aplicável, a administração do futebol e atividades conexas.

Importante destacar que a lista prevista no *caput* do art. 4º não é taxativa, de modo que o estatuto da sociedade poderá prever outras atividades, desde que relacionadas à prática ou à administração do futebol.

3.2. Capital social, ações e informação de participação relevante

a) Capital social

O capital social da Sociedade Anônima do Futebol é dividido em ações, com ou sem valor nominal, com livre negociação.[46]

Assim como previsto na Lei nº 6.404/76,[47] a responsabilidade dos acionistas será limitada ao preço de emissão das ações subscritas ou adquiridas. Tal preço será determinado na assembleia de constituição ou em qualquer outra ocasião de aumento de capital.

Conforme mencionado no item 3.1.b acima, a formação do capital social da Sociedade Anônima do Futebol pode se dar em dinheiro e/ou em bens suscetíveis de avaliação em dinheiro (*e.g.* imóveis, direitos de propriedade intelectual etc.), desde que tais bens estejam associados à prática de atividade futebolística, em consonância com o art. 4º mencionado acima.

No ato da constituição da SAF por associação, será obrigatória a transferência de direitos e obrigações decorrentes de relações, de qualquer natureza, estabelecidos com federação, liga ou confederação, incluindo, por exemplo, direitos de participação em competições profissionais.

Além disso, será obrigatória a transferência de contratos de trabalho, contratos de uso de imagem ou quaisquer outros contratos vinculados a pessoas empregadas na atividade do futebol.

b) Ações

Nas SAF, assim como nas sociedades anônimas convencionais, os estatutos fixarão o número de ações em que o capital social será dividido.

[46] A livre negociação pode ser excetuada em caso do estabelecimento de regras de vedação à negociação por meio de acordo de acionistas.

[47] Art. 1º A companhia ou sociedade anônima terá o capital dividido em ações, e a responsabilidade dos sócios ou acionistas será limitada ao preço de emissão das ações subscritas ou adquiridas. BRASIL. Lei nº 6.404, de 15 de dezembro de 2002. Dispõe sobre as Sociedades por Ações. Legislação Federal.

Em relação às espécies de ações, as SAF poderão emitir ações ordinárias ou preferenciais, com a ressalva de que as ações preferenciais sem direito a voto, ou aquelas sujeitas a restrição no exercício do voto, não poderão ultrapassar o limite de 50% do total das ações emitidas. Referido dispositivo está compassado com a regra prevista no art. 15, Parágrafo 2º da Lei nº 6.404/76.

Ademais, aplicam-se à SAF as mesmas regras em relação às ações preferenciais previstas na Lei nº 6.404/76, de modo que estas poderão ter direito a voto (caso tal prerrogativa esteja expressamente prevista no estatuto social) ou a qualquer uma das vantagens previstas no art. 17 da Lei nº 6.404/76.[48]

No caso concreto, a emissão de ações preferenciais pelas SAF pode ser uma via facilitadora na captação de investidores cujo objetivo é meramente econômico, sem qualquer pretensão política ou administrativa sob a agremiação.

Cada ação ordinária corresponde a um voto nas deliberações da assembleia geral.

Ainda em relação às ações ordinárias, o Projeto de Lei nº 5.082/2016 inovou ao estabelecer no texto legal uma classe de ações ordinárias com direitos e vantagens únicos (previstos no art. 18 da proposta legislativa) – as ações ordinárias "classe A".

As ações ordinárias classe A somente poderão ser subscritas pelas associações (clubes), de modo que, enquanto a associação que emitiu referida ação for acionista da SAF, tal ação não poderá ser extinta. Tais ações conferem "direitos de veto" ao seu detentor, com o objetivo de "preservar a importância

[48] Art. 17. As preferências ou vantagens das ações preferenciais podem consistir:
I – em prioridade na distribuição de dividendo, fixo ou mínimo;
II – em prioridade no reembolso do capital, com prêmio ou sem ele; ou
III – na acumulação das preferências e vantagens de que tratam os incisos I e II.
BRASIL. Lei nº 6.404, de 15 de dezembro de 2002. Dispõe sobre as Sociedades por Ações. Legislação Federal.

histórica do time e sua relação com os torcedores".[49] Referidos direitos de veto estão elencados no art. 18 do Projeto de Lei nº 5.082/2016, conforme transcrição abaixo:

> Art. 18. É necessária a aprovação de acionista, detentor de ação classe A, enquanto esta classe representar pelo menos 10% do capital social votante ou do capital social total, para deliberar sobre:
>
> I – a alienação, oneração, cessão, conferência, doação ou disposição de qualquer bem imobiliário ou de direito de propriedade intelectual conferido pela Associação, para formação do capital social;
>
> II – a prática de qualquer ato de reorganização societária ou empresarial, como fusão, cisão, incorporação, incorporação de outra sociedade e transformação, ou a celebração de contrato de trespasse ou de cessão de ativos relacionados à prática ou à administração do futebol;
>
> III – a dissolução, liquidação e extinção; e
>
> IV – o pedido de recuperação judicial ou de falência.
>
> § 1º. A deliberação sobre as seguintes matérias dependerá de voto positivo de acionista, detentor de ação classe A, independentemente do percentual que essa ação representar do capital social votante ou total:
>
> I – a modificação da denominação;
>
> II – a modificação dos signos identificativos da equipe profissional, incluindo, símbolo, brasão, marca, alcunha, hino e cores;
>
> III – a utilização de estádio ou arena, em caráter permanente, distinto daquele utilizado pela Associação, antes da constituição da SAF;

[49] CASTRO, Rodrigo R. Monteiro de; MANSSUR, José Francisco C.; GAMA, Tácio Lacerda. **Sociedade Anônima do Futebol:** Exposição e comentários ao Projeto de Lei 5.082/16. São Paulo: Quartier Latin, 2017. p. 98.

IV – a mudança da sede para outro município; e

V – reforma do estatuto que altere qualquer condição, direito ou preferência da ação classe A.

Além do caráter protetivo acerca de matérias de cunho societário e patrimonial, o dispositivo previsto no art. 18 pretende resguardar as origens das agremiações, ao introduzir vetos acerca de questões culturais e históricas envolvendo o clube. Tais vetos, inclusive, perdurarão enquanto a associação for acionista da SAF, mesmo que, para tanto, possua apenas uma ação ordinária classe A. Ou seja, ainda que a associação transfira por completo o controle societário da SAF para terceiros, certos poderes ainda restarão resguardados, o que, do ponto de vista cultural, é essencial para a preservação das origens e tradições das agremiações.[50]

Importante mencionar que o estatuto social da SAF poderá ampliar a relação das matérias indicadas acima.

c) Informação de participação relevante

Inspirado no regime informacional previsto na regulamentação do mercado de capitais brasileiro (da Comissão de Valores Mobiliários), o art. 17 do Projeto de Lei nº 5.082/2016 estabelece regra de comunicação e publicidade em caso de atingimento de participação acionária em certo percentual no capital social da SAF.

Tal dispositivo, que se assemelha ao previsto no art. 12 da Instrução CVM nº 358, de 3 de janeiro de 2002,[51] estabelece

[50] Referido regime de fidelidade ao clube fundador foi claramente exportado da experiência legislativa portuguesa, que estabeleceu diversos requisitos mínimos acerca da distribuição do capital da SAD, com o mesmo intuito de preservar a história e a identidade das agremiações futebolísticas.

[51] Art. 12. Os acionistas controladores, diretos ou indiretos, e os acionistas que elegerem membros do conselho de administração ou do conselho fiscal, bem

que a pessoa que, mediante subscrição ou aquisição de ações, atingir participação societária representativa de 10% ou mais do capital social da SAF, ou que, mesmo não atingindo este percentual, se tornar a maior acionista da SAF, deverá, no prazo de 5 (cinco) dias, informar à SAF, formalmente, e comunicar ao público, por meio da rede mundial de computadores (publicação em *website* próprio e em *website* da SAF), o objetivo da participação e quantidade visada, contendo declaração de que a subscrição ou aquisição objetiva, ou não, alterar a composição do controle ou a estrutura administrativa da SAF.

Além disso, o mesmo art. 17 estabelece ainda que a pessoa que se enquadrar nos parâmetros acima deverá informar também o nome da pessoa física que lhe for controladora, direta ou indireta, inclusive por intermédio de outras pessoas jurídicas ou entidades não personificadas, ou quaisquer formas de detenção de direitos.

como qualquer pessoa natural ou jurídica, ou grupo de pessoas, agindo em conjunto ou representando um mesmo interesse, que realizarem negociações relevantes deverão enviar à companhia as seguintes informações:
I – nome e qualificação, indicando o número de inscrição no Cadastro Nacional de Pessoas Jurídicas ou no Cadastro de Pessoas Físicas;
II – objetivo da participação e quantidade visada, contendo, se for o caso, declaração de que os negócios não objetivam alterar a composição do controle ou a estrutura administrativa da sociedade;
III – número de ações e de outros valores mobiliários e instrumentos financeiros derivativos referenciados em tais ações, sejam de liquidação física ou financeira, explicitando a quantidade, a classe e a espécie das ações referenciadas;
[...] § 1º Considera-se negociação relevante o negócio ou o conjunto de negócios por meio do qual a participação direta ou indireta das pessoas referidas no caput ultrapassa, para cima ou para baixo, os patamares de 5% (cinco por cento), 10% (dez por cento), 15% (quinze por cento), e assim sucessivamente, de espécie ou classe de ações representativas do capital social de companhia aberta. BRASIL. Instrução CVM nº CVM nº 358, de 3 de janeiro de 2002. Comissão de Valores Mobiliários. Disponível em: < http://www.cvm.gov.br/legislacao/instrucoes/inst358.html>. Acesso em 1 abr. 2019.

Tal dispositivo informacional tem o objetivo de "evitar o descontrole organizacional e a ausência informacional a respeito dos propósitos de acionistas em relação à SAF. Não de qualquer acionista, mas daquele que puder [...] abalar ou modificar a estrutura societária e as relações de poder".[52]

A despeito da nobre intenção do legislador, o regime informacional previsto no referido art. 17 pode, no caso concreto, tornar-se infactível por dois motivos. O primeiro é a obrigação do acionista da SAF de realizar a divulgação das informações em *website* próprio. Em caso de pessoa física, tal burocracia torna-se custosa, o que, inevitavelmente, poderá ensejar o constante descumprimento da norma. O segundo motivo se dá pela dificuldade na fiscalização do cumprimento dessa norma, o que pode torná-la inócua. Portanto, a fim de evitar onerosidade excessiva e inaplicabilidade da norma, far-se-ia importante definir que tal regime informacional fosse aplicável apenas às SAF listadas em bolsa de valores.

3.3. Participações em outras sociedades

A fim de evitar situações conflituosas, principalmente do ponto de vista esportivo, o Projeto de Lei nº 5.082/2016 trouxe em seus artigos 19 a 23 uma série de vedações acerca da participação da SAF e seus acionistas em outras sociedades com o mesmo propósito.

Nesse sentido, de acordo com art. 19, uma SAF não poderá participar do capital social de outra SAF, o que não impede as sociedades de celebrarem contratos associativos ou empresariais, desde que não participem das mesmas competições profissionais.

[52] Castro, Rodrigo R. Monteiro de; Manssur, José Francisco C.; Gama, Tácio Lacerda. **Sociedade Anônima do Futebol:** Exposição e comentários ao Projeto de Lei 5.082/16. São Paulo: Quartier Latin, 2017. p. 90.

Já de acordo com o art. 20, uma associação (clube) não poderá ser acionista de duas Sociedades Anônimas do Futebol concomitantemente. Da mesma forma, o controlador da SAF, individual ou integrante de acordo de controle, não poderá deter participação em outra SAF (art. 21).

Ademais, o acionista que detiver 10% ou mais do capital votante ou total da SAF (participação relevante, no entender do legislador), sem controlá-la, e que participe de outra SAF, ficará impedido de participar da assembleia da outra SAF e votar (art. 22).

Por fim, o estatuto da SAF poderá prever a vedação à participação em seu capital de pessoas que já detenham participação em outra SAF (art. 23).

Referidas vedações são bem-vindas, uma vez que as relações mencionadas acima poderiam eventualmente gerar situações conflituosas e promíscuas do ponto de vista esportivo, como a combinação de resultados para favorecer uma agremiação em detrimento de outra.

3.4. Administração

a) Considerações gerais

Nos termos do Projeto de Lei nº 5.082/2016, caberá ao conselho de administração e à diretoria, necessariamente, a administração da SAF (art. 24). Ou seja, diferentemente do disposto na Lei nº 6.404/76, a existência de um conselho de administração na SAF é requisito obrigatório. Assim, o modelo dualista (ou bipartido) de administração deverá ser adotado ainda que o quadro societário da SAF seja composto por apenas um acionista (associação fundadora), na forma de sociedade unipessoal.

A existência obrigatória do conselho de administração, órgão de deliberação colegiada responsável pela fixação dos negócios gerais da SAF (ao qual a Lei nº 6.404/76 atribui parcela da competência da assembleia geral, a fim de otimizar a gestão da sociedade[53]), "inaugura um sistema de pesos e contrapesos envolvendo os órgãos da administração, identificado como uma boa prática de governança".[54]

Nesse sentido, também leciona Nelson Eizirik[55]:

> Dada a crescente complexidade das empresas, cada vez de maior porte, às vezes em escala global, impõe-se um modelo de gestão especializado e compartimentalizado. É bastante frequente a adoção, pelas empresas, da administração descentralizada, segmentada em diferentes níveis organizacionais, cada qual responsável pelo exercício de uma função na companhia.

Além disso, Nelson Eizirik[56] destaca a importância do conselho como órgão da administração:

> Conforme vem sendo reconhecido, o conselho de administração é o principal componente do sistema de "governança corporativa", uma vez que constitui o elo entre os acionistas e a gestão profissional da companhia, orientando e supervisionando na atuação desta última. Sua missão principal é a de proteger e valorizar a sociedade, enquanto organização, otimizar o retorno do investimento no longo prazo e buscar o equilíbrio entre todas as partes interessadas nos negócios sociais.

[53] EIZIRIK, Nelson. **Direito Societário**: Estudos e Pareceres. São Paulo: Quartier Latin, 2015. p. 53.

[54] CASTRO, Rodrigo R. Monteiro de; MANSSUR, José Francisco C.; GAMA, Tácio Lacerda. **Sociedade Anônima do Futebol:** Exposição e comentários ao Projeto de Lei 5.082/16. São Paulo: Quartier Latin, 2017. p. 112.

[55] EIZIRIK, Nelson. **A Lei das S/A comentada**, 2. ed., V. III. São Paulo: Quartier Latin, 2015. p. 20.

[56] EIZIRIK, Nelson. **A Lei das S/A comentada**, 2. ed., V. III. São Paulo: Quartier Latin, 2015. p. 28.

Portanto, a iniciativa do legislador em empregar um modelo dualista obrigatório só vem a favorecer a estrutura de gestão e governança da SAF.

Com exceção ao disposto no art. 26 (conforme mencionado no item 3.4.c abaixo), o Projeto de Lei nº 5.082/2016 trouxe em seu texto regras específicas sobre a composição e o funcionamento do conselho, de modo que aplicar-se-ão de maneira complementar as regras da Lei nº 6.404/76. Assim, o conselho de administração será composto por, no mínimo, três membros, eleitos e destituídos a qualquer tempo pela assembleia geral, com um mandato de, no máximo, três anos, sendo permitida a reeleição.

Embora haja uma aplicação complementar, o Projeto de Lei nº 5.082/2016 não esclareceu como se daria a aplicação de certos pontos previstos na Lei nº 6.404/76, como a possibilidade de eleição em separado de membros do conselho de administração (e, também, do conselho fiscal) pelos acionistas minoritários.[57] Sobre o assunto, o legislador pode ter deixado de ousar um pouco mais no texto legal. Traçando-se um paralelo com o art. 140, Parágrafo único da Lei nº 6.404/76,[58] o texto legal poderia ter introduzido a possibilidade de participação no conselho de representante dos sócios-torcedores do clube, por exemplo, o que aumentaria ainda mais a representatividade da coletividade, bem como a transparência nos negócios.

A lógica de aplicação complementar das regras previstas na Lei nº 6.404/76 vale também para a diretoria da SAF, órgão ao qual compete a representação e a execução do objeto e das atividades da SAF. Neste sentido, a diretoria será formada por dois

[57] Nos termos dos arts. 141 e 161 da nº 6.404/76.

[58] O art. 140, Parágrafo único da Lei nº 6.404/76 prevê que: "O estatuto poderá prever a participação no conselho de representantes dos empregados, escolhidos pelo voto destes, em eleição direta, organizada pela empresa, em conjunto com as entidades sindicais que os representem".

ou mais membros, eleitos e destituídos a qualquer tempo pela assembleia geral, com um mandato de, no máximo, três anos, sendo permitida a reeleição.

b) Requisitos e impedimentos para indicação de administradores

O art. 25 do Projeto de Lei nº 5.082/2016 elenca as pessoas impedidas de integrar a diretoria, o conselho de administração ou o conselho fiscal da SAF, quais sejam: (i) membros de qualquer órgão de administração, deliberação ou fiscalização, bem como de órgão executivo, de outra SAF (concomitantemente); (ii) membros de qualquer órgão de administração, deliberação ou fiscalização, bem como de órgão executivo de clube que não tenha dado origem à SAF; (iii) membros de órgão de administração, deliberação ou fiscalização, bem como de órgão executivo de federações, ligas ou confederações de futebol; (iv) atletas profissionais de futebol com contrato de trabalho desportivo vigente; (v) treinadores em atividade com contrato celebrado com associação, federação, liga, confederação ou SAF; e (vi) árbitros de futebol em atividade.

Tais vedações foram propostas a fim de evitar potenciais situações envolvendo conflito de interesse. Sobre o assunto, Renato Vilela discorre: "[a] natureza prática do conflito de interesses nas companhias se revela quando o administrador eleito ou o acionista ocupa dois papéis negociais ao mesmo tempo".[59]

O rol de vedações acima se soma às regras já previstas nos artigos 146 e 147 da Lei nº 6.404/76, de modo que somente poderão ser eleitas pessoas físicas e, no caso de membro da diretoria, pessoas residentes no País. Ademais, não poderão ser eleitas pessoas impedidas por lei especial, ou condenadas por

[59] VILELA, Renato. **Conflito de Interesses nas Companhias**: Reflexões sobre as transações entre partes relacionadas pós IFRS. São Paulo: Almeidina, 2017. p. 26.

crime falimentar, de prevaricação, peita ou suborno, concussão, peculato, contra a economia popular, a fé pública ou a propriedade, ou pena criminal que vede, ainda que temporariamente, o acesso a cargos públicos.

Igualmente, serão inelegíveis para cargos de administração de SAF de capital aberto pessoas declaradas inabilitadas por ato da Comissão de Valores Mobiliários.

c) Indicação de membros do conselho de administração

O Projeto de Lei nº 5.082/2016 apresenta novidade de grande valia à SAF ao estabelecer, em seu art. 26, que enquanto a SAF tiver como única acionista a associação (clube), a metade, menos um dos membros deverá ser independente, conforme conceito de independência[60] empregado pela Comissão de Valores Mobiliários. Nos termos da Instrução CVM nº 461, de 23 de outubro de 2007[61]:

> Art. 26. Conselheiro independente é aquele que não mantém vínculo com:
>
> I – a entidade administradora, sua controladora direta ou indireta, controladas ou sociedade submetida a controle comum direto ou indireto;
>
> II – administrador da entidade administradora, sua controladora direta ou indireta, ou controlada;
>
> III – pessoa autorizada a operar em seu mercado; e
>
> IV – sócio detentor de 10% ou mais do capital votante da entidade administradora.

[60] Neste caso, o legislador pecou ao não incorporar o conceito de independência previsto no art. 16 da nova versão do Regulamento do Novo Mercado da B3 – Brasil, Bolsa, Balcão S.A.

[61] BRASIL. Instrução CVM nº CVM nº 461, de 23 de outubro de 2007. Comissão de Valores Mobiliários. Disponível em: <http://www.cvm.gov.br/legislacao/instrucoes/inst461.html>. Acesso em 1 abr. 2019.

> §1º Conceitua-se como vínculo com as pessoas mencionadas no caput:
>
> I – relação empregatícia ou decorrente de contrato de prestação de serviços profissionais permanentes ou participação em qualquer órgão administrativo, consultivo, fiscal ou deliberativo;
>
> II – participação direta ou indireta, em percentual igual ou superior a 10% (dez por cento) do capital total ou do capital votante; ou
>
> III – ser cônjuge, companheiro ou parente até o segundo grau.
>
> §2º Equipara-se à relação atual, para efeito do disposto no inciso I do §1º deste artigo, aquela existente no prazo de até um ano antes da posse como membro do Conselho.
>
> §3º Não se considera vínculo, para efeito do disposto no caput, a participação em órgão administrativo ou fiscal na qualidade de membro independente.

Tal obrigação perdurará até o momento em que admitir-se um novo acionista. Esta regra tem como propósito impor um novo regime à agremiação, "distante e diferente daquele atualmente adotado no manejo e na organização do futebol",[62] de modo a quebrar paradigmas na estrutura da gestão/administração do clube. Neste caso, o estatuto poderá estabelecer outros requisitos mínimos para a indicação dos conselheiros (*e.g.* idade mínima, notório conhecimento na área etc.).

Outra regra importante é a do art. 27, que estabeleceu que membros do conselho de administração da SAF, indicados pela associação (clube), que cumulativamente sejam associados da associação e integrem qualquer órgão da administração ou fiscalização da associação, não poderão receber remuneração da

[62] CASTRO, Rodrigo R. Monteiro de; MANSSUR, José Francisco C.; GAMA, Tácio Lacerda. **Sociedade Anônima do Futebol:** Exposição e comentários ao Projeto de Lei 5.082/16. São Paulo: Quartier Latin, 2017. p. 116.

SAF. Tal vedação foi incluída para evitar potenciais situações de conflito de interesse, como a eventual realização de indicação de um membro baseada em motivos meramente pessoais e econômicos e em detrimento de aspectos técnicos. Assim, além de evitar potenciais situações conflituosas, reforça-se o conceito de separação entre as atividades do clube social e do departamento profissional de futebol.

d) Indicação de membros da diretoria

Quanto à indicação de membros para a diretoria da SAF, o Projeto de Lei nº 5.082/2016 determina dois requisitos especiais.

O primeiro diz respeito à exclusividade no exercício da função. Nos termos do art. 28 do texto legal, os diretores indicados devem dedicar-se exclusivamente à função de administrador da SAF, conforme critérios estabelecidos no estatuto social. Portanto, os diretores não poderão exercer outras funções profissionais paralelamente, devendo empregar seus esforços integralmente na gestão da SAF.

Este requisito toca no cerne de um dos maiores problemas do atual futebol brasileiro: o amadorismo na gestão dos clubes. A grande maioria dos clubes de futebol no Brasil é gerida por pessoas que atuam simultaneamente em outras áreas e profissões, de modo que a gestão do clube é inevitavelmente tratada em segundo plano. Referido modelo de gestão "compartilhada" torna-se impensável considerando-se a complexa realidade dos clubes de futebol nos dias de hoje. A SAF, assim como qualquer outra grande empresa, necessita de gestores que atuem de modo exclusivo.

Já o segundo requisito, previsto no art. 29, dispõe que os diretores da associação (clube) não poderão ser indicados como diretores de SAF constituída pela própria associação (SAF unipessoal). Tal dispositivo é essencial, uma vez que o "compartilhamento" de administradores desvirtuaria a finalidade da SAF de separação entre clube social e futebol, tornando sua constituição um mero formalismo.

e) Comunicação acerca do quadro de administradores

Adicionalmente ao sistema informacional mencionado no item 3.5 abaixo, a SAF deverá enviar anualmente à confederação (no caso concreto, a CBF – Confederação Brasileira de Futebol) uma relação completa de seus administradores (diretores e membros do conselho de administração). A confederação, deste modo, deverá divulgar as referidas informações em seu *website* na internet, de maneira atualizada, acerca dos administradores das (i) SAF que participem da primeira, segunda, terceira e quarta divisões do campeonato nacional de futebol; e (ii) SAF que tiverem como objeto a administração regional ou a administração de ligas.

Referida iniciativa do legislador é salutar do ponto de vista informacional e de transparência, e vai ao encontro das melhores práticas já adotadas pelo mercado, em especial, pelas companhias abertas. Com bem pontua Rodrigo Rocha Monteiro de Castro[63]:

> Parte-se da premissa de que a SAF cumpre um papel que extrapola os interesses privados da própria pessoa jurídica ou de seus acionistas. Vai, de fato, além. Sua atuação interessa à sociedade como um todo. Por isso, a importância de divulgar, por distintos meios, a composição ou eventuais modificações na composição de sua administração.

[63] CASTRO, Rodrigo R. Monteiro de; MANSSUR, José Francisco C.; GAMA, Tácio Lacerda. **Sociedade Anônima do Futebol:** Exposição e comentários ao Projeto de Lei 5.082/16. São Paulo: Quartier Latin, 2017. p. 120.

f) Conselho Fiscal

Além das regras inovadoras mencionadas anteriormente, o Projeto de Lei nº 5.082/2016 também determina que as SAF tenham um conselho fiscal de funcionamento permanente (diferentemente da sociedade anônima convencional, em que o funcionamento do conselho fiscal é facultativo[64]), que deverá ser composto por no mínimo 3 (três) e no máximo 5 (cinco) membros, e suplentes de igual número (arts. 31 e 32).

Importante ressaltar que o conselho fiscal é órgão independente e autônomo de controle e fiscalização de gestão da SAF, de modo que não se submete aos órgãos da administração (diretoria e conselho de administração). Sua função primordial é fiscalizar os atos de gestão da administração, incluindo as contas da SAF. Portanto, considera-se que o conselho fiscal "constitui o instrumento interno, orgânico e institucionalizado, para o exercício [do direito de] da fiscalização por parte dos acionistas".[65]

Considerando-se as somas astronômicas que atualmente são gerenciadas pelas agremiações futebolísticas e as complexidades dos negócios envolvidos, a existência obrigatória da figura do conselho fiscal nas SAF é primordial para que haja um devido controle dos atos de gestão da administração.

O texto legal (art. 33) inova mais uma vez ao determinar que, enquanto a SAF tiver como única acionista a associação (clube) que a constituiu, a maioria, pelo menos, dos membros do conselho fiscal deverá ser independente, conforme conceito de independência empregado pela Comissão de Valores Mobiliários. A lógica, neste caso, é a mesma empregada no caso dos membros independentes do conselho de administração (conforme item 3.4.c acima).

[64] COELHO, Fábio Ulhoa. **Manual de Direito Comercial:** Direito de Empresa. São Paulo: Saraiva, 23. ed. 2011.p. 235.

[65] EIZIRIK, Nelson. **A Lei das S/A comentada**, v. III, 2. ed. São Paulo: Quartier Latin, 2015. p. 198.

Como forma de resguardar o vínculo da associação (clube) com a SAF, o Projeto de Lei nº 5.082/2016 determina que a associação poderá indicar, enquanto for acionista da SAF, independentemente de sua participação, pelos menos a metade, menos um, dos membros do conselho fiscal (art. 34). Assim, ainda que a base acionária da associação seja diluída com o passar do tempo, esta poderá sempre ter papel atuante na fiscalização da gestão da SAF a qual constituiu.

Ademais, caso a associação passe a deter participação minoritária na SAF (e, portanto, passe a indicar menos da metade dos membros do conselho fiscal), esta não estará mais obrigada a indicar membros independentes nos termos do art. 33 mencionado acima, de modo que tal indicação poderá ser direcionada a qualquer pessoa elegível nos termos da lei.

Por fim, para que seja preservada a independência e autonomia do conselho fiscal como órgão de fiscalização, o art. 35 da proposta legislativa dispõe que não poderão ser indicadas para o cargo de conselheiro fiscal as pessoas que já sejam empregadas ou que exerçam algum cargo na associação (clube).

Como se vê, as regras relativas à composição do conselho fiscal, impostas pelo legislador a todas as SAF, são determinantes para que haja a efetiva independência desse órgão na estrutura organizacional dos clubes. Uma eventual flexibilização dessas regras poderia, por conseguinte, deturpar a função primordial desse órgão, que é a fiscalização independente dos atos de gestão da administração.

Quanto às demais disposições, aplicar-se-á, de forma complementar, as regras para o conselho fiscal previstas na Lei 6.404/76.

3.5. Publicações e auditoria

a) Publicações

Conforme já mencionado exaustivamente neste trabalho, o objetivo do Projeto de Lei nº 5.082/2016 foi criar mecanismos societários que pudessem revolucionar a forma de gestão do futebol profissional no País. Neste sentido, além de regras de controle acionário e governança, fez-se importante criar um sistema informacional que objetivasse a total transparência (ou *full disclosure*) dos atos de gestão da SAF, de modo que os acionistas e demais terceiros interessados pudessem ter fácil acesso aos dados mencionados acima, incluindo informações financeiras e patrimoniais da SAF.

Assim, determinou-se no art. 40 do texto legal que, observadas certas especificidades mencionadas no art. 41, as SAF deverão observar as normas sobre publicações previstas na Lei 6.404/76 (além daquelas já determinadas no Projeto de Lei nº 5.082/2016). As SAF, portanto, deverão observar o regime de publicidade previsto no art. 289 da Lei 6.404/76, que prevê o seguinte:

> Art. 289. As publicações ordenadas pela presente Lei serão feitas no órgão oficial da União ou do Estado ou do Distrito Federal, conforme o lugar em que esteja situada a sede da companhia, e em outro jornal de grande circulação editado na localidade em que está situada a sede da companhia.

O art. 289 acima tem por finalidade dar amplitude e caráter oficial às publicações realizadas pelas companhias, revestindo-as de segurança jurídica. Modesto Carvalhosa[66] leciona sobre o assunto:

> A publicação oficial reveste-se de fé pública, acarretando a presunção de conhecimento dos atos e dos negócios jurídicos do interesse da companhia. Assim, a publicação oficial estabelece a presunção da legalidade, da oportunidade (cumprimento dos

[66] CARVALHOSA, Modesto. **Comentários à Lei de Sociedades Anônimas**, v. IV, Tomo II, 4. ed. São Paulo: Saraiva, 2011. p. 576.

> prazos de publicação da lei) e da veracidade dos atos e negócios societários. A publicação oficial cria a certeza jurídica dos atos publicados. E o arquivamento da publicação oficial (arts. 98 e 135), presta-se a verificar, a qualquer tempo, se todos os atos e negócios societários publicados foram praticados com observância das normas legais pertinentes quanto ao seu prazo e quanto ao seu mérito.
>
> Assim, a publicação oficial, embora não seja elemento formativo do ato ou do negócio societário, constitui requisito de sua eficácia e meio de prova de sua legalidade [...].

Como já é de amplo conhecimento do mercado, a efetivação da publicidade por meio da imprensa oficial e de jornais de grande circulação constitui burocracia extremamente custosa e ineficaz para as empresas. Tanto é que o próprio art. 289, em seu parágrafo 7º, autoriza as companhias abertas a realizarem as publicações previstas na lei pela internet.

Seguindo essa lógica, o art. 41 do Projeto de Lei nº 5.082/2016 tratou de flexibilizar a regra do art. 289 da Lei 6.404/76, ao determinar que a SAF poderá realizar todas as publicações previstas na lei em *website* próprio, devendo mantê-las na rede por prazo de 10 (dez) anos.

Assim, tornou a publicidade legal dos atos da SAF muito menos custosa e acessível aos acionistas e terceiros interessados, uma vez que hoje o acesso pela internet é um dos meios mais eficazes para a obtenção de informação.

b) Auditoria

Assim como previsto no art. 275, Parágrafo 4º da Lei 6.404/76, as demonstrações financeiras da SAF deverão ser auditadas por empresa de auditoria registrada na Comissão de Valores Mobiliários (art. 42).

Além disso, tais demonstrações financeiras das SAF que participem da primeira, segunda, terceira ou quarta divisão do campeonato nacional de futebol, bem como das SAF constituídas por federação ou liga, deverão ser encaminhadas à confederação (no caso concreto, a CBF – Confederação Brasileira de Futebol), por via eletrônica, no prazo de 24 (vinte e quatro) horas de sua aprovação, pela assembleia geral de acionistas. Neste sentido, a confederação deverá manter permanentemente em seu *website*, pelo prazo mínimo de 10 (dez) anos, sessão especial e de fácil acesso, com as demonstrações financeiras das SAF, destacando-as por exercício social.

3.6. Outros assuntos

Além dos temas abordados neste Capítulo 3, o Projeto de Lei nº 5.082/2016 trata de outros assuntos que, pela complexidade, merecem melhor análise em outra oportunidade. No entanto, vale destacar de maneira breve algumas dessas iniciativas abordadas no texto legal.

Uma delas é a previsão de emissão de debêntures especiais do futebol, denominadas no art. 53 do texto legal como "Debênture-Fut", que deverão ser remuneradas por taxa de juros prefixada, não podendo ser inferior ao rendimento anual da caderneta de poupança. No mesmo sentido, a SAF poderá, além da Debênture-Fut, emitir qualquer outro título ou valor mobiliário, nos termos da Lei 6.404/76, e/ou conforme regulação da Comissão de Valores Mobiliários.

Além do ponto acima, importante mencionar a louvável iniciativa prevista no Capítulo XVII do Projeto de Lei nº 5.082/2016, que trata do Programa de Desenvolvimento Educacional e Social. Referido programa cria "mecanismo de convênio entre a SAF e instituições públicas de ensino para promover medidas em prol do desenvolvimento da educação por meio do esporte, e do esporte por meio da educação".[67]

[67] CASTRO, Rodrigo R. Monteiro de. **Futebol e Governança.** São Paulo: Migalhas, 2018. p. 120.

4. Conclusão

O futebol brasileiro, como sabemos, não foi considerado como a paixão nacional por acaso. Mais do que uma modalidade esportiva, o "esporte mais popular do mundo" é uma das demonstrações socioculturais mais vividas pela sociedade brasileira. É, definitivamente, um patrimônio cultural da Nação. Por esse motivo, o futebol transcendeu sua importância cultural e afetiva, passando a ser um negócio (quando bem gerido) extremamente lucrativo, que movimenta bilhões de reais por ano, gerando milhares de empregos (diretos e indiretos) e renda para as mais diversas camadas da sociedade.

Como vimos no presente trabalho, a quase totalidade das agremiações futebolísticas profissionais do País não acompanharam a referida evolução econômica do esporte. A despeito do potencial econômico proporcionado pelo futebol nos dias de hoje, os clubes vêm gradativamente perdendo preciosas oportunidades de se organizarem de maneira perene e sustentável. Tal estado de coisas se justifica, principalmente, pelo ambiente jurídico-organizacional amador em que os clubes de futebol estão inseridos no Brasil. Amarrados por modelos jurídicos associativos antiquados, bem como pela falta de qualificação de seus gestores, os clubes de futebol careciam de um impulso que os colocasse novamente nas engrenagens do mercado.

É neste contexto que surge a proposta legislativa de criação da Sociedade Anônima do Futebol (SAF), um tipo societário próprio, cujos dispositivos foram adaptados à realidade das agremiações do País, de modo a criar as ferramentas jurídicas necessárias para a facilitação do desenvolvimento das atividades econômicas e negociais dos clubes profissionais de futebol. Importante destacar que a SAF se inspirou em precedentes legislativos estrangeiros de sucesso.

O Projeto de Lei nº 5.082/2016, embora careça de alguns ajustes, especialmente em relação à obscuridade (ou falta de clareza) de certas matérias em virtude da aplicação complementar da Lei 6.404/76 (Lei das Sociedades por Ações), procurou sabiamente estabelecer mecanismos societários que pudessem reinserir os clubes no contexto das sociedades mercantis, sem que fossem colocados em risco os aspectos culturais, históricos e afetivos que envolvem uma agremiação futebolística.

Portanto, ao analisar o contexto jurídico-econômico atual, conclui-se que a introdução da SAF em nosso ordenamento jurídico traria benefícios incalculáveis para as agremiações, produzindo uma verdadeira revolução por meio do direito societário.

Referências

CARVALHOSA, Modesto. **Comentários à Lei de Sociedades Anônimas**, v. IV, t. II, 4. ed. São Paulo: Saraiva, 2011.

CASTRO, Rodrigo R. Monteiro de. Projeto nacional de recuperação do futebol. **Estado de São Paulo**, São Paulo, 02 dez. 2015. Opinião. Disponível em: <http://opiniao.estadao.com.br/noticias/geral,projeto-nacional-de-recuperacao-do-futebol,10000003582>. Acesso em 04. nov. 2017.

_______. **Governo e (des)governo no futebol.** 13 abr. 2016. Disponível em: < https://www.migalhas.com.br/MeiodeCampo/109,MI237444,61044-Governo+e+desgoverno+no+futebol>. Acesso em: 01 mai. 2019.

_______. **A governança do futebol na Alemanha.** 12 abr. 2017. Disponível em: <https://www.migalhas.com.br/MeiodeCampo/109,MI257248,61044-A+governacao+do+futebol+na+Alemanha>. Acesso em: 01 mai. 2019.

_______. **Futebol e Governança**. São Paulo: Migalhas, 2018.

CASTRO, Rodrigo R. Monteiro de; MANSSUR, José Francisco C. **Futebol, Mercado e Estado:** Projeto de recuperação, estabilização e desenvolvimento sustentável do futebol brasileiro: estrutura, governo e financiamento. São Paulo: Quartier Latin, 2016.

CASTRO, Rodrigo R. Monteiro de; MANSSUR, José Francisco C.; GAMA, Tácio Lacerda. **Sociedade Anônima do Futebol.** Exposição e comentários ao Projeto de Lei 5.082/16. São Paulo: Quartier Latin, 2017.

CAPELO, Rodrigo. **Blog do Rodrigo Capelo**. Abr. 2019. Disponível em: <https://globoesporte.globo.com/blogs/blog-do-rodrigo-capelo/post/2019/04/10/revenda-de-jogadores-sociedade-anonima-e-transparencia-as-licoes-do-porto-para-o-futebol-brasileiro.ghtml-Maio-2019-3.pdf>. Acesso em: 1 mai. 2019.

COELHO, Fábio Ulhoa. **Manual de Direito Comercial:** Direito de Empresa. São Paulo: Saraiva, 23. ed. 2011.

DELOITTE. **World in motion – Annual Review of Footbal Finance 2019**. Mai. 2019. Disponível em: <https://www2.deloitte.com/uk/en/pages/sports-business-group/articles/annual-review-of-football-finance.html>. Acesso em: 20 mai. 2019.

EIZIRIK, Nelson. **Direito Societário**: Estudos e Pareceres. São Paulo: Quartier Latin, 2015.

_______. **A Lei das S/A comentada**, 2. ed., V. I. São Paulo: Quartier Latin, 2015.

_______. **A Lei das S/A comentada**, 2. ed., V. II. São Paulo: Quartier Latin, 2015.

_______. **A Lei das S/A comentada**, 2. ed., V. III. São Paulo: Quartier Latin, 2015.

GRABOWSKI, Artur. Institutional and Legal Order's Effect on Economic Situation of The German Sector of Sports Enterprises. **Ecoforum Journal**, v. 5, p. 44. 2016. Disponível em: <http://www.ecoforumjournal.ro/index.php/eco/article/view/319>. Acesso em: 01 mai. 2019.

INTERNATIONAL MONETARY FUND. **World Economic Outlook Database**. Abr. 2019. Disponível em: <https://www.imf.org/external/pubs/ft/weo/2019/01/weodata/index.aspx>. Acesso em: 30 mai. 2019.

ITAÚ BBA. **Análise Econômico-Financeira dos Clubes de Futebol Brasileiros | 2017**. Dados Financeiros de 2016. Set. 2017. Disponível em: <https://www.itau.com.br/itaubba-pt/noticias/itau-bba-divulga-analise--economico-financeira-dos-clubes-de-futebol-brasileiros-2017>. Acesso em: 26 nov. 2017.

_______. **Análise Econômico-Financeira dos Clubes de Futebol Brasileiros | 2018**. Dados Financeiros de 2017. Set. 2018. Disponível em: <https://www.itau.com.br/_arquivosestaticos/itauBBA/Analise_Clubes_Brasileiros_Futebol_Itau_BBA.pdf>. Acesso em: 12 fev. 2019.

MARKET INSIDER. 2019. Disponível em: < https://markets.businessinsider.com/stocks/bvb-stock>. Acesso em: 13 jun. 2019.

PELUSO, Cezar (coord.). **Código Civil Comentado**: Doutrina e Jurisprudência, 12. ed. São Paulo: Manole, 2018.

PLURI CONSULTORIA. **O PIB do Esporte Brasileiro**. Outubro, 2014. Disponível em: <http://new.pluriconsultoria.com.br/wp-content/uploads/2014/11/PIB-Esporte.pdf>. Acesso em: 20 nov. 2017.

SPORTSVALUE. **Maiores receitas com *matchday* do esporte global**. Fev. 2019. Disponível em: <http://www.sportsvalue.com.br/wp-content/

uploads/2019/02/SportsValue-Receitas-de-matchday-Fev-2019-1.pdf>. Acesso em: 20 mai. 2019.

_______. **Finanças dos clubes brasileiros em 2018**. Mai. 2019. Disponível em: <http://www.sportsvalue.com.br/wp-content/uploads/2019/05/SportsValue-Finan%C3%A7as-clubes-2018-Maio-2019-3.pdf>. Acesso em: 30 mai. 2019.

VILELA, Renato. **Conflito de Interesses nas Companhias**: Reflexões sobre as transações entre partes relacionadas pós IFRS. São Paulo: Almeidina, 2017.

Legislação

BRASIL. Lei nº 8.672, de 6 de julho de 1993. Legislação Federal.

BRASIL. Lei nº 9.615, de 25 de março de 1998. Legislação Federal.

BRASIL. Lei nº 10.406, de 10 de janeiro de 2002. Código Civil Brasileiro. Legislação Federal.

BRASIL. Instrução CVM nº CVM nº 358, de 3 de janeiro de 2002. Comissão de Valores Mobiliários. Disponível em: < http://www.cvm.gov.br/legislacao/instrucoes/inst358.html>. Acesso em 1 abr. 2019.

BRASIL. Instrução CVM nº CVM nº 461, de 23 de outubro de 2007. Comissão de Valores Mobiliários. Disponível em: <http://www.cvm.gov.br/legislacao/instrucoes/inst461.html>. Acesso em 1 abr. 2019.

BRASIL. Lei nº 12.395, de 16 de março de 2011. Legislação Federal.

CONGRESSO NACIONAL. Projeto de Lei nº 5.082/2016. Sociedade Anônima do Futebol. Disponível em: <http://www.camara.gov.br/proposicoesWeb/fichadetramitacao?idProposicao=2082511>. Acesso em 04 nov. 2017.

ESPANHA. Ley 10/1990, de 15 de outubro. Lei del desporte. 1990.

PORTUGAL. Decreto-Lei nº 67, de 3 de abril de 1997.

PORTUGAL. Decreto Lei nº 10, de 25 de janeiro de 2013.

Espólio na Posição de Sócio de Sociedade Limitada: Análise dos Direitos aos Lucros, ao Voto e à Fiscalização

Talita Evangelista Silvestre

Introdução

A morte é um evento natural da vida. Inevitável para todos os seres humanos. Apesar disso, ainda é um assunto tabu, o qual as pessoas não se sentem confortáveis em falar. Afinal, a morte ainda remete a um desconhecido, para muitos, amedrontador. Contudo, as consequências da morte superam o sentimento de perda de seus afetos e traz consequências patrimoniais que o mundo jurídico não pode ignorar.

O ramo do direito responsável por estudar tais consequências é o direito sucessório. Todavia, as repercussões da morte de uma pessoa atingem outros campos do ordenamento jurídico, tal como o direito societário.

Quando o sócio de uma sociedade limitada falece, inicia-se o desenrolar de eventos que podem gerar diversas implicações jurídicas.

Em vida, a pessoa natural era titular de quotas representativas do capital social de uma sociedade limitada, situação que lhe dava a posição de sócio. Tal posição outorgava a este sócio um complexo de direitos, deveres e ônus.

O objetivo deste trabalho é estudar se esta posição, denominada pela doutrina como "status socii", é mantida pelo ente despersonalizado chamado espólio.

O espólio pode constar no quadro societário de uma sociedade desde a data de falecimento do sócio até a efetiva partilha dos bens por ele deixados. Período este que pode ser considerável, ainda mais na perspectiva empresarial, onde os cenários mudam com rapidez e precisam de decisões ágeis. Em vista destas características, é necessário que haja segurança jurídica nas relações societárias, ainda mais quando há um espólio na condição de sócio.

Partindo-se da premissa que a legislação não é absolutamente clara sobre a posição do espólio como sócio das sociedades limitadas de naturezas empresárias, utilizaremos da metodologia hipotético-dedutivo no decorrer deste trabalho para analisar como deveria se desenrolar esta relação.

Para fins deste estudo, limitaremos a análise da posição de sócio do espólio ao exercício de apenas 3 (três) direitos: o direito ao lucro, o direito ao voto e o direito à fiscalização.

Adiantamos que não se trata de uma escolha aleatória. Como discorreremos nos capítulos seguintes, o direito ao lucro é o motivo pelo qual as pessoas criam sociedades, portanto é um direito que as partes têm enorme interesse de agir para persegui-lo. O direito a voto pode dar ao seu titular o poder de controle da sociedade, e consequentemente, o poder para direcionar seus atos. E por último, o direito de fiscalização, o qual possibilita ao sócio (ou no caso, ao espólio) a tomar usas decisões embasado na real situação da sociedade.

Verificaremos como cada um destes direitos poderá ser exercido nos 4 (quatro) cenários previstos no artigo 1.028 do Código Civil[1]. Nos termos do "caput" do referido artigo, em caso de

[1] BRASIL. "Código Civil. Lei nº 10.406, de 10 de Janeiro de 2002." 10 de Janeiro de 2002. Disponível em: http://www.planalto.gov.br/ccivil_03/leis/2002/l10406.htm (acesso em 17 de Junho de 2019).

morte de sócio, a regra geral é a liquidação de suas quotas, salvo se o contrato dispuser diferentemente; se os sócios remanescentes optarem pela dissolução da sociedade; e se, por acordo com os herdeiros, regular-se a substituição do sócio falecido.

Ao final, seremos capazes de concluir se a posição de sócio será ou não mantida pelo espólio nos cenários elencados.

1. "*Status socii*"

As sociedades são constituídas pela vontade de pessoas que desejam explorar alguma atividade econômica através de uma pessoa jurídica, distinta de si mesmos, passando as referidas pessoas às posições de sócios deste novo ente.

Quando constituída sob o formato de sociedade limitada, os sócios são titulares de quotas de emissão da sociedade, representativas do seu capital social. Como proprietários destas quotas, os sócios passam a ser detentores de diversos direitos e deveres oriundos desta posição jurídica, também denominada pela doutrina como *Status Socii*. No entender de Antônio Menezes Cordeiro, pode-se definir esta condição:

> "de modo sintético, todo um mutável, mas consistente conjunto de posições jurídicas que, por lei, pelo contrato de sociedade, por outros acordos (os parasociais) e por deliberações que lhe possa advir"[2]

Com isto, podemos concluir que a lei e o contrato social não são as únicas fontes geradoras de direitos e de deveres dos sócios, pois como detentores desta condição se pode firmar acordos parasociais que gerarão mais direitos e deveres, como também ficarão vinculados as deliberações dos demais sócios que representarem os quóruns previstos na lei ou no contrato.

[2] CORDEIRO, Antônio Menezes. *Manual de Direito das Sociedadel*. 2ª ed. Vols. vol. 1 – Das Sociedades em Geral. Coimbra, 2007. p. 569

Neste quesito, não se pode olvidar que apesar da sociedade ter personalidade jurídica distinta das pessoas de seus sócios, aquela continua dependendo destes para formar a sua vontade. Tullio Ascarelli ressalta que por conta disso há uma peculiaridade essencial da posição de sócio em relação a sociedade: "a relação nesta hipótese não ocorre entre dois sujeitos independentes e contrapostos, pois um dos sujeitos (sócio) pode ser considerado, de certa forma, quase parte do segundo".[3] Isto porque, a sociedade não é capaz de formar sua vontade social sozinha, muito embora tenha personalidade jurídica própria.

Para a formação de sua vontade social, é necessário que os sócios exerçam um dos direitos desta condição, o direito de voto, o qual descreveremos melhor nos itens a seguir. Vale adiantar, contudo, que o exercício deste direito está intrinsicamente ligado a um dever do sócio, que é o dever de lealdade com a Sociedade. Por estas razões, quando Comparato avaliou o pensamento de Ascarelli acima citado, descreveu:

> "demonstrou, em primeiro lugar, que não se podia analisar a posição de sócio fora de uma sistemática de direitos, poderes e deveres e ônus; em segundo lugar, que essa sistemática de relações jurídicas funda-se na qualidade subjetiva, que é seu pressuposto"[4]

Possuir a qualidade de sócio gravita em torno desta sistemática de direitos, poderes, deveres e ônus. Para fins deste artigo, vamos buscar compreender como três direitos oriundos do *Status Socii* se revelam no período que esta posição é ocupada por

[3] ASCARELLI, Tullio. *Appunti di Diritto Commerciale, Società e Associazioni Commerciali.* 3ª ed. Roma: Foro Italiano, 1936. p. 113

[4] COMPARATO, Fábio Konder. "Usufruto Acionário e Quase-Usufruto – Limites aos Direitos do Usufrutuários." Em *Ensaios e Pareceres de Direito Empresarial*, 76-77. Rio de Janeiro: Forense, 1978.

espólio, são eles: o direito ao lucro, o direito de fiscalização e o direito ao voto.

1.1. Direito aos lucros

O direito aos lucros é um direito essencial do sócio. Nelson Eizirik, quando explicita tal direito nas sociedades anônimas, descreve:

> "A causa do contrato de sociedade advém de sua função econômica, que apresenta dupla vertente: a realização dos lucros e a sua distribuição entre os acionistas. Ao constituírem uma companhia, os acionistas obrigam-se a dotá-la de um patrimônio constituído, no primeiro momento, do capital aportado, o qual deve ser administrado de modo a produzir lucro. Assim, a finalidade da sociedade é a geração de lucros visando à sua repartição entre os sócios."[5]

Muito embora Nelson Eizirik foque sua análise nas sociedades anônimas, as quais são comumente categorizadas como sociedades de capital; em contraponto as sociedades limitadas, objeto do presente estudo, que são em regra categorizadas como sociedades de pessoas[6]; nos dois tipos jurídicos, a união destas pessoas, seja levando em consideração ou não as suas atribuições individuais, tem como maior objetivo o lucro. Pode-se concluir, portanto, que perceber dividendos é a prin-

[5] Eizirik, Nelson. A Lei das S/A Comentada. 2ª ed. Vols. II – arts. 80 a 137. I a IV vols. São Paulo: Quartier Latin do Brasil, 2015. p. 144

[6] "As sociedades de pessoas são aquelas em que a realização do objeto social depende mais dos atributos individuais dos sócios que da contribuição material que eles dão. As de capital são as sociedades e que essa contribuição material é mais importante que as características subjetivas dos sócios". Coelho, Fábio Ulhoa. Curso de Direito Comercial. Vol. v. 2: direito de empresa. São Paulo: Revista dos Tribunais, 2016. P. 43

cipal razão pela qual as pessoas constituem sociedades, sendo este o motivo deste direito ser essencial.

Na sistemática das sociedades simples, é considerada nula a cláusula que exclua algum sócio da participação aos lucros[7]; e na sistemática das sociedades anônimas, é considerado um direito que nem o estatuto social nem a assembleia-geral poderão privar o acionista[8].

Como a sociedade empresária limitada pode ser subsidiariamente regida tanto pela sociedade simples como pela sociedade anônima, tem-se como certo que este é um direito essencial para este tipo societário também.

Em regra, o sócio participa dos lucros e das perdas na proporção das suas respectivas quotas frente ao capital social, entretanto o contrato social pode permitir a distribuição desproporcional de lucros nas sociedades limitadas[9].

Apesar da possibilidade de distribuição de lucros desproporcionais, insta salientar a importância do *quantum* das quotas frente a sociedade e aos demais sócios, vez que esta condição terá reflexo em outros direitos e deveres do sócio, em especial o direito de voto, que trataremos no próximo item.

Nunca é demais clarificar que apenas haverá distribuição de dividendos se a sociedade auferir lucros. Os administradores são obrigados a prestar aos sócios contas justificadas de sua administração, e apresentar-lhes o inventário anualmente, bem

[7] BRASIL. "Código Civil. Lei nº 10.406, de 10 de Janeiro de 2002." 10 de Janeiro de 2002. Disponível em: http://www.planalto.gov.br/ccivil_03/leis/2002/l10406.htm (acesso em 17 de Junho de 2019). Artigo 1.008

[8] BRASIL. "Lei das Sociedades por Ações. Lei nº 6.404." 15 de Dezembro de 1976. Disponível em: http://www.planalto.gov.br/ccivil_03/leis/l6404consol.htm (acesso em 17 de Junho de 2019). Artigo 109, I

[9] BRASIL. "Código Civil. Lei nº 10.406, de 10 de Janeiro de 2002." 10 de Janeiro de 2002. Disponível em: http://www.planalto.gov.br/ccivil_03/leis/2002/l10406.htm (acesso em 17 de Junho de 2019). Artigo 1.007

como o balanço patrimonial e o de resultado econômico[10]. Por estas demonstrações financeiras, assinada pelo profissional de contabilidade e pelo administrador da sociedade, é que se verifica o aferimento dos lucros da operação da sociedade.

Caso os sócios (ou, no contexto, deste artigo o inventariante e os herdeiros) desconfiem de erros ou de fraudes contábeis com o intuito de caracterizar prejuízos, poderão demonstrar no âmbito da instrução probatória de ação de cobrança forçada dos dividendos, que a sociedade deveria ter distribuído aos sócios[11].

O questionamento que tentaremos responder nos próximos capítulos é: falecido o sócio, o lucro auferido após a sua morte, deverá ser destinado ao espólio?

1.2. Direito de voto

Em que pese a importância do direito de voto para a formação da vontade social da sociedade, este não é um direito essencial do sócio. Nas sociedades anônimas, por exemplo, o voto pode ser suprimido se emitido ações preferenciais sem direito a voto. Tal supressão deve ser recompensada com uma contrapartida patrimonial, que nos termos do artigo 17 da Lei das Sociedades por Ações pode ser: prioridade na distribuição de dividendo, fixo ou mínimo; prioridade no reembolso do capital, com prêmio ou sem ele; ou cumulação das vantagens anteriores.

Convém ressaltar ainda que a referida supressão não é absoluta, tendo em vista que os titulares destas ações podem adquirir o exercício deste direito se a companhia, pelo prazo previsto no estatuto, não superior a três exercícios consecutivos, deixar

[10] BRASIL. "Código Civil. Lei nº 10.406, de 10 de Janeiro de 2002." 10 de Janeiro de 2002. Disponível em: http://www.planalto.gov.br/ccivil_03/leis/2002/l10406.htm (acesso em 17 de Junho de 2019). artigo 1.020

[11] Conforme: Warde Junior, Walfrido Jorge, e Ruy de Mello Junqueira Neto. Direito Societário Aplicado: Baseado nos precedentes das Câmaras Reservadas de Direito Empresarial do Tribunal de Justiça do Estado de São Paulo. São Paulo: Saraiva, 2014. p. 126.

de pagar os dividendos mínimos ou fixos que fizerem jus[12]. Por esta razão, entendemos que "existe democracia acionária nas companhias que emitirem ações preferenciais sem direito a voto, tendo em vista que seus titulares ganharão voz quando seus direitos forem colocados em risco"[13].

Em analogia a ação preferencial das sociedades anônimas, o Departamento Nacional de Registro Empresarial e Integração passou a permitir, por meio da instrução normativa nº 38 de 2 de março de 2017, em seu anexo II (revogada pela instrução normativa nº 81, de 10 de junho de 2020, a qual manteve a mesma permissão sobre este tema), o registro de atos societários de sociedades empresárias limitadas que emitissem quotas preferenciais. Neste caso, presumir-se-á a opção pela regência supletiva da Lei das Sociedade por Ações, independente da omissão do contrato social sobre o tema.

O item 5.3.1. do Anexo IV da instrução normativa nº 81, de 10 de junho de 2020 esclareceu que o direito de voto do titular de quota preferencial pode ser suprimido ou limitado, desde que respeitados os limites da Lei das Sociedades por Ações, portanto, quando houver supressão de voto, deverá haver alguma vantagem patrimonial em contrapartida.

Outrossim, o sócio que tem direito de voto, deve exercê-lo no interesse da sociedade, sendo considerado abusivo o voto exercido com o fim de causar dano à sociedade ou a outros sócios, ou de obter, para si ou para outrem, vantagem a que não faz jus

12 BRASIL. "Lei das Sociedades por Ações. Lei nº 6.404." 15 de Dezembro de 1976. Disponível em: http://www.planalto.gov.br/ccivil_03/leis/l6404consol.htm (acesso em 17 de Junho de 2019). Artigo 111

13 Silvestre, Talita Evangelista. Ações Preferenciais como Instrumento de Planejamento Sucessório: Estudo do Caso Ultra. Vol. vol. nº 9, em Revista Brasileira de Direito Comercial, Empresarial, Concorrencial e do Consumidor, por Fábio Ulhoa Coelho, Ives Gandra da Silva Martins e Newton De Lucca, 102-128. Porto Alegre: Magister, Fev-Mar 2016. p. 121.

e de que resulte, ou possa resultar, prejuízo para a sociedade ou para outros sócios[14].

Nos capítulos seguintes, analisaremos em quais situações o espólio poderá exercer o direito de voto nas sociedades empresárias limitadas. Isto é relevante, pois as sociedades são regidas pelo princípio majoritário nas deliberações sociais.

Como bem explica Egberto Lacerda Teixeira, "a vontade do ente moral tem de ser, contudo, ditada pela maioria no pressuposto lógico de que o interesse dessa maioria se confunde com o da própria entidade"[15].

Para formação da vontade social são contabilizados os votos, contados segundo o valor das quotas de cada uma, correspondentes a mais de metade do capital, por consequência não da quantidade de sócios. Dito isso infere-se que, em regra, quem colabora mais para a formação do capital social da sociedade, terá mais voz nas deliberações sociais.

Tendo o sócio falecido participação relevante no capital social, resta saber: a vontade do espólio, expressada pelo inventariante, deverá fazer parte do cômputo dos votos das deliberações sociais?

Cabe salientar que nas sociedades limitadas este cálculo pode ser ainda mais dramático, vez que grande parte[16] das deliberações são tomadas não pela simples maioria do capital social, mas sim por aqueles que representam três quartos do capital

[14] BRASIL. "Lei das Sociedades por Ações. Lei nº 6.404." 15 de Dezembro de 1976. Disponível em: http://www.planalto.gov.br/ccivil_03/leis/l6404consol.htm (acesso em 17 de Junho de 2019). Artigo 115

[15] TEIXEIRA, Egberto Lacerda. Das Sociedades por Quotas de Responsabilidade Limitada: atualizado de acordo com o Novo Código Civil. Edição: Syllas TOZZINI e Renato BERGER. São Paulo: Quartier Latin do Brasil, 2007. P. 168

[16] Apesar do inciso I do artigo 1.076 do Código Civil indicar apenas 2 incisos do 1.071 como dependentes de aprovação de ¾ do capital social, dentre elas está a modificação do contrato social, que, como sabido, no âmbito das sociedades contratuais representa muitas matérias.

social. Neste contexto, é possível que, se houver direito do espólio ao voto, muitas deliberações não poderão se quer ocorrer se o espólio não participar.

Posto isto, vez que a dúvida sobre a contabilização ou não das quotas do espólio para a formação da vontade social pode gerar insegurança jurídica e crise política dentro da sociedade, arriscando sua própria preservação, buscaremos nos capítulos a seguir esclarecer as dúvidas sobre estes pontos que, ao nosso entender, auxiliará nas preservações das empresas.

1.3. Direito de fiscalização

Outro direito essencial e inerente a qualidade de sócio, que abordaremos neste artigo, é o direito de fiscalização. Este direito, ao contrário dos direitos acima relacionados, independe da participação do sócio no capital social, podendo ser exercido na mesma medida por todos aqueles que possuírem qualquer número de quotas da sociedade em questão.

Cabe alertar que não se pode confundir o direito de fiscalizar com o direito de interferir na administração da sociedade. Os sócios que não possuem o cargo de administrador, deverão exercer os direitos inerentes à fiscalização de modo que não interfiram nos negócios sociais, como por exemplo: acessar os documentos da sociedade, examiná-los, avalia-los, checa-los, dentre outros atos necessários para que proceda o devido acompanhamento dos negócios sociais.

Os atos fiscalizatórios não dão ao sócio o direito de tomar parte da relação da sociedade com terceiros, nem desautorizar o administrador frente aos colaboradores da sociedade. Caso o sócio fiscalizador considerar que a administração não está sendo conduzida a contento, deverá, juntamente com outros sócios, convocar reunião para exercer seu direito de voto sobre a destituição do administrador.

Na regência das sociedades simples, se o contrato não estipular época própria para a fiscalização, o sócio pode, a qualquer tempo, examinar os livros e documentos, e o estado da caixa e da carteira da sociedade[17].

Nas sociedades anônimas, a época própria de fiscalização é predeterminada pela lei: a época da assembleia-geral ordinária. O acionista deverá aguardar a disponibilização de documentos previstos no artigo 133 da Lei das Sociedades por Ações, que deverá ocorrer até 1 (um) mês antes da data marcada para a realização da assembleia-geral ordinária, para assim analisa-los e exercer seu direito a voto sobre elas na assembleia-geral convocada para este fim.

O direito de fiscalização é importante para o sócio, tanto porque ele tem interesse em receber seus dividendos, o que, a princípio, depende do bom andamento dos negócios sociais, como também para poder exercer seu direito de voto a contento. Afinal, o exercício do voto, apesar de ser um direito, é arraigado de responsabilidades. Em analogia as sociedades anônimas, podemos afirmar que nas sociedades empresárias limitadas, o sócio deve exercer o direito de voto no interesse da sociedade[18]. Para tanto, ele deverá estar munido das informações que adquirirá na fiscalização da sociedade.

Ademais, sendo o ordenamento jurídico brasileiro repleto de hipóteses de desconsideração de personalidade jurídica que abarcam a teoria menor de desconsideração[19], é crucial que os sócios estejam atentos aos negócios sociais sob pena de seus patrimônios pessoais serem colocados em risco.

17 BRASIL. "Código Civil. Lei nº 10.406, de 10 de Janeiro de 2002." 10 de Janeiro de 2002. Disponível em: http://www.planalto.gov.br/ccivil_03/leis/2002/l10406.htm (acesso em 17 de Junho de 2019). Artigo 1.021.

18 BRASIL. "Lei das Sociedades por Ações. Lei nº 6.404." 15 de Dezembro de 1976. Disponível em: http://www.planalto.gov.br/ccivil_03/leis/l6404consol.htm (acesso em 17 de Junho de 2019). Artigo 115

19 Em linhas gerais, a teoria menor de desconsideração da personalidade jurídica não requer a comprovação de algum ilícito para atingir o patrimônio dos sócios.

Diante do exposto, avaliaremos neste artigo como o direito de fiscalização poderá ser exercido pelo espólio, após a morte de um sócio. Sendo o direito de fiscalização um direito inerente a qualidade de sócio, pois possibilita aquele que o possui a ter acesso a todos os segredos da sociedade, ele poderá ser exercido livremente pelo espólio, representado pelo seu inventariante? Poderá ser estendido aos herdeiros e aos sucessores antes mesmo de finalizado o inventário? Verificaremos as possíveis respostas a estas perguntas nos capítulos a seguir.

2. Sucessão

Em que pese o presente artigo pretender estudar os aspectos do direito societário da posição do espólio como sócio das sociedades empresárias limitadas, entendemos que se faz necessários esclarecimentos sobre alguns conceitos e institutos concernentes ao direito sucessório para atingirmos o objetivo principal.

Neste contexto, em primeiro lugar, destacamos o princípio da *saisine*, que é um dos princípios mais importantes do direito das sucessões. Depreende-se do artigo 1.784 do Código Civil[20], a saber: "Aberta a sucessão, a herança transmite-se, desde logo, aos herdeiros legítimos e testamentários.".

Como bem explica Maria Berenice Dias:

> "Esse princípio consagra uma ficção: a imediata transferência de pleno direito dos bens do falecido para os seus herdeiros quando da abertura da sucessão. Como dogmas de fé, esta verdade que se tem de aceitar sem discutir. Morto o titular seu patrimônio – com nome de herança – se transfere a todos os herdeiros, necessários, legítimos, testamentários e legatários."[21]

[20] BRASIL. "Código Civil. Lei nº 10.406, de 10 de Janeiro de 2002." 10 de Janeiro de 2002. Disponível em: http://www.planalto.gov.br/ccivil_03/leis/2002/l10406.htm (acesso em 17 de Junho de 2019).

[21] DIAS, Maria Berenice. Manual das Sucessões. 3ª edição revista, atualizada e ampliada. São Paulo: Revista dos Tribunais, 2013. p. 108.

Em razão disso, no entender de Pablo Stolze Gagliano e Rodolfo Pamplona Filho, "com a abertura da sucessão, os herdeiros (...) passarão a ter um direito meramente abstrato, calculado em fração do patrimônio transferível"[22].

Apesar dos herdeiros terem recebido os bens do falecido no momento da sua morte, a posse direta dos referidos bens ficará nas mãos do inventariante até o momento da partilha, a qual formalizará a transferência já ocorrida. A divisão do patrimônio será levada a efeito por meio do inventário.

Inventário, em sentido estrito, é o rol de todos os bens e responsabilidades patrimoniais de um indivíduo. Na acepção ampla, nas palavras de Carlos Maximiliano, é o procedimento destinado a individualizar o patrimônio dos herdeiros e entregar os bens a seus titulares[23].

O inventário pode ocorrer de forma judicial ou extrajudicial. Em qualquer das formas, pode haver uma longa caminhada desde a morte do autor da herança até a partilha efetiva. Até porque, a finalidade do inventário é liquidar a herança[24], tendo em vista que a herança responde pelo pagamento das dívidas do falecido[25]. Além do mais, não se pode olvidar que a responsabilidade do adimplemento se transmite aos herdeiros, e estes fazem jus ao que sobrar depois de atendidos os encargos do falecido.

Além disso, há várias outras questões que podem aumentar o prazo de um inventário, incluindo, mas não se limitando:

[22] GAGLIANO, Pablo Stolze, e Rodolfo PAMPLONA FILHO. Novo Curso de Direto Civil. Vol. V. 7: Direito das Sucessões. São Paulo: Saraiva Educação, 2018. p. 67.

[23] MAXIMILIANO, Carlos. Direito das Sucessões. 5ª ed. Vol. v. 3. Rio de Janeiro: Freitas Barros, 1964. p. 253

[24] BRASIL. "Código Civil. Lei nº 10.406, de 10 de Janeiro de 2002." 10 de Janeiro de 2002. Disponível em: http://www.planalto.gov.br/ccivil_03/leis/2002/l10406.htm (acesso em 17 de Junho de 2019). Artigo 1.796

[25] BRASIL. "Código Civil. Lei nº 10.406, de 10 de Janeiro de 2002." 10 de Janeiro de 2002. Disponível em: http://www.planalto.gov.br/ccivil_03/leis/2002/l10406.htm (acesso em 17 de Junho de 2019). Artigo 1.997

os cálculos para realizar a colação de bens doados em vida, a verificação de bens sonegados, o aparecimento de novos herdeiros, a indisponibilidade de atender os encargos tributários incidentes sobre a transmissão "causa mortis", dentre vários outros motivos.

Em vista disso, a figura do inventariante é imprescindível neste período, a quem caberá a administração do espólio[26].

Espólio nada mais é do que o complexo de bens deixado por quem morre. Não possui personalidade jurídica, todavia responde por todas as dívidas e obrigações contraídas pelo falecido. É representado ativa e passivamente pela figura do inventariante, que tem uma posição equivalente ao do mandatário[27], e como tal, tem o dever de prestar contas de sua gestão ao deixar o cargo ou sempre que o juiz lhe determinar[28].

Ao final, procede-se a partilha, por meio do qual se identifica a parcela de bens que será destinada a cada herdeiro. Os herdeiros deixam de ser coproprietários do todo unitário da herança, e passam a ser proprietários de suas quotas partes, individualmente (ainda que haja bens indivisíveis na herança que os façam se tornar condôminos destes bens, e não mais da herança como um todo).

Especificamente no âmbito societário, destacamos que o §1º do artigo 1.056 do Código Civil[29] cita expressamente que

[26] BRASIL. "Código Civil. Lei nº 10.406, de 10 de Janeiro de 2002." 10 de Janeiro de 2002. Disponível em: http://www.planalto.gov.br/ccivil_03/leis/2002/l10406.htm (acesso em 17 de Junho de 2019). Artigo 1.991

[27] Conforme: Parodi, Ana Cecília, e Clarice Ribeiro dos Santos. Inventário e rompimento conjugal por escritura: praticando a Lei 11.441/2007. Campinas: Russel, 2007. p. 191.

[28] BRASIL. "Código de Processo Civil. Lei nº 13.105, de 16 de março de 2015." 16 de Março de 2015. Disponível em: http://www.planalto.gov.br/ccivil_03/_ato2015-2018/2015/lei/l13105.htm (acesso em 17 de Junho de 2019). Artigo 618, inciso VII

[29] BRASIL. "Código Civil. Lei nº 10.406, de 10 de Janeiro de 2002." 10 de Janeiro de 2002. Disponível em: http://www.planalto.gov.br/ccivil_03/leis/2002/l10406.htm (acesso em 17 de Junho de 2019).

"No caso de condomínio de quota, os direitos a ela inerentes somente podem ser exercidos pelo condômino representante, ou pelo inventariante do espólio de sócio falecido".

Com a norma citada acima, a princípio, pode-se afastar a atuação dos demais herdeiros e sucessores que não possuem a posição de inventariante do exercício de direitos inerentes a propriedade de quotas.

Todavia, utilizando-se das mesmas regras de condomínio para os fins societários, ressaltamos o ensinado por Alfredo de Assis Gonçalves Neto sobre o tema:

> "Havendo compropriedade de quota, isto é, pertencendo a quota a dois ou mais titulares, ambos são tratados como um só nas relações jurídicas que mantêm com a sociedade. Não pode haver diversidade de tratamento entre os condôminos. Assim sendo, a sociedade, ao pagar dividendos, paga-os em bloco aos cotitulares da quota, se for o caso, das quotas), da mesma forma que as manifestações de vontade deles serão uniformes nas deliberações sociais, não havendo possibilidade de votos divergentes ou proporcionais às participações ideais de cada qual deles e assim por diante."[30]

Diante da posição do autor, podemos concluir que enquanto não houver a partilha, o espólio deverá ser considerado um todo unitário para todos os fins societários. As eventuais divergências entre os herdeiros e sucessores não devem ser trazidas para o cenário societário enquanto quem constar no quadro societário for o espólio. Os dividendos não poderão ser pagos às quotas partes dos herdeiros, e sim ao bloco. Isto claro, se mantida

[30] Gonçalves Neto, Alfredo de Assis. Direito de Empresa: Comentários aos artigos 966 a 1.195 do Código Civil. 7ª Ed. São Paulo: Revista dos Tribunais, 2017. p. 401

a condição de sócio ao espólio, o que apenas ocorrerá em algumas situações, como veremos a seguir.

3. Morte de sócio: consequências legais

O Código Civil[31] em seu artigo 1.028 prevê 4 (quatro) consequências em caso de falecimento de sócios. Em primeiro lugar, há a regra geral prevista no "caput", a qual prevê que em caso de morte de sócio, as suas quotas serão liquidadas.

O inciso I do mesmo artigo possibilita disposição diversa no contrato social, norma que adota o princípio da autonomia da vontade de forma ampla, dando a abertura para as mais variadas cláusulas, e consequentemente, as mais variadas consequências jurídicas.

O inciso II prevê a possibilidade dos sócios remanescentes optarem pela dissolução da sociedade.

E, por fim, o inciso III possibilita a substituição do sócio falecido pelos seus herdeiros, desde que acordado entre estes e os sócios remanescentes.

Cabe alertar que o dispositivo analisado está localizado na Seção V ("Da Resolução da Sociedade em Relação a um Sócio"), Capítulo I ("Da Sociedade Simples"), Subtítulo II ("Da Sociedade Personificada"), Título II ("Da Sociedade") do Código Civil[32], portanto é, sem dúvida alguma, a regra a ser considerada nas sociedades simples e nas sociedades limitadas regidas supletivamente pelas sociedades simples.

Todavia, vemos na praxe do direito a aplicação desta norma também quando as sociedades limitadas são regidas supleti-

[31] BRASIL. "Código Civil. Lei nº 10.406, de 10 de Janeiro de 2002." 10 de Janeiro de 2002. Disponível em: http://www.planalto.gov.br/ccivil_03/leis/2002/l10406.htm (acesso em 17 de Junho de 2019).

[32] BRASIL. "Código Civil. Lei nº 10.406, de 10 de Janeiro de 2002." 10 de Janeiro de 2002. Disponível em: http://www.planalto.gov.br/ccivil_03/leis/2002/l10406.htm (acesso em 17 de Junho de 2019).

vamente pela lei de sociedades anônimas. Isto ocorre porque não há na lei das sociedades anônimas norma sobre o tema, deixando claro que a questão de regência supletiva nas sociedades limitadas para um ou outro tipo societário não é absoluta. Por tais razões, consideraremos as análises abaixo citadas aplicáveis para as sociedades empresárias limitadas, sejam elas regidas supletivamente pela sociedade simples ou pela lei de sociedades anônimas.

3.1. Liquidação das quotas do sócio falecido ("Caput" do artigo 1.028)

Nos termos do "caput" do artigo 1.028 do Código Civil[33], a regra geral no caso do falecimento de um sócio pessoa natural, se omisso o contrato social, é a liquidação das quotas de titularidade do sócio falecido, e o consequente pagamento dos herdeiros e dos sucessores.

Conclui-se, portanto, que a regra geral das sociedades limitadas empresárias é o não ingresso de herdeiros. Nas palavras da Raúl Ventura, *"a morte é um facto extintivo da qualidade de sócio e um facto constitutivo do direito de crédito correspondente ao valor do direito extinto"*[34]. Por tais razões, a normativa societária se mantém em consonância com o regramento do direito sucessório, pois preserva o direito patrimonial dos herdeiros.

A norma geral da regra societária também vai de encontro com a caracterização da sociedade limitada como uma sociedade de pessoas, em contrapartida a sociedade de capital, na qual as sociedades anônimas são categorizadas, em regra.

[33] BRASIL. "Código Civil. Lei nº 10.406, de 10 de Janeiro de 2002." 10 de Janeiro de 2002. Disponível em: http://www.planalto.gov.br/ccivil_03/leis/2002/l10406.htm (acesso em 17 de Junho de 2019).

[34] VENTURA, Raúl. Sociedades Comerciais: dissolução e liquidação. Lisboa: Ática, 1960. p. 400.

Isto porque nas sociedades de pessoas, a figura dos sócios e o convívio harmônico entre eles é essencial não só no momento da constituição da pessoa jurídica, mas também para a sua sobrevivência. A doutrina denomina essa harmonia, que se traduz na vontade de ser e se manter sócios, como a "affectio societatis". Em contrapartida, nas sociedades de capital, a figura do sócio não é tão relevante, e sim o numerário aportado por eles para explorar determinada atividade.

Por esta razão, na sociedade limitada, com o falecimento de um sócio, pressupõe a lei que a "affectio societatis" acaba (ou pelo menos deve ser colocada em análise), uma vez que ela existia entre o sócio falecido e os sócios remanescentes, mas não necessariamente existirá entre os herdeiros do sócio falecido e os demais.

Afinal, neste tipo societário, a pessoa do sócio possui papel preponderante durante a vida da pessoa jurídica, de modo que a sociedade fica subordinada à pessoa dos sócios[35].

Há quem defenda que o conceito de "affectio societatis" estaria superado no direito societário moderno[36], contudo, em pesquisa jurimétrica, que se analisou 718 casos ocorridos em todo o Brasil, no período compreendido entre 1997 e 2011, a qual se propôs a analisar casos de dissolução parcial de sociedade, constatou-se que a perda da "affectio societatis" é causa isolada de ações de dissoluções parciais de sociedade em 73,4% dos casos[37].

[35] Conforme: MARTINS, Fran. Curso de direito comercial: empresa comercial, empresários individuais, microempresas, sociedades comerciais, fundo de comércio. 31ª ed. Rio de Janeiro: Forense, 2007. p. 200

[36] FRANÇA, Erasmo Valladão Azevedo, e Marcelo Vireira Von ADAMEK. "Affectio societatis: um conceito jurídico superado no moderno direito societário pelo conceito de fim social." Em Direito Contemporâneo I, por Erasmo Valladão Azevedo FRANÇA. São Paulo: Malheiros, 2009.

[37] LOTUFO, Mirelle Bittencourt. Intervenção Judicial na Administração das Sociedades Empresárias. São Paulo: Quartier Latin do Brasil, 2019. pp. 26-27

Prova-se com estes números que não apenas o conceito de "affectio societatis" é atual como ainda é a principal causa para se dissolver uma sociedade nos tribunais de justiças brasileiros.

Diante disso, podemos concluir que a escolha do legislador em incluir como regra a liquidação das quotas em caso de morte de sócios está alinhada com o princípio de preservação da empresa, princípio este tão caro ao direito comercial.

Retornando ao "caput" do artigo 1.028, insta salientar que a liquidação da quota e a apuração de haveres do sócio falecido são institutos distintos. No entender de Alfredo de Assis Gonçalves Neto,

> "Liquidação de quota é termo mais abrangente que apuração de haveres: enquanto esta se limita à determinação do valor da participação, a liquidação tem por fim transformar os direitos patrimoniais abstratos de sócio em prestação pecuniária exigível."[38]

Da leitura do autor acima citado, compreende-se, portanto, que primeiro se deve conduzir a apuração dos haveres, a fim de deixar a obrigação líquida e certa, para depois realizar os atos necessários para liquida-lo, ou seja, a liquidação propriamente dita.

No contexto de uma liquidação total da sociedade, a pessoa nomeada como liquidante deverá realizar todo o ativo (converter o patrimônio em dinheiro) para pagar todo o passivo. Depois de pagos todos os credores, far-se-á o rateio do patrimônio restante entre os sócios, à proporção da participação destes no capital social. Considerando o brocado jurídico que

[38] GONÇALVES NETO, Alfredo de Assis. Direito de Empresa: Comentários aos artigos 966 a 1.195 do Código Civil. 7ª Ed. São Paulo: Revista dos Tribunais, 2017. pp. 319-220

diz "na lei não há palavras em vão", entendemos que a liquidação das quotas de propriedade do sócio falecido, apesar de ser uma liquidação parcial, deve seguir este mesmo procedimento da dissolução total para pagar o que foi determinado na apuração, salvo se o contrato social dispuser diferente.

O artigo 1.031 do Código Civil, também localizado dentro da Seção V ("Da Resolução da Sociedade em Relação a um Sócio") do Código Civil Brasileiro, normatiza:

> "Art. 1.031. Nos casos em que a sociedade se resolver em relação a um sócio, o valor da sua quota, considerada pelo montante efetivamente realizado, liquidar-se-á, salvo disposição contratual em contrário, com base na situação patrimonial da sociedade, à data da resolução, verificada em balanço especialmente levantado.
>
> § 1º O capital social sofrerá a correspondente redução, salvo se os demais sócios suprirem o valor da quota.
>
> § 2º A quota liquidada será paga em dinheiro, no prazo de noventa dias, a partir da liquidação, salvo acordo, ou estipulação contratual em contrário." [39]

Nessa vereda, podemos depreender do texto legal que o prazo para pagamento da quota liquidada se inicia *a partir da liquidação* no prazo de 90 (noventa) dias. Como a liquidação é o ato de tornar líquida a obrigação, o pagamento deve ser realizado 90 (noventa) dias de concluída a apuração de haveres, o processo que determina matematicamente o *quantum* devido. O prazo previsto em lei se justifica para possibilitar a sociedade tomar as providências necessárias para reunir o numerário para o cumprimento da obrigação.

[39] BRASIL. "Código Civil. Lei nº 10.406, de 10 de Janeiro de 2002." 10 de Janeiro de 2002. Disponível em: http://www.planalto.gov.br/ccivil_03/leis/2002/l10406.htm (acesso em 17 de Junho de 2019).

Ademais, apenas poderá se considerar para fins de apuração e liquidação o "montante efetivamente realizado". As quotas sociais podem ser adquiridas pelos sócios mediante subscrição de novas quotas, no momento de sua constituição ou por deliberação de aumento do capital social, como também adquiridas de outros sócios. Em todas essas hipóteses, as quotas podem ter sido totalmente ou parcialmente integralizadas. Se este for o caso a sociedade deve ter estabelecido um prazo para o sócio em questão integralizar as referidas quotas. Enquanto não vencido este prazo, o sócio poderia usufruir de todos os direitos (e deveres) oriundos das quotas não integralizadas.

Em que pese durante o período que o sócio falecido se manteve na titularidade destas quotas, integralizadas ou não, ele tenha usufruído do que a totalidade delas equivalem em porcentagem frente ao capital social total, como por exemplo voto e participação no resultado, no momento da liquidação para pagamento de seus herdeiros, apenas se considerará o valor efetivamente integralizado.

Em continuidade, vale destacar que na letra da lei, a apuração dos haveres deverá ter como base a situação patrimonial da sociedade, à data da resolução, ou seja, a data do óbito do sócio.

Inclusive, a apuração de haveres pode não produzir um número positivo. O capital social é um valor positivo, porque indica o valor histórico do investimento realizado pelos sócios. A depender da condução das atividades da sociedade, as quotas podem valer mais do que o investido pelos sócios como também pode valer menos. Dito isso, vale lembrar as palavras de Alfredo Gonçalves Neto, "direito de crédito é eventual ou potencial e depende do procedimento de apuração de haveres para ser determinado"[40].

[40] Gonçalves Neto, Alfredo de Assis. Lições de Direito Societário. Vol. v. 1. São Paulo: Juarez de Oliveira, 2002. p. 312

A legislação não é clara sobre como se deve prosseguir se a apuração de haveres de um sócio falecido não resultar em valores positivos. Ao nosso entender, neste caso nada deverá ser pago aos herdeiros e aos sucessores do sócio falecido em razão da liquidação das quotas, e estes ainda podem ser acionados se comprovado alguma causa de desconsideração da personalidade jurídica. Medida esta que deve ser utilizada apenas em casos excepcionais.

Insta salientar que caso deferido uma desconsideração da personalidade jurídica de sociedade que teve sócio falecido, deve-se respeitar o previsto no artigo 1.997 do Código Civil, qual seja "a herança responderá pelo pagamento das dívidas do falecido; mas, feita a partilha, só respondem os herdeiros, cada qual em proporção da parte que na herança lhe coube".

O previsto no artigo 1.032 do Código Civil[41] não deve ser imputado às sociedades empresárias limitadas indiscriminadamente como forma de responsabilizar os sócios retirantes ou seus herdeiros pelas obrigações que a sociedade contraiu perante terceiros. Ressalte-se que este artigo está no capítulo das sociedades simples, nas quais os sócios respondem, ou não, subsidiariamente, pelas obrigações sociais, conforme opção prevista no inciso VIII do artigo 997 do Código Civil. Portanto, não são todas as normas deste capítulo que podem ser utilizadas de forma supletiva às sociedades limitadas empresárias, nas quais, a responsabilidade de cada sócio é restrita ao valor de suas quotas.

Durante todo procedimento acima narrado, não há qualquer expectativa de que os herdeiros e sucessores se tornem sócios, as quotas serão liquidadas e eles serão pagos (ou não) por isto. Concluímos, portanto, que quando é certo que os her-

41 "A retirada, exclusão ou morte do sócio, não o exime, ou a seus herdeiros, da responsabilidade pelas obrigações sociais anteriores, até dois anos após averbada a resolução da sociedade; nem nos dois primeiros casos, pelas posteriores e em igual prazo, enquanto não se requerer a averbação."

deiros e sucessores do sócio falecido não ingressarão na sociedade, o "status socii" não será transferido a eles. Estes passam para a condição de credores de haveres, um crédito eventual, como discorremos acima, que deverá ser pago (ou não) pela sociedade.

Como nem os herdeiros, nem os sucessores, nem o espólio possuem "status socii", no interregno entre o falecimento do sócio e o pagamento dos haveres, o espólio, por meio de seu inventariante, não poderá participar das deliberações sociais, não poderá realizar fiscalizações na sociedade (não da mesma forma que um sócio, mas apenas nos limites de um terceiro estranho à sociedade) e não poderá participar dos lucros auferidos após a data de falecimento do sócio.

No que concerne aos lucros, enfatizamos que o novo Código de Processo Civil[42] normatizou a chamada "Ação de Dissolução Parcial da Sociedade", a qual determinou em seu artigo 608 que até a data da resolução (até a data do óbito), integram o valor devido ao ex-sócio, ao espólio ou aos sucessores a participação nos lucros ou os juros sobre o capital próprio declarados pela sociedade e, se for o caso, a remuneração como administrador. Após a data da resolução, os sucessores terão direito apenas à correção monetária dos valores apurados e aos juros contratuais ou legais.

O dispositivo citado corrobora com o entendimento que o "status socii" não se transfere, pelo menos nos casos em que é certo o não ingresso dos herdeiros e sucessores no quadro social, uma vez que um direito essencial do sócio, o lucro, não pode mais ser considerado para fins de haveres se auferido após a data do falecimento.

[42] BRASIL. "Código de Processo Civil. Lei nº 13.105, de 16 de março de 2015." 16 de Março de 2015. Disponível em: http://www.planalto.gov.br/ccivil_03/_ato2015-2018/2015/lei/l13105.htm (acesso em 17 de Junho de 2019)

Sob outra ótica, pode-se concluir que as movimentações financeiras da sociedade após a data do óbito não podem ser levadas em consideração para diminuir ou aumentar o *quantum* devido aos herdeiros e aos sucessores do sócio falecido, neste sentido já foi decidido no Superior Tribunal de Justiça para o caso de direito de retirada, que podemos utilizar como comparativo:

> "Agravo interno em recurso especial. Direito societário. Dissolução parcial de sociedade. Momento da apuração dos haveres. Pretensão, da sócia remanescente, a que a perícia tome em consideração diversos furtos ocorridos no estabelecimento, após a saída do sócio retirante, que levaram o empreendimento à ruína. Impossibilidade.
>
> – *A apuração dos haveres do sócio que se retira da sociedade não pode levar em consideração o sucesso ou o fracasso do empreendimento, por causas posteriores à sua retirada.* Agravo a que se nega provimento."[43]

O judiciário tenta desta forma buscar justiça na determinação do valor devido, evitando-se o enriquecimento indevido da sociedade ou dos sócios remanescentes em detrimento dos retirantes, como decidido no acórdão abaixo, também para caso de direito de retirada:

> "Dissolução parcial de sociedade por quotas. Nomeação de liquidante. Precedentes.

[43] BRASIL. Superior Tribunal de Justiça. 3ª Turma. "AGRAVO REGIMENTAL NO RECURSO ESPECIAL 995475/SP." Relatora Nancy Andrighi. Agravante: MARIE CLAIRE LIBRON FIDOMANZO e Agravado CARLO FIDOMANZO. 17 de Março de 2009. Disponível em: https://ww2.stj.jus.br/processo/revista/documento/mediado/?componente=ITA&sequencial=865068&num_registro=200702375706&data=20090325&formato=PDF (acesso em 18 de Junho de 2019).

1. Esta Terceira Turma tem reiterados precedentes no sentido de que na "dissolução de sociedade de responsabilidade limitada, a apuração de haveres, no caso de sócio retirante ou pré-morto, ou ainda por motivo da quebra da affectio societatis, há de fazer-se como de dissolução total se tratasse posto que, segundo a jurisprudência do STJ, essa linha de entendimento tem por escopo preservar o quantum devido ao sócio retirante, que deve ser medido com justiça, evitando-se, de outro modo, o locupletamento indevido da sociedade ou sócios remanescentes em detrimento dos retirantes" (REsp nº 38.160/SP, Relator o Senhor Ministro Waldemar Zveiter, DJ de 13/12/93). Com isso, a nomeação de liquidante, diante das circunstâncias de fato do caso, para supervisionar e fiscalizar o processo, sem a representação legal da sociedade, não agride nenhum dispositivo de lei federal.

2. Recurso especial conhecido, mas desprovido."[44]

Neste sentido, defende Fábio Ulhoa Coelho que:

"sempre que, antes do pagamento, a situação patrimonial da sociedade sofrer oscilação que a impeça de atender ao crédito do antigo sócio, os que nela permaneceram respondem, como obrigados subsidiários, pelo valor a pagar"[45].

Argumenta que na mesma medida que o antigo sócio (no nossa caso, os sucessores e os herdeiros deste) não desfruta dos

[44] BRASIL. "Recurso Especial 315915 / SP." Relator: Ministro CARLOS ALBERTO MENEZES DIREITO. Recorrente: CONSTRUTORA MIGUEL CURI LTDA E OUTROS e Recorrido: MAURÍLIO MIGUEL CURI. 8 de Outubro de 2001. Disponível em: https://ww2.stj.jus.br/processo/revista/documento/mediado/?componente=IMG&sequencial=34208&num_registro=200100385214&data=20020204&formato=PDF (acesso em 18 de Junho de 2019).

[45] COELHO, Fábio Ulhoa. Curso de Direito Comercial. Vol. v. 2: direito de empresa. São Paulo: Revista dos Tribunais, 2016.

sucessos posteriores a sua saída, não poderá ser prejudicado pelos insucessos. Concordamos com o autor citado. A vida da sociedade continua apesar do passamento de um de seus sócios, e ela poderá ser próspera ou não, devendo os herdeiros e sucessores apenas participarem do que o autor da herança contribuiu para tanto.

Ainda sobre a Ação de Dissolução Parcial da Sociedade, destacamos que nos termos do artigo 600 do Código de Processo Civil[46], esta ação pode ser proposta pelo espólio do sócio falecido, quando a totalidade dos sucessores não forem ingressar na sociedade. Outro dispositivo que corrobora com o entendimento ora apresentado.

O espólio neste contexto nada mais é do que um credor buscando a satisfação do seu crédito por meio da Ação de Dissolução Parcial da Sociedade. Caso o contrato social já impeça o ingresso de herdeiros e sucessores ao quadro social, tal como discorremos no presente capítulo, cabe ao espólio ingressar com a ação limitando o objeto à apuração dos seus haveres, nos termos do inciso III do artigo 599, vez que a resolução da sociedade frente ao sócio falecido já está posta.

3.2. Contrato dispuser diferentemente (Inciso I do artigo 1.028)

O dispositivo que nomeia o presente capítulo abre a possibilidade de inclusão das mais diversas cláusulas, deixando claro que o princípio da autonomia da vontade é amplo no âmbito do direito societário.

Para fins deste estudo, delimitaremos esta análise para exatamente o oposto da norma citada no capítulo acima, qual seja:

[46] BRASIL. "Código de Processo Civil. Lei nº 13.105, de 16 de março de 2015." 16 de Março de 2015. Disponível em: http://www.planalto.gov.br/ccivil_03/_ato2015-2018/2015/lei/l13105.htm (acesso em 17 de Junho de 2019)

os herdeiros e sucessores sempre substituirão os sócios que vierem a falecer, independente de deliberação dos sócios remanescentes.

Nesta hipótese, não há dúvidas, os herdeiros e sucessores do sócio ocuparão a posição do sócio quando este vier a falecer. Nesta vereda, passamos aos questionamentos deste artigo: como se dará os direitos aos lucros, ao voto e à fiscalização no período entre a morte do sócio e a efetiva partilha das quotas?

Cabe lembrar que, como visto no capítulo das sucessões, enquanto não efetivada a partilha, a herança deve ser vista como um todo unitário representado pelo inventariante, que tem o dever de liquidar (realizar os ativos para pagar os passivos do de cujos) e administrar os bens. Contudo, isto não tira a legitimidade do herdeiro para defender em juízo a universalidade da herança[47] o que, ao nosso entender, permite apenas a atuação ampla do herdeiro no direito de fiscalização da sociedade.

[47] "Civil e processo civil. Sucessão. Inventário e partilha. Legitimidade do co-herdeiro para defender em juízo a universalidade da herança. I – Nos termos do artigo 1.580 do Código Civil de 1916, até a partilha, "qualquer dos co-herdeiros pode reclamar a universalidade da herança ao terceiro, que indevidamente a possua". II – Considerando que é a própria indivisibilidade do bem objeto da herança que cria em favor dos herdeiros a situação de condomínio que lhes autoriza a, de per si, atuar na defesa do patrimônio comum, é de se concluir que sempre que presente essa situação, estará configurada a legitimidade destacada. III – Em outras palavras, a restrição temporal imposta pelo artigo 1.580, parágrafo único, do Código Civil de 1916 – "até a partilha", só se aplica em relação aos bens que foram objeto da partilha, porque em relação aos demais, sujeitos a uma sobrepartilha, persiste a situação de indivisibilidade e, por conseguinte, a legitimação. IV – Recurso Especial provido." (BRASIL. Superior Tribunal de Justiça. "RECURSO ESPECIAL 844.248-RS. Relator Ministro Sidnei Beneti. Recorrente: SÔNIA RAUPP SALDANHA DE SOUZA E OUTROS e Recorrido: : GILBERTO SALDANHA DE SOUZA." 20 de Maio de 2010. Disponível em: https://ww2.stj.jus.br/processo/revista/documento/mediado/?componente=ITA&sequencial=975030&num_registro=200600911360&data=20100610&formato=PDF (acesso em 18 de Junho de 2019).

Neste diapasão, tal como já discorremos no capítulo de sucessões, podemos concluir que o direito de voto não poderá ser exercido individualmente pelos herdeiros e sucessores enquanto não houver a partilha. Por outro lado, poderá ser exercido pelo espólio, representado pelo inventariante, em todas as deliberações da Sociedade que requeiram o pronunciamento dos sócios. Todavia, o inventariante não poderá se pronunciar em deliberações que requeiram a disposição do patrimônio do espólio, tais como alienação, cessão, transferência, transformação, incorporação, fusão, cisão parcial ou total e extinção, bem como nas demais hipóteses em que há responsabilidade do espólio. Para tais atos é indispensável a apresentação do respectivo alvará judicial ou escritura pública de partilha de bens específico para a prática do ato[48]. Entendemos, portanto, que tal limitação se restringe a disposição das quotas, não dos bens da sociedade. Sendo assim, se os sócios, sendo um deles o espólio representado pelo seu inventariante, forem convocados para deliberar sobre alienação de um imóvel, que é um bem da sociedade, o inventariante está livre para votar nesta deliberação, desde que no interesse da sociedade, que pode ser pela aprovação ou não da alienação.

Inclusive "os herdeiros e o representante do espólio não poderão, em qualquer hipótese, opor obstáculos à alteração contratual que se mostre indispensável ao regular seguimento das atividades empresariais"[49]. Portanto, entendemos que não há polêmica sobre o exercício de direito de voto quando é certo

[48] BRASIL. Departamento Nacional de Registro Empresarial e Integração. "Instrução Normativa nº 38." 2 de Março de 2017. Disponível em: http://www.mdic.gov.br/images/REPOSITORIO/SEMPE/DREI/INs_EM_VIGOR/ANEXOS2019/Anexo_II_IN_38-2017_Manual_de_Registro_LTDA_-_alterado_pela_IN_63.pdf (acesso em 18 de Junho de 2019). Anexo II. Item 3.2.7.

[49] WARDE JUNIOR, Walfrido Jorge, e Ruy de Mello JUNQUEIRA NETO. Direito Societário Aplicado: Baseado nos precedentes das Câmaras Reservadas de

o ingresso dos herdeiros ao quadro societário após a partilha, como no caso em tela.

No que concerne ao direito de fiscalização, como explicitamos acima, pode ser exercido de forma ampla nas sociedades limitadas. Juntando-se ao fato dos herdeiros possuírem legitimidade para defender a universalidade da herança, a jurisprudência vem se firmando no sentido de estender o direito de fiscalização ao herdeiro e não apenas ao inventariante, como consta nas decisões abaixo:

> "Cautelar Inominada – Liminar concedida para autorizar a herdeira, praticar atos de administração, fiscalização e livre ingresso no estabelecimento comercial Propriedade e bens da herança que se transmitem imediatamente aos herdeiros (art.1784 do C.Civil) – Providências relativas às prestações de contas dos administradores, fogem do juízo universal e de jurisdição voluntária do inventário – Sócia minoritária que não faz jus a atos de administração, mas tão somente que os administradores justifiquem atos de sua administração – Recurso parcialmente provido."[50]

Na decisão agravada, havia-se concedido liminar à herdeira autorizando-a a praticar atos de administração, fiscalização e livre ingresso no estabelecimento comercial. O tribunal reformou a decisão apenas referente aos atos de administra-

Direito Empresarial do Tribunal de Justiça do Estado de São Paulo. São Paulo: Saraiva, 2014. p. 53.

50 BRASIL. Tribunal de Justiça de São Paulo. Comarca São Paulo. 4ª Câmara de Direito Privado. "Agravo de Instrumento nº 494.298.2/2-00. Relator Francisco Loureiro. Agravantes: MOYSES WALSZTEJN E OUTRO e Agravado: REBECA WALSZTEJN." 26 de Abril de 2007. Disponível em: https://esaj.tjsp.jus.br/cjsg/getArquivo.do?conversationId=&cdAcordao=1076412&cdForo=0&uuidCaptcha=sajcaptcha_47dc414898e24e5582eb3900e5c6af1e&vlCaptcha=nbA&novoVlCaptcha= (acesso em 18 de Junho de 2019).

ção. Assim, confirmou-se apenas que a herdeira do sócio faz jus ao direito de fiscalização dos atos dos administradores da sociedade, tal como um sócio teria. Dito isto, entendemos que a legitimidade dos herdeiros para "defender a universalidade da herança", que no contexto de propriedade de quotas se limita apenas ao exercício do direito de fiscalização, o autoriza a atuar mesmo quando já houver inventariante nomeado.

Partindo da premissa que a sociedade é lucrativa, o que fazer com os lucros auferidos durante o período entre a morte do sócio e a partilha efetiva das quotas?

Nas sociedades limitadas, ainda, não há a figura do dividendo mínimo obrigatório, portanto, caso não esteja previsto alguma cláusula sobre o tema no contrato social, entendemos que os titulares dos votos que representem mais de metade do capital social (nisto incluído também as quotas do espólio) podem deliberar pela não distribuição de dividendos ou ainda pela distribuição desproporcional de lucros, desde que previsto no contrato social[51]. Cabe salientar, que se "demonstradas (...) a apuração e a distribuição de dividendos para todos os sócios, à exceção do demandante, a administração poderá ser forçada a pagá-lo, em respeito aos direitos essenciais do sócio"[52].

Não se pode olvidar o disposto no artigo 1.027 do Código Civil, a saber: "herdeiros do cônjuge de sócio, ou o cônjuge do que se separou judicialmente, não podem exigir desde logo a parte que lhes couber na quota social, mas concorrer à divisão periódica dos lucros, até que se liquide a sociedade".

[51] BRASIL. "Código Civil. Lei nº 10.406, de 10 de Janeiro de 2002." 10 de Janeiro de 2002. Disponível em: http://www.planalto.gov.br/ccivil_03/leis/2002/l10406.htm (acesso em 17 de Junho de 2019). Artigo 1.007.

[52] WARDE JUNIOR, Walfrido Jorge, e Ruy de Mello JUNQUEIRA NETO. Direito Societário Aplicado: Baseado nos precedentes das Câmaras Reservadas de Direito Empresarial do Tribunal de Justiça do Estado de São Paulo. São Paulo: Saraiva, 2014. p. 49.

A legislação faz uma clara distinção entre os herdeiros diretos do sócio, e os herdeiros do cônjuge do sócio, que possam vir a ter direito sobre as quotas por várias razões familiares ou sucessórias. Na cláusula fictícia que analisamos neste capítulo, o ingresso destes herdeiros ao quadro societário seria possível. Portanto, analisaremos este artigo sob a ótica do período dentre a morte do sócio (ou do seu cônjuge) e a partilha dos bens do *de cujos*. Neste contexto, cabe esclarecer que o titular das quotas neste período ainda é a figura do espólio, e o direito a que se refere o artigo citado apenas pode ser requerido após a averbação da partilha à margem do contrato social. Destarte,

> "quando possível, permitirá que a sociedade efetue o pagamento dos dividendos diretamente a cada um deles. Ainda assim, esse pagamento só será possível quando a sociedade, por livre deliberação de seus sócios, determinar a distribuição de todo ou de parte de seus lucros aos sócios"[53]

Diante disso, concluímos que o artigo 1.027 não pode ser suscitado neste contexto.

Insta salientar que espólio é o conjunto de bens, direitos e obrigações deixados pelo *de cujos*, sem personalidade jurídica, mas com capacidade processual, desde que representado pelo inventariante.

Os lucros nada mais são do que frutos das quotas, portanto, uma vez definida sua distribuição pelos sócios remanescentes, deve ser paga ao espólio, a fim de que faça parte do conjunto de bens que precisam participar da liquidação própria do inventá-

[53] GONÇALVES NETO, Alfredo de Assis. Direito de Empresa: Comentários aos artigos 966 a 1.195 do Código Civil. 7ª Ed. São Paulo: Revista dos Tribunais, 2017. p. 301.

rio, ou seja, da verificação dos ativos para pagamento dos passivos do *de cujos*, antes da distribuição dos ativos remanescentes aos herdeiros.

3.3. Opção pela dissolução da sociedade (Inciso II do artigo 1.028)

O inciso II do artigo 1.028 possibilita aos sócios remanescentes optarem pela dissolução da sociedade no caso de morte de um sócio. Não se pode negar que este dispositivo de certa forma contraria o princípio da preservação da empresa.

A empresa é um núcleo econômico que interessa tanto aos seus sócios quanto aos seus colaboradores, fornecedores, consumidores e à própria coletividade da qual faz parte, consequentemente, é vital que ela se mantenha operante. Tendo em vista esta relevância, a doutrina e a jurisprudência desenvolveram o princípio da preservação da empresa.

Enquanto ativa uma empresa, mantêm-se os empregos dos seus trabalhadores, a arrecadação do fisco, o acesso aos produtos e serviços produzidos ou prestados pela mesma, evitando assim escassez do produto ou do serviço, bem como a formação de monopólio por outra empresa. Nesta toada, protege-se direitos e garantias importantes para a proteção da ordem econômica previstos na Constituição da República, tais como o da livre concorrência e da defesa do consumidor[54].

Por outro lado, como explicitamos no capitulo 3.2, quando o ocorre o falecimento de um sócio, a "affectio societatis" pode ter morrido também, de modo a não fazer mais sentido continuar com a atividade empresarial. No dizer sempre expressivo de José Edwaldo Tavares Borba, a sociedade limitada, como uma

[54] BRASIL. Constituição da República Federativa do Brasil. 5 de Outubro de 1988. Disponível em: http://www.planalto.gov.br/ccivil_03/constituicao/constituicao.htm (acesso em 28 de Setembro de 2014). Artigo 170, IV e V

sociedade de pessoas, tem no relacionamento entre os sócios a sua razão de existir[55]. Sendo assim, com a morte de um sócio, pode-se ter perdido a razão de existir da sociedade. Afinal, a "affectio societatis" é considerada por alguns como pressuposto de existência (não de validade) da sociedade de pessoas.

Como bem observa Fábio Ulhoa Coelho, apesar da importância do princípio da preservação da empresa, este não pode resultar na afirmação de um interesse da própria empresa, descolado das pessoas naturais envolvidas[56]. Se as pessoas naturais envolvidas não possuem mais o interesse de se manterem juntas em uma sociedade, seria um desserviço ao princípio da função social da empresa a manutenção forçada da sociedade quando os sócios não mais assim os querem. Neste sentido, possibilitar a dissolução da sociedade quando há a morte de um sócio é servir ao princípio da função social da empresa.

De toda forma, não apenas a inexistência de "affectio societatis" com os herdeiros do sócio falecido poderia levar os sócios remanescentes a optarem pela dissolução da sociedade. Na visão de Priscila M. P. Corrêa da Fonseca,

> "A inviabilidade do prosseguimento da empresa pode decorrer de cláusula constante do contrato social ou mesmo da imprescindibilidade da prestação até então afeta ao sócio morto; como também do maior ou menor montante a ser pago aos sucessores a título de liquidação das quotas."[57]

[55] Borba, José Edwaldo Tavares. Direito Societário. 14ª ed. São Paulo: Atlas, 2015. p. 77

[56] Coelho, Fábio Ulhoa. Curso de Direito Comercial. Vol. v. 2: direito de empresa. São Paulo: Revista dos Tribunais, 2016.

[57] Fonseca, Priscila M. P. Corrêa da. Dissolução Parcial, retirada e exclusão de sócio. 4ª Ed. São Paulo: Atlas, 2007. p. 53

Independente das razões que levam os sócios remanescentes a optarem pela dissolução da sociedade, eles têm direito a deliberarem por isto e os herdeiros do sócio falecido não possuem direito de resistir, conforme a jurisprudência do Tribunal de Justiça de São Paulo, como vemos a seguir:

> "Sociedade limitada. Dissolução por morte de sócio. Previsão contratual. Admissibilidade. Interesse processual na dissolução judicial em vista da resistência das herdeiras do sócio falecido. Eventuais haveres que deverão ser apurados em vias próprias. Sentença 'extra petita'. Ocorrência. Decisão reformada. Recurso provido."[58]

No julgado citado acima, decidiu-se que a morte do sócio possibilita a decretação da dissolução da sociedade limitada independente da apuração dos haveres e da liquidação das quotas. Isto porque o procedimento de uma dissolução total envolve a deliberação pela dissolução, no qual se nomeia o liquidante que procederá a liquidação da sociedade. Neste período, realizar-se-á o ativo da sociedade para pagar os passivos. Se houver ativos remanescentes após o pagamento de todas as dívidas, serão devolvidos aos sócios na proporção que cada um participava do capital social. Finalizado estes trâmites, será decretada a extinção da sociedade.

Cabe esclarecer que a dissolução total impede a escolha de critérios de apuração de haveres referente apenas as quotas do sócio falecido e, consequentemente, impede inclusão de méto-

[58] BRASIL. Tribunal de Justiça de São Paulo. 6ª Câmara de Direito Privado. "Apelação Cível nº 5677514700 (0124264-17.2008.8.26.0000). Relator: Vito Guglielmi. Apelante JOÃO HELI MONTEIRO DE ARAÚJO e Apelados EUDETHE ALVES CERQUEIRA (E OUTRAS)." 15 de Maio de 2008. Disponível em: https://esaj.tjsp.jus.br/cjsg/getArquivo.do?cdAcordao=2615215&cdForo=0 (acesso em 18 de Junho de 2019).

dos que consideraria os ganhos futuros da sociedade. Na realização dos ativos, o liquidante poderá alienar os ativos pelo valor maior possível, mas isto não é garantido, vez que envolve a vontade de terceiros quererem pagar o referido valor.

Ademais, cabe lembrar que houve o falecimento de um sócio, que pode ou não ter tido grande relevância para o negócio da sociedade dissolvida. De acordo com Marcelo Vieira Von Adamek e Erasmo Valladão Azevedo e Novaes França, é importante distinguir o "goodwill" que advém da atividade empresarial, o "business goodwill", do "goodwill" que advém da pessoa do sócio, o "personal goodwill"[59].

Quando há a dissolução total, não há o que se considerar de "personal goodwill", por que os sócios não são ativos da sociedade e não serão realizados como tal. Ainda mais no contexto que analisamos, no qual um dos sócios faleceu, finalizando, portanto, todos as receitas que poderia gerar de seu trabalho.

Cabe destacar isto, vez que o critério atualmente mais adotado pela jurisprudência para as dissoluções parciais considera o futuro da sociedade, qual seja o fluxo de caixa descontado[60].

[59] Conforme: ADAMAK, Marcelo Vieira von, e Erasmo Valadão Azevedo e Novaes FRANÇA. *Da Ação De Dissolução Parcial De Sociedade: comentários breves ao CPC/2015.* São Paulo: Malheiros, 2016.

[60] "Direito empresarial. Dissolução parcial de sociedade por quotas de responsabilidade limitada. Sócio dissidente. Critérios para apuração de haveres. Balanço de determinação. Fluxo de caixa. 1. Na dissolução parcial de sociedade por quotas de responsabilidade limitada, o critério previsto no contrato social para a apuração dos haveres do sócio retirante somente prevalecerá se houver consenso entre as partes quanto ao resultado alcançado. 2. Em caso de dissenso, a jurisprudência do Superior Tribunal de Justiça está consolidada no sentido de que o balanço de determinação é o critério que melhor reflete o valor patrimonial da empresa. 3. O fluxo de caixa descontado, por representar a metodologia que melhor revela a situação econômica e a capacidade de geração de riqueza de uma empresa, pode ser aplicado juntamente com o balanço de determinação na apuração de haveres do sócio dissidente. 4. Recurso especial desprovido." (BRASIL. Superior Tribunal de Justiça. 3ª Turma. "Recurso Especial 1335619

Trata-se de um critério que visa mensurar o valor econômico da sociedade. Ocorre que quando estamos na situação de dissolução da sociedade, a sociedade não mais existirá no futuro, assim não há como haver precificação das quotas considerando seu valor econômico. A organização daquele negócio realizada pela sociedade, em regra se desfará. Portanto, a dissolução total pode não ser a melhor escolha econômica para as partes envolvidas.

No que concerne aos lucros auferidos após o falecimento do sócio, entendemos que até pode ter havido algum entre a data da morte e a deliberação pela dissolução. Contudo, mesmo se tiver havido, deverá fazer parte dos recursos a serem utilizados para pagar os passivos da sociedade, e assim dissolve-la sem dívidas. Afinal, nos termos do artigo 1.036 do Código Civil, "ocorrida a dissolução, cumpre aos administradores providenciar imediatamente a investidura do liquidante, e restringir a gestão própria aos negócios inadiáveis, vedadas novas operações, pelas quais responderão solidária e ilimitadamente". Estando vedada novas operações, a princípio, não haverá novas receitas, exceto aquelas advindas da realização do ativo.

Referente ao direito de fiscalização, entendemos que esta existirá pela própria dinâmica da dissolução de sociedade. Em primeiro lugar, haverá a deliberação pela dissolução (na qual o espólio não participará, vez que apenas os sócios remanescentes terão direito de deliberar sobre); seguida da abertura da fase de liquidação, conduzida por um liquidante nomeado; finalizada

/ SP; Relatora Ministra Nancy Andrighi; Relator para o Acórdão Ministro João Otávio De Noronha. Recorrente: SEMP TOSHIBA MÁQUINAS E SERVIÇOS S/C LTDA E OUTRO. Recorrido: MARCOS ANTONIO DI LASCIO E OUTRO." 03 de Março de 2015. Disponível em: https://ww2.stj.jus.br/processo/revista/documento/mediado/?componente=ITA&sequencial=1222798&num_registro=201102662563&data=20150327&formato=PDF (acesso em 18 de Junho de 2019).)

esta fase, o liquidante convocará uma assembleia de sócios para a prestação final de contas[61].

Ao nosso entender, o espólio poderá participar desta assembleia, vez que ele é um credor do saldo remanescente que eventualmente houver. Caso seja dissidente da deliberação que aprovar as contas do liquidante, terá o prazo de 30 (trinta) dias, a contar da publicação da ata, devidamente averbada para promover a ação que couber, nos termos do artigo 1.109 do Código Civil.

Diante disso, entendemos que há o direito de fiscalização, mas ele não é amplo, pois há normativa legal de como ele deverá ocorrer, conforme permite o artigo 1.021 também do Código Civil.

Pelo exposto, consideramos que o "status socii" se extingue, pois o direito de sócio que permanece, o direito de fiscalização, está mais ligado a condição de credor "especial", que aguarda o pagamento de todos os demais antes de receber seu saldo, do que de sócio propriamente dito. Até porque, após a decisão pela dissolução, mesmos os sócios remanescentes ocupam esta condição de "credor" especial.

3.4. Por acordo com os herdeiros, regular-se a substituição do sócio falecido (Inciso III do artigo 1.028)

Neste capítulo, analisaremos como fica a posição do espólio na sociedade empresária limitada quando é possível que aja um acordo entre os sócios remanescentes e os herdeiros para que estes ingressem no quadro societário.

No caso em tela, portanto, na data do óbito ainda há dúvidas se o ingresso dos herdeiros na sociedade ocorrerá ou não, dúvida esta que se manterá até a data da deliberação que aprovar, ou não, o ingresso dos herdeiros.

[61] BRASIL. "Código Civil. Lei nº 10.406, de 10 de Janeiro de 2002." 10 de Janeiro de 2002. Disponível em: http://www.planalto.gov.br/ccivil_03/leis/2002/l10406.htm (acesso em 17 de Junho de 2019). Artigo 1.108

Após a definição pelos sócios remanescentes, caso se decidam pelo não ingresso dos herdeiros e sucessores, os resultados serão o que dispomos no capítulo 3.1 do presente artigo, e caso se decidam pelo ingresso, os resultados serão o que dispomos no capítulo 3.2. do presente artigo.

A dúvida reside, portanto, no período entre a morte do sócio e a data da deliberação dos sócios remanescentes. Podemos argumentar que a deliberação aqui disposta é uma condição para o ingresso dos herdeiros e sucessores ao quadro societário. Portanto, o efeito do negócio jurídico está subordinado a evento futuro e incerto[62].

A condição em questão ainda pode ser suspensiva, ou seja, enquanto não verificada, não se terá adquirido o direito[63], portanto não se usufruirá dos direitos e deveres da condição de sócio; ou resolutiva, enquanto esta não se realizar, vigorará o negócio jurídico[64], em outras palavras, enquanto não definida a situação dos herdeiros, o espólio terá a condição de sócio da sociedade.

Considerando que o artigo 1.028 se inicia dizendo que a regra geral é a liquidação das quotas, e se desenrola citando as exceções nos seus incisos, dentre eles o inciso analisado no presente capítulo, entendemos que até o referido acordo, segue-se o entendimento que os herdeiros não ingressarão no quadro societário, portanto, trata-se de uma condição suspensiva.

[62] BRASIL. "Código Civil. Lei nº 10.406, de 10 de Janeiro de 2002." 10 de Janeiro de 2002. Disponível em: http://www.planalto.gov.br/ccivil_03/leis/2002/l10406.htm (acesso em 17 de Junho de 2019). Artigo 121

[63] BRASIL. "Código Civil. Lei nº 10.406, de 10 de Janeiro de 2002." 10 de Janeiro de 2002. Disponível em: http://www.planalto.gov.br/ccivil_03/leis/2002/l10406.htm (acesso em 17 de Junho de 2019). Artigo 125

[64] BRASIL. "Código Civil. Lei nº 10.406, de 10 de Janeiro de 2002." 10 de Janeiro de 2002. Disponível em: http://www.planalto.gov.br/ccivil_03/leis/2002/l10406.htm (acesso em 17 de Junho de 2019). Artigo 127

Em suma, caso o contrato social subordine o ingresso dos herdeiros à deliberação dos sócios, enquanto esta não se realizar, estes serão apenas credores, de um crédito eventual, da sociedade, o qual depende da apuração de haveres para estabelecer seu "quantum" e da liquidação das quotas para haver seu pagamento.

Todavia, em vista o princípio da autonomia da vontade, não se pode olvidar que outras redações podem ser postas no contrato social que levem a outras consequências. Por exemplo, o herdeiro e o sucessor ingressarão na sociedade, exceto se deliberado diferente pelos sócios remanescentes. Nesta hipótese, enquanto não houver a deliberação impedindo o ingresso do herdeiro, o espólio terá o "status socii".

Conclusões

O presente trabalho propôs avaliar se o espólio, um ente despersonalizado formado pelos ativos e passivos de um "de cujos", tem capacidade de manter o "status socii" antes ocupado pelo falecido.

Por "status socii" podemos entender o conjunto de direitos, deveres e ônus decorrentes da titularidade de participação societária, que podem advir tanto do contrato social, quanto dos acordos parassociais e das deliberações societárias.

Considerando a complexidade do tema, limitamos a análise do "status socii" ao exercício de 3 (três) direitos próprios de sócios: o direito ao lucro, o direito ao voto e o direito à fiscalização.

Obter lucro é o motivo pelo qual as pessoas criam sociedades. Trata-se de um direito essencial do sócio, do qual não pode ser privado por cláusula contratual. O direito ao voto, que por sua vez, não é um direito essencial, mas é de suma importância, pois é determinante na formação da vontade social. E, por fim, o direito de fiscalização, o qual é crucial para exercer os demais direitos, bem como para que os herdeiros possam avaliar ao que terão direito.

Para fins deste estudo, analisamos os direitos acima citados em 4 (quatro) situações de morte de sócios advindas da própria lei, a saber: (i) liquidação das quotas do sócio falecido; (ii) se o contrato dispuser diferentemente; (iii) se os sócios remanescentes optarem pela dissolução da sociedade; e (iv) se, por acordo com os herdeiros, regular-se a substituição do sócio falecido.

Iniciando-se o estudo, verificamos o que ocorre com a posição de sócio do espólio, quando a solução prevista no contrato social é a liquidação das quotas do sócio falecido. Nesta hipótese, é certo que não haverá ingresso dos herdeiros no quadro societário. Os herdeiros e sucessores do sócio falecido receberão apenas o valor que as quotas do falecido possuíam na data da morte.

Neste sentido, em que pese todo o trâmite societário de liquidação de quotas, que se iniciará com a apuração de haveres e posteriormente o levantamento dos recursos para pagamento, foi possível concluir que qualidade de sócio se extingue com a morte do sócio.

No que concerne aos direitos analisados, os herdeiros e sucessores do sócio falecido só terão direitos aos lucros auferidos até a data do falecimento do sócio; com a liquidação das quotas, estas deixam de ser consideradas no todo do capital social, portanto, o espólio não poderá votar; e que os herdeiros e sucessores não terão direito de fiscalização nos mesmos termos que um sócio, mas apenas o direito de fiscalizar tal como outro credor.

No capítulo seguinte, colocamos sob foco o inciso I do artigo 1.028, o qual possibilita as disposições diversas no contrato social. Para fins deste artigo, delimitamos para exatamente o oposto do capítulo anterior, ou seja, a permissão irrestrita de ingresso de herdeiros no quadro societário.

Neste cenário, chegamos à conclusão oposta. O "status socii" é mantido pelo espólio. O direito de voto pode ser exercido pelo espólio, representado pelo inventariante. Não poderá ser fatiado pelo número de herdeiros, deverá ser exercido de forma uníssona, tal como um bloco firmado por acordo de sócios. Poderá receber dividendos auferidos após o falecimento do sócio, desde que devidamente deliberado sua distribuição, quantia esta, que deverá ser destinada ao espólio e fazer parte dos ativos arrolados no inventário.

Quanto ao direito de fiscalização, poderá ser exercido pelo espólio e também de forma ampla por todos os herdeiros, porque estes, individualmente, também possuem a legitimidade para defender a universalidade da herança.

Referente ao inciso II do artigo 1.028, o qual possibilita aos sócios remanescentes optarem pela dissolução da sociedade, entendemos neste estudo que o espólio perde a condição de sócio, tal como no caso do caput do mesmo artigo. O direito de votar sobre a dissolução não lhe pertence, cabe apenas aos sócios remanescentes. Uma vez decidida pela dissolução, não há que se falar em lucros, mas sim em saldo positivo da dissolução, se houver. Em se tratando do direito de fiscalização, ele se mantém, mas limitado à assembleia que deliberar as contas do liquidante. Como explicitamos no capítulo pertinente, a manutenção deste direito não mantém a condição de sócio com o espólio. Trata-se apenas de um direito especial para um "credor" especial.

Por fim, analisamos o previsto no inciso III do artigo 1.028. Esta norma possibilita a regulação da substituição do sócio falecido por acordo com os herdeiros. Ao nosso entender, temos 2 (dois) períodos distintos a serem analisados: um antes do acordo, e o outro após o acordo.

Após o acordo, teremos as consequências dispostas nos capítulos antecedentes, qual seja: o espólio terá o "status socii" se deliberado pelo ingresso dos herdeiros; ou, o espólio não terá o "status socii", se deliberado pelo não ingresso dos herdeiros e liquidação de suas quotas.

Antes do acordo, entretanto, temos um período de dúvida. Partindo do pressuposto que o contrato social não dispõe sobre o assunto, ou, se dispõe, o faz exatamente nos termos da lei, chegamos à conclusão que se segue a regra geral do Código Civil, ou seja, as quotas do sócio falecido serão liquidadas, portanto o espólio não terá o "status socii".

Diante de todo o exposto, concluímos que o espólio possuir ou não a condição de sócio está relacionada ao ingresso ou não dos herdeiros do sócio falecido ao quadro societário. Isto porque, diante do princípio da "saisine", os bens do falecido são automaticamente transferidos aos seus herdeiros e sucessores. O fato de constar no nome do espólio é apenas para facilitar o inventário, o qual levará a efeito a divisão entre os herdeiros e sucessores.

Morto o sócio, as quotas já são transferidas aos seus herdeiros, todavia, deverão a sociedade e os sócios remanescentes, como apenas terceiros na relação entre o sócio falecido e seus herdeiros, aguardar até a partilha para levar a transferência de fato a efeito. Por outro lado, as consequências jurídicas para morte de um sócio escolhida no contrato social também deverão ser respeitadas pelos herdeiros e sucessores. E os efeitos destas consequências iniciam-se a partir da morte do sócio, seguindo-se assim o princípio da "saisine".

Referências

ADAMAK, Marcelo Vieira von, e Erasmo Valadão Azevedo e Novaes FRANÇA. *Da Ação De Dissolução Parcial De Sociedade: comentários breves ao CPC/2015.* São Paulo: Malheiros, 2016.

ASCARELLI, Tullio. *Appunti di Diritto Commerciale, Società e Associazioni Commerciali.* 3ª ed. Roma: Foro Italiano, 1936.

ASQUINI, Alberto. "Profili Dell'Impresa." *Universidade de São Paulo: e-Disciplinas: Sistema de Apoio às Disciplinas.* 1943. https://edisciplinas.usp.br/pluginfile.php/4289052/mod_resource/content/1/Perfis%20da%20Empresa%20-%20Asquini%20-%20IT%20-%20PROFILI%20DELL%E2%80%99IMPRESA.pdf (acesso em 2019).

BORBA, José Edwaldo Tavares. *Direito Societário*. 14ª ed. São Paulo: Atlas, 2015.

BRASIL. "Código Civil. Lei nº 10.406, de 10 de Janeiro de 2002." 10 de Janeiro de 2002. Disponível em: http://www.planalto.gov.br/ccivil_03/leis/2002/l10406.htm (acesso em 17 de Junho de 2019).

—. "Código de Processo Civil. Lei nº 13.105, de 16 de março de 2015." 16 de Março de 2015. Disponível em: http://www.planalto.gov.br/ccivil_03/_ato2015-2018/2015/lei/l13105.htm (acesso em 17 de Junho de 2019).

—. *Constituição da República Federativa do Brasil*. 5 de Outubro de 1988. Disponível em: http://www.planalto.gov.br/ccivil_03/constituicao/constituicao.htm (acesso em 28 de Setembro de 2014).

—. "Lei das Sociedades por Ações. Lei nº 6.404." 15 de Dezembro de 1976. Disponível em: http://www.planalto.gov.br/ccivil_03/leis/l6404consol.htm (acesso em 17 de Junho de 2019).

BRASIL. Departamento Nacional de Registro Empresarial e Integração. "Instrução Normativa nº 38." 2 de Março de 2017. Disponível em: http://www.mdic.gov.br/images/REPOSITORIO/SEMPE/DREI/INs_EM_VIGOR/ANEXOS2019/Anexo_II_IN_38-2017_Manual_de_Registro_LTDA_-_alterado_pela_IN_63.pdf (acesso em 18 de Junho de 2019).

BRASIL. Superior Tribunal de Justiça. 3ª Turma. "AGRAVO REGIMENTAL NO RECURSO ESPECIAL 995475/SP." *Relatora Nancy Andrighi. Agravante: MARIE CLAIRE LIBRON FIDOMANZO e Agravado CARLO FIDOMANZO*. 17 de Março de 2009. Disponível em: https://ww2.stj.jus.br/processo/revista/documento/mediado/?componente=ITA&sequencial=865068&num_registro=200702375706&data=20090325&formato=PDF (acesso em 18 de Junho de 2019).

—. "Recurso Especial 315915 / SP." *Relator: Ministro CARLOS ALBERTO MENEZES DIREITO. Recorrente: CONSTRUTORA MIGUEL CURI LTDA E OUTROS e Recorrido: MAURÍLIO MIGUEL CURI*. 8 de Outubro de 2001. Disponível em: https://ww2.stj.jus.br/processo/revista/documento/mediado/?componente=IMG&sequencial=34208&num_registro=200100385214&data=20020204&formato=PDF (acesso em 18 de Junho de 2019).

—. "RECURSO ESPECIAL 844.248-RS. Relator Ministro Sidnei Beneti. Recorrente: SÔNIA RAUPP SALDANHA DE SOUZA E OUTROS e Recorrido: : GILBERTO SALDANHA DE SOUZA." 20 de Maio de 2010. Disponível em: https://ww2.stj.jus.br/processo/revista/documento/mediado/?componente=ITA&sequencial=975030&num_registro=200600911360&data=20100610&formato=PDF (acesso em 18 de Junho de 2019).

BRASIL. Superior Tribunal de Justiça. 3ª Turma. "Recurso Especial 1335619 / SP; Relatora Ministra Nancy Andrighi; Relator para o Acórdão Ministro João Otávio De Noronha. Recorrente: SEMP TOSHIBA MÁQUINAS E SERVIÇOS S/C LTDA E OUTRO. Recorrido: MARCOS ANTONIO DI LASCIO E OUTRO." 03 de Março de 2015. Disponível em: https://ww2.stj.jus.br/processo/revista/documento/mediado/?componente=ITA&sequencial=1222798&num_registro=201102662563&data=20150327&formato=PDF (acesso em 18 de Junho de 2019).

BRASIL. Tribunal de Justiça de São Paulo. 6ª Câmara de Direito Privado. "Apelação Cível nº 5677514700 (0124264-17.2008.8.26.0000). Relator: Vito Guglielmi. Apelante JOÃO HELI MONTEIRO DE ARAÚJO e Apelados EUDETHE ALVES CERQUEIRA (E OUTRAS)." 15 de Maio de 2008. Disponível em: https://esaj.tjsp.jus.br/cjsg/getArquivo.do?cdAcordao=2615215&cdForo=0 (acesso em 18 de Junho de 2019).

BRASIL. Tribunal de Justiça de São Paulo. Comarca São Paulo. 4ª Câmara de Direito Privado. "Agravo de Instrumento nº 494.298.2/2-00. Relator Francisco Loureiro. Agravantes: MOYSES WALSZTEJN E OUTRO e Agravado: REBECA WALSZTEJN." 26 de Abril de 2007. Disponível em: https://esaj.tjsp.jus.br/cjsg/getArquivo.do?conversationId=&cdAcordao=1076412&cdForo=0&uuidCaptcha=sajcaptcha_47dc414898e24e5582eb3900e5c6af1e&vlCaptcha=nbA&novoVlCaptcha= (acesso em 18 de Junho de 2019).

COELHO, Fábio Ulhoa. *Curso de Direito Comercial.* Vol. v. 2: direito de empresa. São Paulo: Revista dos Tribunais, 2016.

COELHO, Ulhoa Fábio. "A Dissolução de Sociedades no Código de Processo Civil." Em *Processo Societário III*, por Flávio Luiz YARSHELL e Guilherme Setoguti J. PEREIRA, 147-171. São Paulo: Quartier Latin do Brasil, 2018.

COMPARATO, Fábio Konder. "Usufruto Acionário e Quase-Usufruto – Limites aos Direitos do Usufrutuários." Em *Ensaios e Pareceres de Direito Empresarial*, 76-77. Rio de Janeiro: Forense, 1978.

CORDEIRO, Antônio Menezes. *Manual de Direito das Sociedadel.* 2ª ed. Vols. vol. 1 – Das Sociedades em Geral. Coimbra, 2007.

DIAS, Maria Berenice. *Manual das Sucessões.* 3ª edição revista, atualizada e ampliada. São Paulo: Revista dos Tribunais, 2013.

DIFINI, Luiz Felipe Silveira. "Direito de saisine." *Revista da AJURIS* (AJURIS), nº 45 (mar. 1989): 245-252.

EIZIRIK, Nelson. *A Lei das S/A Comentada.* 2ª ed. Vols. II – arts. 80 a 137. I a IV vols. São Paulo: Quartier Latin do Brasil, 2015.

ESTRELLA, Hernani. *Apuração de haveres de sócio.* 5ª Ed. Rio de Janeiro: Forense, 2010.

FONSECA, Priscila M. P. Corrêa da. *Dissolução Parcial, retirada e exclusão de sócio.* 4ª Ed. São Paulo: Atlas, 2007.

FRANÇA, Erasmo Valladão Azevedo, e Marcelo Vireira Von ADAMEK. "Affectio societatis: um conceito jurídico superado no moderno direito societário pelo conceito de fim social." Em *Direito Contemporâneo I*, por Erasmo Valladão Azevedo FRANÇA. São Paulo: Malheiros, 2009.

GAGLIANO, Pablo Stolze, e Rodolfo PAMPLONA FILHO. *Novo Curso de Direto Civil.* Vol. V. 7: Direito das Sucessões. São Paulo: Saraiva Educação, 2018.

GONÇALVES NETO, Alfredo de Assis. *Direito de Empresa: Comentários aos artigos 966 a 1.195 do Código Civil.* 7ª Ed. São Paulo: Revista dos Tribunais, 2017.

—. *Lições de Direito Societário.* Vol. v. 1. São Paulo: Juarez de Oliveira, 2002.

LOPES, Marcos Flávio Lago. "A Ação de Dissolução Parcial de Sociedade no Novo Código de Processo Civil: Breves Reflexões sobre o Critério para Apuração de Haveres." Em *Contencioso Empresarial na vigência do Novo Código de Processo Civil*, por Carlos David Albuquerque BRAGA, Helena Najjar ABDO e Beatriz Valente FELITTE, 301-322. Rio de Janeiro: Lumen Juris, 2017.

LOTUFO, Mirelle Bittencourt. *Intervenção Judicial na Administração das Sociedades Empresárias.* São Paulo: Quartier Latin do Brasil, 2019.

MARINO, Daniela Ramos Marques. "O status socii." Em *Direito Societário Contemporâneo I*, por Erasmo Valladão AZEVEDO e Novaes FRANÇA. São Paulo: Quartier Latin do Brasil, 2009.

MARTINS, Fran. *Curso de direito comercial: empresa comercial, empresários individuais, microempresas, sociedades comerciais, fundo de comércio.* 31ª ed. Rio de Janeiro: Forense, 2007.

—. *Novos Estudos de Direito Societário.* São Paulo: Saraiva, 1988.

MAXIMILIANO, Carlos. *Direito das Sucessões.* 5ª ed. Vol. v. 3. Rio de Janeiro: Freitas Barros, 1964.

MUSSI, Luiz Daniel Haj. *Suspensão do Exercício de Direitos do Acionista.* São Paulo: Quartier Latin do Brasil, 2018.

PARODI, Ana Cecília, e Clarice Ribeiro dos SANTOS. *Inventário e rompimento conjugal por escritura: praticando a Lei 11.441/2007.* Campinas: Russel, 2007.

PRADO, Roberta Nioac. "Empresas Familiares." *Direito, Gestão e Prática. Empresas Familiares: Governança Corporativa, Governança Familiar e Governança Jurídica*, 2011: 17-75.

PRADO, Roberta Nioac, e Renato VILELA. *Litígios Societários 1: INVENTÁRIOS.* São Paulo: Saraiva, 2012.

SILVESTRE, Talita Evangelista. *Ações Preferenciais como Instrumento de Planejamento Sucessório: Estudo do Caso Ultra.* Vol. vol. nº 9, em *Revista Brasileira de Direito Comercial, Empresarial, Concorrencial e do Consumidor*, por Fábio Ulhoa COELHO, Ives Gandra da Silva MARTINS e Newton DE LUCCA, 102-128. Porto Alegre: Magister, Fev-Mar 2016.

SOUSA, Marcos Andrey de. "A Posição dos Herdeiros do Cônjuge do Sócio e do Cônjuge do Sócio que Separou na Sociedade Limirada Empresária." Em *Sociedade Limitada Contemporânea*, por Luiz André N. de Moura AZEVEDO e Rodrigo R. Monteiro de CASTRO, 709-728. São Paulo: Editora Quartier Latin do Brasil, 2013.

TEIXEIRA, Egberto Lacerda. *Das Sociedades por Quotas de Responsabilidade Limitada: atualizado de acordo com o Novo Código Civil.* Edição: Syllas TOZZINI e Renato BERGER. São Paulo: Quartier Latin do Brasil, 2007.

VENTURA, Raúl. *Sociedades Comerciais: dissolução e liquidação.* Lisboa: Ática, 1960.

WARDE JUNIOR, Walfrido Jorge, e Ruy de Mello JUNQUEIRA NETO. *Direito Societário Aplicado: Baseado nos precedentes das Câmaras Reservadas de Direito Empresarial do Tribunal de Justiça do Estado de São Paulo.* São Paulo: Saraiva, 2014.

SOBRE OS AUTORES

Daniela Nunes Baker

Advogada com ampla experiência no contencioso cível estratégico. Já atuou no Jurídico de escritórios e empresas, tendo como principais atividades o acompanhamento de processos judiciais, resolução extrajudicial de litígios, atuação perante órgãos regulatórios, aconselhamento e suporte jurídico sobre ampla gama de assuntos na área consultiva empresarial, incluindo questões cíveis, assuntos societários e *compliance*.

Mateus Boeira Garcia

Especialista em Direito Societário (LL.M.) pelo Insper (2019). Bacharel em Direito pela Pontifícia Universidade Católica do Rio Grande do Sul (2016). Advogado em São Paulo, atuante nas áreas de Direito Societário e M&A.

Matheus Elias Hanna

Advogado, graduado em Direito (2015) pela PUC/GO. Possui LLM em Direito Societário (2019), pelo Insper/SP, e em Direito Empresarial (2020), pela FGV/RJ. Membro da Comissão de Direito do Trabalho da OAB/GO, nos triênios 2016-2018 e 2019-2021. É sócio do escritório de advocacia "Bretas, Hanna, Dias & Gouvea Advogados Associados", sediado em Goiânia, Goiás.

Pedro Henrique Adoglio Benradt

Advogado associado do Warde Advogados desde 2014, com atuação em *compliance,* anticorrupção e consultivo societário e comercial (com foco em operações societárias/M&A, mercado de capitais e contratos comerciais). Bacharel em Direito pela Universidade Presbiteriana Mackenzie. LLM em Direito Societário pelo INSPER – Instituto de Ensino e Pesquisa.

Talita Evangelista Silvestre

Advogada especialista em Direito Empresarial e Direito Societário. Pós-Graduada *Lato Sensu* ("LLM") em Direito Societário no Insper (Conclusão 07/2019). Pós-Graduada *Lato Sensu* em Direito Empresarial na Escola De Direito de São Paulo da Fundação Getúlio Vargas (conclusão 02/2015). Bacharela em Direito pela Faculdade de Direito de São Bernardo do Campo (conclusão 12/2012).